心一堂術數古籍珍本叢刊

書名：增補高島易斷（原版）附虛白廬藏日本古易占五種（一）
系列：心一堂術數古籍珍本叢刊　占筮類　第三輯　243
作者：【日本】高島吞象 等、【清】王治本中譯
主編、責任編輯：陳劍聰
心一堂術數古籍珍本叢刊編校小組：陳劍聰　素聞　鄒偉才　虛白盧主　丁鑫華

出版：心一堂有限公司
通訊地址：香港九龍旺角彌敦道六一〇號荷李活商業中心十八樓〇五—〇六室
深港讀者服務中心：中國深圳市羅湖區立新路六號羅湖商業大厦負一層〇〇八室
電話號碼：(852)9027-7110
網址：publish.sunyata.cc
電郵：sunyatabook@gmail.com
網店：http://book.sunyata.cc
淘寶店地址：https://sunyata.taobao.com
微店地址：https://weidian.com/s/1212826297
臉書：https://www.facebook.com/sunyatabook
讀者論壇：http://bbs.sunyata.cc/

版次：二零二一年五月初版
平裝：八冊不分售

定價：港幣　一仟六百八十元正
　　　新台幣　六仟九百八十元正

國際書號：ISBN 978-988-8583-91-1

香港發行：香港聯合書刊物流有限公司
地址：香港新界荃灣德士古道二二〇—二四八號荃灣工業中心十六樓
電話號碼：(852)2150-2100
傳真號碼：(852)2407-3062
電郵：info@suplogistics.com.hk
網址：http://www.suplogistics.com.hk

台灣發行：秀威資訊科技股份有限公司
地址：台灣台北市內湖區瑞光路七十六巷六十五號一樓
電話號碼：+886-2-2796-3638
傳真號碼：+886-2-2796-1377
網絡書店：www.bodbooks.com.tw
台灣秀威書店讀者服務中心：
地址：台灣台北市中山區松江路二〇九號一樓
電話號碼：+886-2-2518-0207
傳真號碼：+886-2-2518-0778
網絡書店：http://www.govbooks.com.tw

中國大陸發行　零售：深圳心一堂文化傳播有限公司
深圳地址：深圳市羅湖區立新路六號羅湖商業大厦負一層〇〇八室
電話號碼：(86)0755-82224934

心一堂微店二維碼

心一堂淘寶店二維碼

心一堂術數古籍 珍本整理 叢刊 總序

術數定義

術數，大概可謂以「推算（推演）、預測人（個人、群體、國家等）、事、物、自然現象、時間、空間方位等規律及氣數，並或通過種種『方術』，從而達致趨吉避凶或某種特定目的」之知識體系和方法。

術數類別

我國術數的內容類別，歷代不盡相同，例如《漢書・藝文志》中載，漢代術數有六類：天文、曆譜、五行、蓍龜、雜占、形法。至清代《四庫全書》，術數類則有：數學、占候、相宅相墓、占卜、命書、相書、陰陽五行、雜技術等，其他如《後漢書・方術部》、《藝文類聚・方術部》、《太平御覽・方術部》等，對於術數的分類，皆有差異。古代多把天文、曆譜、及部分數學均歸入術數類，而民間流行亦視傳統醫學作為術數的一環；此外，有些術數與宗教中的方術亦往往難以分開。現代民間則常將各種術數歸納為五大類別：命、卜、相、醫、山，通稱「五術」。

本叢刊在《四庫全書》的分類基礎上，將術數分為九大類別：占筮、星命、相術、堪輿、選擇、三式、讖諱、理數（陰陽五行）、雜術（其他）。而未收天文、曆譜、算術、宗教方術、醫學。

術數思想與發展——從術到學，乃至合道

我國術數是由上古的占星、卜筮、形法等術發展下來的。其中卜筮之術，是歷經夏商周三代而通過「龜卜、蓍筮」得出卜（筮）辭的一種預測（吉凶成敗）術，之後歸納並結集成書，此即現傳之《易

經》。經過春秋戰國至秦漢之際，受到當時諸子百家的影響、儒家的推崇，遂有《易傳》等的出現，原本是卜筮術書的《易經》，被提升及解讀成有包涵「天地之道（理）」之學。因此，《易・繫辭傳》曰：「易與天地準，故能彌綸天地之道。」

漢代以後，易學中的陰陽學說，與五行、九宮、干支、氣運、災變、律曆、卦氣、讖緯、天人感應說等相結合，形成易學中象數系統。而其他原與《易經》本來沒有關係的術數，如占星、形法、選擇，亦漸漸以易理（象數學說）為依歸。《四庫全書・易類小序》云：「術數之興，多在秦漢以後。要其旨，不出乎陰陽五行，生尅制化。實皆《易》之支派，傅以雜說耳。」至此，術數可謂已由「術」發展成「學」。

及至宋代，術數理論與理學中的河圖洛書、太極圖、邵雍先天之學及皇極經世等學說給合，通過術數以演繹理學中「天地中有一太極，萬物中各有一太極」（《朱子語類》）的思想。術數理論不單已發展至十分成熟，而且也從其學理中衍生一些新的方法或理論，如《梅花易數》、《河洛理數》等。

在傳統上，術數功能往往不止於僅僅作為趨吉避凶的方術，及「能彌綸天地之道」的學問，亦有其「修心養性」的功能，「與道合一」（修道）的內涵。《素問・上古天真論》：「上古之人，其知道者，法於陰陽，和於術數。」數之意義，不單是外在的算數、歷數、氣數，而是與理學中同等的「道」、「理」--心性的功能，北宋理氣家邵雍對此多有發揮：「聖人之心，是亦數也」、「萬化萬事生乎心」、「心為太極」。《觀物外篇》：「先天之學，心法也。……蓋天地萬物之理，盡在其中矣，心一而不分，則能應萬物。」反過來說，宋代的術數理論，受到當時理學、佛道及宋易影響，認為心性本質上是等同天地之太極。天地萬物氣數規律，能通過內觀自心而有所感知，即是內心也已具備有術數的推演及預測、感知能力；相傳是邵雍所創之《梅花易數》，便是在這樣的背景下誕生。

《易・文言傳》已有「積善之家，必有餘慶；積不善之家，必有餘殃」之說，至漢代流行的災變說及讖緯說，我國數千年來都認為天災，異常天象（自然現象），皆與一國或一地的施政者失德有關；下至家族、個人之盛衰，也都與一族一人之德行修養有關。因此，我國術數中除了吉凶盛衰理數之外，人心的德行修養，也是趨吉避凶的一個關鍵因素。

術數與宗教、修道

在這種思想之下，我國術數不單只是附屬於巫術或宗教行為的方術，又往往是一種宗教的修煉手段--通過術數，以知陰陽，乃至合陰陽（道）。「其知道者，法於陰陽，和於術數。」例如，「奇門遁甲」術中，即分為「術奇門」與「法奇門」兩大類。「法奇門」中有大量道教中符籙、手印、存想、內煉的內容，是道教內丹外法的一種重要外法修煉體系。甚至在雷法一系的修煉上，亦大量應用了術數內容。此外，相術、堪輿術中也有修煉望氣（氣的形狀、顏色）的方法；堪輿家除了選擇陰陽宅之吉凶外，也有道教中選擇適合修道環境（法、財、侶、地中的地）的方法，以至通過堪輿術觀察天地山川陰陽之氣，亦成為領悟陰陽金丹大道的一途。

易學體系以外的術數與的少數民族的術數

我國術數中，也有不用或不全用易理作為其理論依據的，如揚雄的《太玄》、司馬光的《潛虛》。也有一些占卜法、雜術不屬於《易經》系統，不過對後世影響較少而已。

外來宗教及少數民族中也有不少雖受漢文化影響（如陰陽、五行、二十八宿等學說。）但仍自成系統的術數，如古代的西夏、突厥、吐魯番等占卜及星占術，藏族中有多種藏傳佛教占卜術、苯教占卜術、擇吉術、推命術、相術等；北方少數民族有薩滿教占卜術；不少少數民族如水族、白族、布朗族、佤族、彝族、苗族等，皆有占雞（卦）草卜、雞蛋卜等術，納西族的占星術、占卜術，彝族畢摩的推命術、占卜術……等等，都是屬於《易經》體系以外的術數。相對上，外國傳入的術數以及其理論，對我國術數影響更大。

曆法、推步術與外來術數的影響

我國的術數與曆法的關係非常緊密。早期的術數中，很多是利用星宿或星宿組合的位置（如某星在某州或某宮某度）付予某種吉凶意義，并據之以推演，例如歲星（木星）、月將（某月太陽所躔之宮次）等。不過，由於不同的古代曆法推步的誤差及歲差的問題，若干年後，其術數所用之星辰的位置，已與真實星辰的位置不一樣了；此如歲星（木星），早期的曆法及術數以十二年為一周期（以應地支），與木星真實周期十一點八六年，每幾十年便錯一宮。後來術家又設一「太歲」的假想星體來解決，是歲星運行的相反，週期亦剛好是十二年。而術數中的神煞，很多即是根據太歲的位置而定。又如六壬術中的「月將」，原是立春節氣後太陽躔娵訾之次而稱作「登明亥將」，至宋代，因歲差的關係，要到雨水節氣後太陽才躔娵訾之次，當時沈括提出了修正，但明清時六壬術中「月將」仍然沿用宋代沈括修正的起法沒有再修正。

由於以真實星象周期的推步術是非常繁複，而且古代星象推步術本身亦有不少誤差，大多數術數除依曆書保留了太陽（節氣）、太陰（月相）的簡單宮次計算外，漸漸形成根據干支、日月等的各自起例，以起出其他具有不同含義的眾多假想星象及神煞系統。唐宋以後，我國絕大部分術數都主要沿用這一系統，也出現了不少完全脫離真實星象的術數，如《子平術》、《紫微斗數》、《鐵版神數》等。後來就連一些利用真實星辰位置的術數，如《七政四餘術》及選擇法中的《天星選擇》，也已與假想星象及神煞混合而使用了。

隨着古代外國曆（推步）、術數的傳入，如唐代傳入的印度曆法及術數，元代傳入的回回曆等，其中我國占星術便吸收了印度占星術中羅睺星、計都星等而形成四餘星，又通過阿拉伯占星術而吸收了其中來自希臘、巴比倫占星術的黃道十二宮、四大（四元素）學說（地、水、火、風），並與我國傳統的二十八宿、五行說、神煞系統並存而形成《七政四餘術》。此外，一些術數中的北斗星名，不用我國傳統的星名：天樞、天璇、天璣、天權、玉衡、開陽、搖光，而是使用來自印度梵文所譯的：貪狼、巨門、祿存、文曲，廉貞、武曲、破軍等，此明顯是受到唐代從印度傳入的曆法及占星術所影響。如星命術中的《紫微斗數》及堪輿術中的《撼龍經》等文獻中，其星皆用印度譯名。及至清初《時憲曆》，置閏之法則改用西法「定氣」。清代以後的術數，又作過不少的調整。

此外，我國相術中的面相術、手相術，唐宋之際受印度相術影響頗大，至民國初年，又通過翻譯歐西、日本的相術書籍而大量吸收歐西相術的內容，形成了現代我國坊間流行的新式相術。

陰陽學——術數在古代、官方管理及外國的影響

術數在古代社會中一直扮演着一個非常重要的角色，影響層面不單只是某一階層、某一職業、某一年齡的人，而是上自帝王，下至普通百姓，從出生到死亡，不論是生活上的小事如洗髮、出行等，大事如建房、入伙、出兵等，從個人、家族以至國家，從天文、氣象、地理到人事、軍事，從民俗、學術到宗教，都離不開術數的應用。我國最晚在唐代開始，已把以上術數之學，稱作陰陽（學），行術數者稱陰陽人。（敦煌文書、斯四三二七唐《師師漫語話》：「以下說陰陽人謾語話」，此說法後來傳入日本，今日本人稱行術數者為「陰陽師」）。一直到了清末，欽天監中負責陰陽術數的官員中，以及民間術數之士，仍名陰陽生。

古代政府的中欽天監（司天監），除了負責天文、曆法、輿地之外，亦精通其他如星占、選擇、堪輿等術數，除在皇室人員及朝庭中應用外，也定期頒行日書、修定術數，使民間對於天文、日曆用事吉凶及使用其他術數時，有所依從。

我國古代政府對官方及民間陰陽學及陰陽官員，從其內容、人員的選拔、培訓、認證、考核、律法監管等，都有制度。至明清兩代，其制度更為完善、嚴格。

宋代官學之中，課程中已有陰陽學及其考試的內容。（宋徽宗崇寧三年〔一一零四年〕崇寧算學令：「諸學生習……並曆算、三式、天文書。」「諸試……三式即射覆及預占三日陰陽風雨。天文即預

定一月或一季分野災祥，並以依經備草合問為通。」

金代司天臺，從民間「草澤人」（即民間習術數人士）考試選拔：「其試之制，以《宣明曆》試推步，及《婚書》、《地理新書》試合婚、安葬，並《易》筮法，六壬課、三命、五星之術。」（《金史》卷五十一・志第三十二・選舉一）

元代為進一步加強官方陰陽學對民間的影響、管理、控制及培育，除沿襲宋代、金代在司天監掌管陰陽學及中央的官學陰陽學課程之外，更在地方上增設陰陽學課程（《元史・選舉志一》：「世祖至元二十八年夏六月始置諸路陰陽學。」）地方上也設陰陽學教授員，培育及管轄地方陰陽人。（《元史・選舉志一》：「（元仁宗）延祐初，令陰陽人依儒醫例，於路、府、州設教授員，凡陰陽人皆管轄之，而上屬於太史焉。」）自此，民間的陰陽術士（陰陽人），被納入官方的管轄之下。

至明清兩代，陰陽學制度更為完善。中央欽天監掌管陰陽學，明代地方縣設陰陽學正術，各州設陰陽學典術，各縣設陰陽學訓術。陰陽人從地方陰陽學肄業或被選拔出來後，再送到欽天監考試。（《大明會典》卷二二三：「凡天下府州縣舉到陰陽人堪任正術等官者，俱從吏部送（欽天監），考中，送回選用；不中者發回原籍為民，原保官吏治罪。」）清代大致沿用明制，凡陰陽術數之流，悉歸中央欽天監及地方陰陽官員管理、培訓、認證。至今尚有「紹興府陰陽印」、「東光縣陰陽學記」等明代銅印，及某某縣某某之清代陰陽執照等傳世。

清代欽天監漏刻科對官員要求甚為嚴格。《大清會典》「國子監」規定：「凡算學之教，設肄業生。滿洲十有二人，蒙古、漢軍各六人，於各旗官學內考取。漢十有二人，於舉人、貢監生童內考取。附學生二十四人，由欽天監選送。教以天文演算法諸書，五年學業有成，舉人引見以欽天監博士用，貢監生童以天文生補用。」學生在官學肄業、貢監生肄業或考得舉人後，經過了五年對天文、算法、陰陽學的學習，其中精通陰陽術數者，會送往漏刻科。而在欽天監供職的官員，《大清會典則例》「欽天監」規定：「本監官生三年考核一次，術業精通者，保題升用。不及者，停其升轉，再加學習。如能黽勉供職，即予開復。仍不及者，降職一等，再令學習三年，能習熟者，准予開復，仍不能者，黜退。」除定期考核以定其升用降職外，《大清律例》中對陰陽術士不準確的推斷（妄言禍福）是要治罪的。《大清律例·一七八·術七·妄言禍福》：「凡陰陽術士，不許於大小文武官員之家妄言禍福，違者杖一百。其依經推算星命卜課，不在禁限。」大小文武官員延請的陰陽術士，自然是以欽天監漏刻科官員或地方陰陽官員為主。

官方陰陽學制度也影響鄰國如朝鮮、日本、越南等地，一直到了民國時期，鄰國仍然沿用着我國的多種術數。而我國的漢族術數，在古代甚至影響遍及西夏、突厥、吐蕃、阿拉伯、印度、東南亞諸國。

術數研究

術數在我國古代社會雖然影響深遠，「是傳統中國理念中的一門科學，從傳統的陰陽、五行、九宮、八卦、河圖、洛書等觀念作大自然的研究。……傳統中國的天文學、數學、煉丹術等，要到上世紀中葉始受世界學者肯定。可是，術數還未受到應得的注意。術數在傳統中國科技史、思想史，文化史、社會史，甚至軍事史都有一定的影響。……更進一步了解術數，我們將更能了解中國歷史的全貌。」（何丙郁《術數、天文與醫學中國科技史的新視野》，香港城市大學中國文化中心。）

可是術數至今一直不受正統學界所重視，加上術家藏秘自珍，又揚言天機不可洩漏，「（術數）乃吾國科學與哲學融貫而成一種學說，數千年來傳衍嬗變，或隱或現，全賴一二有心人為之繼續維繫，賴以不絕，其中確有學術上研究之價值，非徒癡人說夢，荒誕不經之謂也。其所以至今不能在科學中成立一種地位者，實有數因。蓋古代士大夫階級目醫卜星相為九流之學，多恥道之；而發明諸大師又故為惝恍迷離之辭，以待後人探索；間有一二賢者有所發明，亦秘莫如深，既恐洩天地之秘，復恐譏為旁門左道，始終不肯公開研究，成立一有系統說明之書籍，貽之後世。故居今日而欲研究此種學術，實一極困難之事。」（民國徐樂吾《子平真詮評註》，方重審序）

現存的術數古籍，除極少數是唐、宋、元的版本外，絕大多數是明、清兩代的版本。其內容也主要是明、清兩代流行的術數，唐宋或以前的術數及其書籍，大部分均已失傳，只能從史料記載、出土文獻、敦煌遺書中稍窺一鱗半爪。

術數版本

坊間術數古籍版本，大多是晚清書坊之翻刻本及民國書賈之重排本，其中豕亥魚魯，或任意增刪，往往文意全非，以至不能卒讀。現今不論是術數愛好者，還是民俗、史學、社會、文化、版本等學術研究者，要想得一常見術數書籍的善本、原版，已經非常困難，更遑論如稿本、鈔本、孤本等珍稀版本。在文獻不足及缺乏善本的情況下，要想對術數的源流、理法、及其影響，作全面深入的研究，幾不可能。

有見及此，本叢刊編校小組經多年努力及多方協助，在海內外搜羅了二十世紀六十年代以前漢文為主的術數類善本、珍本、鈔本、孤本、稿本、批校本等數百種，精選出其中最佳版本，分別輯入兩個系列：

一、心一堂術數古籍珍本叢刊

二、心一堂術數古籍整理叢刊

前者以最新數碼（數位）技術清理、修復珍本原本的版面，更正明顯的錯訛，部分善本更以原色彩色精印，務求更勝原本。并以每百多種珍本、一百二十冊為一輯，分輯出版，以饗讀者。後者延請、稿約有關專家、學者，以善本、珍本等作底本，參以其他版本，古籍進行審定、校勘、注釋，務求打造一最善版本，方便現代人閱讀、理解、研究等之用。

限於編校小組的水平，版本選擇及考證、文字修正、提要內容等方面，恐有疏漏及舛誤之處，懇請方家不吝指正。

心一堂術數古籍　珍本　整理　叢刊編校小組

二零零九年七月序

二零一四年九月第三次修訂

高島易斷

上經

元

上經　元

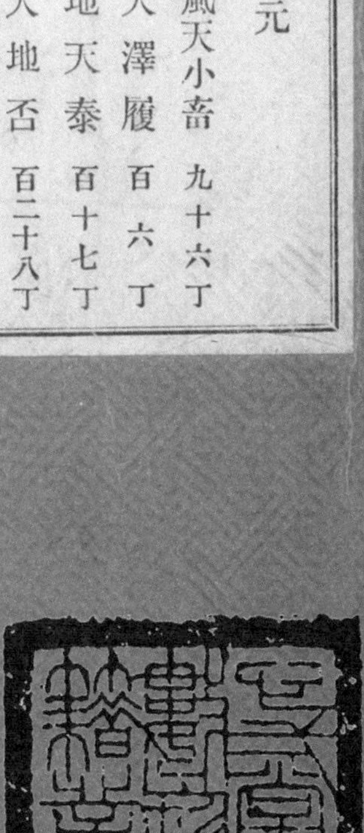

高島嘉右衛門

序言

人雖有知愚賢不肖。貴賤貧富之殊。其處世也。各勞精神於思慮。一日無有間斷。而所其志。或有爲一家者。或有爲一國者。或有計宇內之公益者。雖因各人天賦之能力不齊。而有大小輕重之差。汎大觀之。則無非希望國家之富饒。世界之泰平也。何則假令能得一家之治齊。而所居之國亂。則不得獨保其安也。又能得一國之治平。隣國擾亂。則亦不得獨晏然於局外也。是理之所易覩也。方今世運益趨文明。學藝技術之進步。非復昔日之比也。博學高才之士。不乏其人。治化之隆。如可翹足而待也。雖然熟觀今世之現狀。皆以厚於己而薄他爲常。甲邦常思吞噬乙國。乙國亦常以抗之爲事。人心益流於邪僻。仁義之風。幾掃地。優勝劣敗之勢日甚。弱肉强食之情益著。自王侯以至於庶人。如有不安於身後之

增補高島易斷 序 一

計者也。夫賢智之士。日夜勞心力。而思慮計畫。尙且不自安。所以如此者。何也。抑思慮之不足。而誤其方邪。不可不顧慮也。余謂是由人人忘失至誠通神之道。爲使神人之間隔絕也。夫不通神。則不能禀天命。不禀天命。則不能前知將來。不知將來。則不能知人事之極。故其志望無所歸著。志望無所歸著。而妄勞心力。是猶盲人而弄銃器。不能定標的而放彈。彼此偕受其害。豈不危險之甚乎。所謂不知天命而不畏者之所致也。今日之勢。既已如此。余爲是懼。而憫人生之不幸。將濟之於迷途也。然而救濟之術。唯在于介神人之間。而通其意而已。人若知神明之德不晦於今。則英雄豪傑之士。亦方其有疑惑也。必請敎於神明。畏憚天命之嚴肅。博識高才之人。亦破想像之迷夢。知人生志望之所歸著。則人心常有所戒懼修省。而自可生博愛之念也。於是風敎亦自匡正。可得使天下之人。浴造化之恩澤也。是余之所希望。故今傳人以至誠通神之術。欲使得神人冥會也。然既業有術。則不可無書。易則通神之書也。雖然古昔聖人之所述。後世學者未能得其眞意。而用之於實際也。今以國文譯之。附以所見。欲使世人普前知將來也。是所以述此書之大要也。

易之爲書。明天地陰陽奇偶之理。以闡發造化之秘蘊。六十四卦。而網羅萬象。蓋宇宙間之事物。未有不陰陽相對者。有日則有月。有寒則有暑。有男則有女。且既有形而下之物。則必不可無形而上之道。亦猶人有可見之肉體。又必有不可見之心魂。心魂一脫去人身。則名之曰鬼神。鬼神雖不可見。人得以至誠通之。則依冥助而前知將來。凡庸之徒。亦可知神之有在也。惟太古草昧之世。往往有能神通之術者。故人皆知有鬼神也。方今稱文明之盛。人之智識。凌駕古人。人事之便益進。爲天涯比鄰之觀。然却不知感通于如在之鬼神。遂至有誇張無神論者。其故何也。蓋治世之方。古今一變。人之氣質。亦隨之而變。夫接神之道。由精神氣力之單純。窮理之道。由智識思想之緻密。今人之智識思想。以緻密故。能窮物理。而却不能通神明也。古人之精神氣力。以單純故。能通神明。而不能窮物理也。是所以至誠之道。行于上古而巧智之術。盛于後世也。請詳述其變遷之所由。夫陰陽之精氣交而萬物生焉。人之生也。禀受虛靈之心魂。而爲萬物之長。然裸體而無護身之蹄角。又無害他之爪牙。方其穴居野處也。與猛獸毒蛇之類。互相競爭。勝之則食其肉。衣其毛。不勝則爲其所食。於是偶有捷知者。取火於火山。用以驅除猛獸毒蛇。始得爲人類之世。爾來生民殖而禽獸減。乃生食料從缺乏。數人以爭一禽。鬭爭自是而起。其極至人相食。謂之優勝劣敗弱肉強食之世。方是時。天閔生民。降斯大人。使之救濟一世。大人見此狀況。惻怛之心。不能自禁。衆敎導之道最切。其至誠通神。感得畋漁之法。乃諭衆曰。汝等今食他人之肉。而取快於一時。汝等之肉。他日又得不爲人食乎。誠如此。則悲慘之狀。有不忍言者。思之勿復同類相食。如夫食料。吾能供之。乃作網罟。使之捕禽於野。漁魚於水。衆皆利之。又剡木磨之以苔。名曰耒耜。以墾荒蕪。播以草木之實。且教以火食。衆皆德而服之。事之如神。自是之後。衣食足而知禮節。令行禁止。於是統御之道始舉。建國之基斯立。君臣之分長定。父子夫婦兄弟朋友之倫。漸備。以我邦觀之。則皇祖瓊々杵尊天降之時。而在支那。則伏羲氏之世也。伏羲氏之王天下也。幽贊於神明。而創占筮之法。使人得問神決疑。前知將來。易曰。昔者聖人之作易也。幽贊於神明而生蓍。是也。夫易以八卦表萬物之原子。蓋萬物成於八原子之集合。故畫八卦而現形而上之原子於形而下。重之以爲六十四卦。以應萬象者也。易之爲字。重合日月。竝畫之則成明字。謂從斯道則萬物無不明也。是易之所以名也。故大傳曰易以知幽明之故。知鬼神之情狀。知神之所爲。見萬物之情。見天地之心。蓋人亦與萬物同成于八原子之集合。故性情動作。共不離其序次也。故一知造化之理由。則知其性之所基。若死生之說。進退存亡之機。陰陽消長之理。默識冥合。而活用之。得防禍亂於未萌。消災害於未發。是以犧聖以下數聖人。以易爲世世相承之神寶。以爲王道之基礎。夫堯舜之禪天下於舜禹。其語曰。人心惟危。道心惟微。惟精惟一允執其中。憂人之所思慮臆測想像而易違。故各卦五爻。示得中正而施政之方。然至夏殷之世。氣運漸變。人人專賴智力與勞力。以營生計。無復如上古賭身命於危險之境而求食之要。是以精神氣力亦不能如上古之强壯。所關於精神氣力之道術。漸趨衰頹。則勢之所使然也。及周而文王出焉。恐世人專信想像之理。失聞神智之道。柰人智之天眞。乃崇奉神易。繫以彖辭。以明機聖之意。其辭窮幽明之蘊奧。撥造化之秘機。因天澤火雷風水山地之八原子配合之理。以說及人事之吉凶悔吝。行以通神之術。造化之理。及神人交通之道。兩相完也。其子周公旦。亦繼文王之意。通觀天下。感想事物之理。雖甚錯雜。或有一定之規則而運轉之。徵夏殷連山歸藏之二易中。感鬼神適事理之占例。與衆學士。從事其纂輯。果不違其所豫想。知天下萬象之起滅終始。不出于三百八十四爻之外。於是始照三百八十四爻於實際之事物。看以易情之變化。因卦時卦義卦象與剛柔之應比。與陰陽消長之氣運。繫辭於各爻。以大成易道。故周官太卜居八政之一。至春秋之世。尙重太卜之官。卿大夫掌之。上智遠識之士。效而行之。而周公之爻辭。多涉于比擬譬喻者。少直指善惡者。考其所由。是不翅以其才之美。成斐然之章。亦有所深憂而然。蓋人之資質。有善不善。故善人與不善人相待而爲群。更互流行。中人從其流行。而左右上下。是陰陽消長之常理。恰如四時之循環。晝夜之交代。而當其暗黑之時。不可不揭燈火而照之。是敎學之所以由興也。夫一明一暗一順一逆如此者。即陰陽消長之理也。故。遭君子道長之氣運。善人得時。則天下治平。而易道自明。然遇小人道長之氣運。不善人得時。若使善人占事。因象爻之辭。明陳不善人隱微之心術。發露其姦惡。則其人羞耻之餘。加害於善人。亦不可知也。故周公特用隱語而繫辭。例如以兇暴者爲虎。以狡猾者爲狐。以愚鈍者

爲豕。婉曲其辭。使不善人反省而無所憤恨。其用心也深矣。愚謂
孔子之聖。猶曰。加我數年。五十以學易。可以無大過矣。書稱聖經。
以研究斯道。垂教萬世。受業弟子三千人。固不乏聰明之士。然通
斯道者。其果幾何。乃歎曰。道之不行。吾知之矣。知者過之。愚者不
及也。賢者過之。不肖者不及也。蓋弟子中。或恃其才。以爲天下之
事。無足爲者。迂遠之道。不足學也。於是中道而廢。智者過之者。蓋
婉辭也。唯顏回獨優入聖域。不幸短命而死。宏才能辯如子貢者。
未能與聞性與天道也。斯道之至大而難傳。有如此者。抑孔子所謂
主。在與堯舜同用易之中正。行之於人事。故常用其中正。謂之中
庸。中庸得天命之中正。而則神智。以行之於人事。是雖聖人所難
實踐也。故中庸曰。天下國家可均也。爵祿可辭也。白刃可蹈也。中
庸不可能也。雖有達觀遠識脫名利者。不至至誠通神之域。未能

得之也。故曰中庸其至矣乎。民鮮能久矣。夫行易有三要。明易理一也。通世事人情二也。至誠通神三也。而其一二雖在深思推勘。至其三。則屬精心氣力。自行以至者也。所謂自誠明謂之性。自明誠謂之教。誠則明矣。明則誠矣。是盡性之誠。稟神智之教也。犧文周孔之四聖。各有天賦之能力。擧畢世之力。憂後世而所述作。雖然後世學者。乏解釋之力。二千有餘年。冥冥晦晦。如存如亡。無復實用之者。不堪慨嘆也。

易之爲書。東洋之理學。而其卦六十有四。然而西洋化學。亦有六十四原素。其數如合符節。可謂奇矣。唯擧其所異。西洋窮理之學。即物而窮其理。故分析其組織之要素。以知其性質功用之所在。東洋理學。則不然。不問動植。天地間有形之物。各寓心魂於其中。有適當之性情者也。故復彖傳曰。復其觀天地之心乎。大壯彖傳曰知天地之情。咸恒二卦彖傳曰天地萬物之情可知。又中庸曰。能盡其性。則能盡人之性。能盡人之性。則能盡物之性。能盡物之性。則可以贊天地之化育。可以與天地參矣。當知日月星辰及大地。皆大動物。而各有心魂。達其性情。保數萬歲之壽。其効用亦極大也。若其他萬物。小動物。而其壽則短。亦各有心魂達性情者也。蓋宇宙間。一切萬物之心魂。皆造物主之分子。而無不至精至純者也。而問此無數萬物以何組織。則物質原子有八。即謂之天澤火雷風水山地。其中天雷風火。氣體而無形狀。山地水澤。實體而有形狀。此有形無形八原子。互相抱合結晶。而能組成萬物也。而由其原子之精粗靈頑。各異物質。其物質能薰染其心魂。各異其性。其性能因緣外物。而各異其情。故雖如天地萬物各分裂。而彼此不相關。是至精至純。萬物同體之心魂。暗暗裏爲物質所薰化。

洞察斯眞理而不疑。謂之知天地萬物之情。洞察斯眞理。而去各自爲物質薰染之私欲。以贊天地之性。以遂萬物之情。謂之能盡物之性。贊天地之化育。而人之心魂。離肉體之後。不合同本原者有二。其一致誠盡忠。計國家之幸福。死而後已之精神。其身死而心魂猶未復歸本原。永在幽冥。而守天下後世者。謂之鬼神。中庸所謂鬼神之爲德其盛矣乎。即是也。其一生涯欲逞自己之私欲。焦思苦慮之私心。其身死而心魂亦未能復歸本原。彷徨于空中而爲災變者。謂之游魂。易所謂游魂爲變。即是也。然而鬼神感善人。而降禎祥於國家。游魂寄託惡人。而爲妖孽於世間。所謂同聲相應。同氣相求者。是饗陽神以火。饗陰神以水。蓋因此理也。凡通此理而不迷者。由易而知鬼神之情狀者也。東洋理學之高尚其如此。故從來學易者。概不能得肯綮。不徵之於人事之實際。故不能知人情之錯雜。或單爲義理之學。不復解占筮之妙。拘泥字句之間。遂廢其實用。且其稱通易學者。則曰易敎君子以常道。卜筮以論權道。曰。伏羲之象。文王之辭。依卜筮以爲敎。孔子之贊易。以義理爲敎。其施爲雖異。道則一也。曰從性命之理。盡變化之道。曰探賾索隱。以定天下之吉凶。鉤深致遠。豫論人事之悔吝。曰。易者聖人所重之道。而爲君子設者。後世以卜筮列之于技藝。大悖聖人之旨。曰。天下之理。無不包羅易中。開物成務之學。祇賴有此、也。曰。聖人以易研幾。示人以向背。係吉凶悔吝之辭。鼓舞天下。誘天祐於貞悔。是知其一而未知其二也。又或一二熟卜筮者。亦唯玩象而逞臆測而已。要之和漢未有盡聖人之深意者。又未有用聖人之辭而占者也。用易如此。猶以干將莫邪而代菜刀。豈可不慨嘆乎。余之所講。則異於是。照之於事物之實際。發明聖人之深意於象爻之辭。覺知鬼神之威靈。常現在于上下左右。畏敬之念。無有須臾之間斷。蓋余之於斯學也。其始非由師傳之教也。嘗讀中庸之書。至至誠之道可以前知。悄然而思。凡人之處世。莫善於前知百事。乃考索至誠之道者。十有餘年。茫乎而無所得。當時情懷。如懷方書而失良藥之感。然當橫濱開港之初。過犯禁下獄。實安政六年十二月也。其在囹圄也。不堪幽囚之苦悶。或悔悟任血氣誤生涯。萬感輻湊于一身。轉覺悵然之際。偶得易經下卷一本於席間。乃執而讀之。以爲吾聞易之爲書。儒者千百人中。能講之者。僅不過二三輩。而猶多不能通曉者。夫易者四聖人各極天授之能。竭畢生之力。而所述作。其不易解。雖固當然。古昔聖人。非故用不可解之秘語。作此怪譎之書。以欲窘後人也。由是觀之。其難解也。非書之難解。由吾精思之未至也已。今獄窓無聊。吾幸以往日所聞于師之西洋理學。窮其理之所在。則或得通之乎。爾來每日課一卦。晝則玩讀之。夜則暗誦之。四閱月而卒業。自是之後。丁寧反復。精思熟考。造次顛沛。未嘗暫廢也。涉數月之久。覺於繫辭彖傳等。少有所通曉。乃益勉勵不措。既而得略解全體之理。因假撚紙片以代蓍。即事而占之。其事或中。或不中。苦其不恒。於是沈思默禱之餘。幸思至誠無息之語。感悟無息二字。非單無止息之義。則無發氣息之謂也。方揲筮之時。全止息吸呼。而捧蓍於額上。以專念其將占之事。不得不發氣息之際。分蓍而爲二。此間不容髮。自是之後。百占百中。以爻辭擬之。瞭如掉掌。有悚然而接神之想。於是始知易之爲用。全精神氣力上之術。而至誠之道。一在無息之間。且悟六十四卦。則造化之理。即萬物之根本。八原子之結晶學。而推原子遇不遇之性情。及之於一切之事物。自國事之大。以至於人事之小。細大不漏。得悉指之於掌之學。又併知三百八十四爻之別。即示時之緩急。事之難易者也。詩曰。神之格思。不可度思。矧可射思。中庸引之。蓋聖人說神。三以思字爲助語者。即自占筮之適中。而觀識之可知也。余亦當易占之適中。而又同其感。確信聖人曰神者。與余之曰神者。亦無分毫之異也。神字从示从申者。蓋神雖視而不見。聽而不聞。人能以蓍筮問之。則無不示申也。亦可以證余神人交通之說焉。

熟俯仰今古而觀察世態人情。如上文所述。古之人淳朴而富精神氣力。故能得交通于神。今之人狡智而專利欲。故不能交通于神。是以唯推測謀事。智者勞精神竭思慮。而圖國利民福。亦動輙陷權謀術數。以利己爲主。不顧他人之害。常窺他邦之釁隙。欲以併吞疆土。蓋彼等固以優勝劣敗弱肉强食。爲各人天賦之情性。

不啻生存競爭。畢竟不知天命而不畏之所致也。請試論之。今日如歐米各邦以理制人心。鬪巧智以爭生存。則我製百噸之砲。則彼製二百噸之砲。我備鋼鐵艦。則彼抗之以水雷。益進而益巧。愈出而愈奇。其勢不知所底止。遂至駕氣球而自天空投下爆裂彈。則再復太古之穴居乎。然則口唱文明。望開化。至其所行。則非却趨野蠻耶。當今文明開化之競爭者。全期優勝劣敗。優勝劣敗。既期弱肉强食。弱肉强食。即野蠻未開之風俗也。而歐米各邦進步之方針。正向此點而進者也。宇內各國之情勢。業已如此。而其所以未恣虎狼之吞噬者。賴耶蘇敎之力。而纔抑制之。亞細亞諸國。賴神儒佛三道之力。而防遏之也。我皇祖及孔子釋迦耶蘇等。各聖人通神設敎。示以神者祐人。人以至誠禀神惠。神人相應。致國家之福祉。是國敎及宗敎之所因起也。然從生活之變遷。而氣質之變化也。精神衰而至誠之道不明。故方今雖在神儒佛耶之教職者。通神者幾希。可知神雖欲保護國家。保祐民庶。以人失通之之道。神亦憫其愚而焦慮也。蓋自不通神。則不能詳聽神意。而妄說神德者。畢竟不過襲蹈古人之套語。此輩不足與語道。然亦一由斯道之衰頹。未專可咎此輩也。且無智之小人。爲其說之所誘而信之者。亦雖屬妄信。或以生進善遠惡之心。未必無益也。唯中等以上之人。修形而下之學者。爲無神論。而置神於疑惑之間。不知天命之可畏。聖言之可尊。或恣我意。而蹂躪衆庶。或乘威權。而橫行世間。弄才智而裝豪傑。其死也以樹巨大之記念碑。爲無上榮譽。此輩終身不知道。唯以名爲眞理。以利爲現理。終名利之二途耳。雖偶有信神者。不能直得神意。止其自信。而不能以神益世利人。是皆非完全者也。故其力終不能制止一般情勢之熾盛也。

然則人間生活上之快樂。其在何所乎。要之其弊坐不會神人交通之道也。夫天之生斯民也。豈以同類相食爲其主旨乎。宜優劣互相扶助。强弱互相提携。以各安其業。樂其分也。若夫邦國之於交際。亦猶個人之於交際也。有無互通。利便互計。相携相扶。不可不各享其天幸。全其天福也。否則如何而達人心和樂之世運乎。今也形而下肉體之便利日益進。而不能安形而上之心。則如何而得稱眞成之文明開化乎。而其進文明開化之方。不在歐米各邦形而下之窮理。在東洋形而上之道。其載道之書。實以周易爲最也。是以余曩著易斷十册。以六十四卦三百八十四爻。應用之於實事。解釋其辭。附以經驗之占斷。紹介神人交通之妙理。爾來七年。世人未醒覺迷夢。頑乎而不畏天命。狎大人。侮聖言。不知鬼神之現在於冥冥。前知禍福而示之。見禎祥妖孽。以爲偶然。不有嘗所省察儆戒。世道人心之衰頹。日以益甚。蓋爲我書之所說。未盡其精微乎。余年已越六十。疾病亦且時至。若迨今而不完斯學之中興。則其將期何世耶。是余不獨爲斯道憂。實所爲天下後世憂也。乃不自揆。再補正易斷。寄六十四卦。以國政之組織。君臣之奇偶。人心之興敗。就實地所經驗之活斷三百八十四爻而述之。明神人交通天命嚴肅之證。以使初學之人。易悟易理之妙。進使後世學者。繼經驗之序。終成就人間學。且欲使宇內智者學者輩。省臆測推量之徒勞。以易爲神人交通之媒。且夫我邦維新當初之爲國是也。在取彼長以補我短。然歐米各邦之交際益頻繁。而其所傾向。苟爲彼之事物。不擇利害而輸入之。我所固有。不問長短而廢棄之。遂至有非變我道德國而不爲彼法治國不止之勢。嗚呼亦可謂惑矣。夫撰取利害長短。人世之通誼也。況欲棄我國粹之道德乎。抑方今最大急務。在使彼國人知我固有道德之爲何物。而爲之之道。無過於平易説示易道。易者道德之本原也。故早晩譯此書以英文。傳之於歐米各邦。欲使彼知我國方今有神人交通之術。又知人間統理之方法。畢不在法律而在道德也。歐米各邦。專研究形而下之理。奏其實効者。如利用電氣蒸氣。皆無不巧妙。交通之利便。實古人所不夢見也。然如此。是利人間相互之交通而已。烏如我易道之神人相交通。而前知將來之吉凶禍福哉。是實東洋神奇之貴寶也。今余不敢秘之。欲以傳之於海外者。唯一片誠忠。在將爲宇内開萬世之太平耳。凡百君子。謹而思之。余之所希望如此。著此書之主旨。亦全在此。具眼達識之士。幸諒微衷。大講究斯學。聖聖相承之瑞珠。再放光彩。神隨之皇道。得大明於世。而衆人知希望之所歸著。宇内萬世之泰平。亦可期而俟也。

明治三十四年一月

高島呑象識

余之幼也。家大人教之曰。先哲所著之書。不啻汗牛充棟。然六經所載。則聖人之道。聖人者。天之所降以爲億兆之君師也。余於是讀四書五經。業務之暇。手不釋卷。積年之久。略諳誦之。竊聖賢之旨。探道德之原。頗有所自得。以爲聖人之道。教庸人以仁義。教君子以易。使得至誠通神豫知將來。使在上君子。無誤億兆之休戚也。故君子因易以知有鬼神。戒愼乎其所不睹。恐懼乎其所不聞。善篤善行。雖賞之不爲不善。蓋知天命而常行仁義。故謂之道德。然而神者專祖先之靈。是合人之顏色氣血而可知。然則人之於父子。非啻身體教育之恩。父母沒而爲靈。亦大而保國家之安寧。小而護子孫之幸福也明矣。是孝道之所以貴重。而五倫天之所媒介也。

至誠者。聖人所謂盡其性也。說卦傳曰。窮理盡性。以至於命。所謂性者。心之所活動。命者。與受命如嚮之命同。吉凶所定也。言窮其義理。盡心之活動。以感得天命於筮數之義也。要之。人智所不及。而聽神之教者也。卦爻之辭。皆照于實用。不餘一字。故易者不外聖人救世之意焉。蓋庸人之所見。人之一身。以統括四肢五官而應事物爲能。唯聖人不然。盡性至命。遺活動心魂以通鬼神。感得神意於筮數之方。以益後世。然世之讀易者。拘泥文義。而遠于實用。可不浩嘆乎。

釋氏之道。以明心見性爲主。老子之道。以修心練性爲要。故釋老之道。專於心性。而疏於治國家。唯吾聖人之道。以盡性至命爲極。苟人智所不及。聽命於鬼神。小而可修一身。大而可治家國天下。豈如釋老獨善其身者乎。方今宇內各邦。互競其力之時。舍此而可復他求哉。

祖先之靈。雖導國家及子孫。以避凶趨吉之方。人不知盡性之道。故神靈不能通其意。見其陷于不幸。亦不堪憂慮也。人皆以爲將來之事。不可豫知。余竊憂之。述此書。以明聖人之旨。通鬼神之意。媒妁幽明。欲使天下後世。得至大之幸福也。

此編原余所講述。使友人柳田幾作筆記者也。今請清國人王治本氏。更補正之。便清國諸彥閱讀。但序言以達意爲主。故文辭鄙野。語無倫次。覽者諒之。

余嘗著易斷易占二書。先輩序文頗多。其中副島種臣。中村敬宇。栗本鋤雲三君之文。尤得我心之所然者。今不忍去之。因錄於左。

高島呑象又識

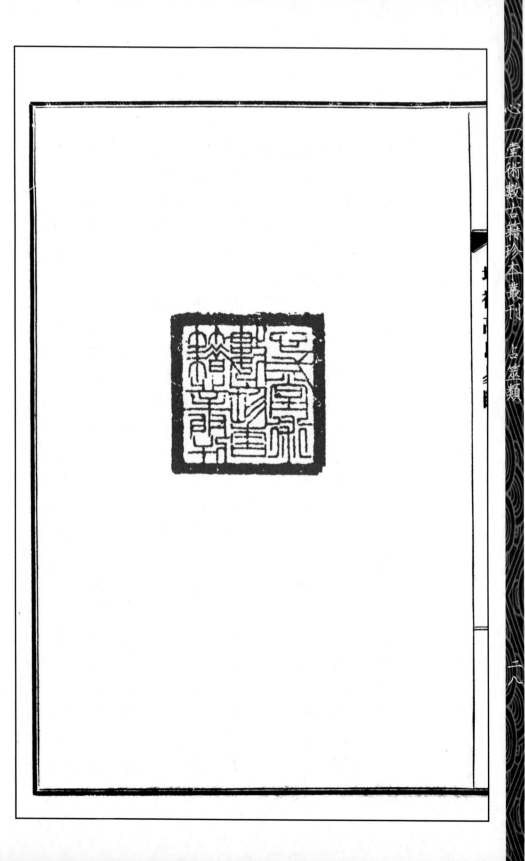

神易堂易斷序

周易筮法。肇始於洪範。散見於春秋內外傳。宿官世業。掌在筮人。由來舊矣。迄今幾失其傳。歲庚子余重游東海。得閱神易堂易斷。爲　高島吞象所著。卷首自叙揲蓍之法。并追述生平因事繫囚。於犴獄中得殘易半本。朝夕參玩。獨得神解。遂即自筮休咎。爻象所示。一時莫得其解。既而脫罪。其應如響。此其始筮之驗也。厥後凡值歲首。或家國大事。悉皆取斷於筮。而他人之有疑欲決者亦咸來請筮。歲積一歲。以其所筮之經驗者。鈔錄成帙。每卦或一筮焉。或再筮三筮焉。隨機判決。各得神解。訂爲六十四卷。付刊行世。知與不知。皆奉之如神。一日余於友人處。獲晤　高島翁。談及易斷之妙。翁曰。惜此書純用和文。不克流傳海外。請君一繹漢文。友人亦相與勸說。余遂應命。卦首先釋象義字義及陰陽變動參互錯綜之旨。後繫所筮斷驗。余爲之循其意繹其詞。從事於筆硯者八閱月。迺成。嗟乎錢卜之法。創自京房。專目五行生尅。決人休咎。而於爻象爻辭。概不究論。求所謂大衍用九之法。判若兩歧。茲得易斷之書一出。俾揲蓍古法再見於今。筮人之掌。得復於古。皆高島氏之功也。余幸删繹事竣。爲叙其顚末如此。

光緒辛丑歲三月上澣穀旦

浙東剡園王治本譔於食研齋

高島易占初篇序

文王之易。文王之易也。高島嘉右衛門之易。高島嘉右衛門之易也。人固不能無才性高下之殊。而易從其人。各爲見解。不得言管窺之天。非彼蒼蒼者。譬猶不龜手藥。一以洴澼絖。一以水戰制勝。自人見之。則其用雖殊。自藥見之。則齊爲善用者。抑高島氏繫在囹圄。幽鬱七年之久。所親唯周易一卷。反覆玩讀。驗之自家經歷。大有所感。爾來每事。必與易謀。而決趨避。終至爲一家占斷。此書即是也。夫煤燈鐵路。煌耀于橫濱之衢。而蜿蜒于東京之道者。雖不過取於彼而施於我之事。創爲之業。得喪不可判。衆方在逡巡疑懼中。而高島氏獨奮當之。其膽勇非易鼓之。而誰居。

匏菴　栗本　鯤　撰

高島易斷序

高島氏深乎易者也。其言顯而密。邃而理。至云吾未得神助而得鬼助。其占得咸四爻。賢哉。高島氏也。其眞如云乎鬼者。周公之鬼乎。文王之鬼乎。孔子之鬼乎。庖犧之鬼乎。其或子平生所夢寐。則有其鬼乎。余惟于良德。則宜或天助。是使鬼咸于子乎。抑余謂鬼者魂未伸者。故不神。若此者咸于其外體。或有之也。咸四爻爲貞吉。則果天助也。不鬼咸也。所著書類。雖未讀盡。所趣浩大。故書以贈也。余亦近來有著書。殊覺于精義未悉。動多糊塗。將擇吉日一日相會。以縱論余平生。時下無恙是祈。

副島種臣

至誠通神之圖

增補高島易斷

大日本橫濱　從五位高島嘉右衛門　講述
東京　柳田幾作　筆錄
清　國甯波　王治本　補正

周易上經

凡人臨大事。欲前知吉凶成敗於未來。非人所能臆測也。於是用至誠無息之術。質之鬼神。鬼神感之。發現其意象於筮數。以示休咎。以定從違。易曰。卜以決疑。此之謂也。今得乾下乾上之卦。其義如左。餘卦倣之。

䷀

乾爲天

乾字本作巛。即此卦三奇一連純陽圓滿之形也。後假作三數字。左旁从𠦝。𠦝古文作𠦝。中⊙象日。上下屮𠂆象其光線。即大陽放光彩之象。詩暵其乾矣。亦通作乾燥之義。暵曝也。自日光而來也。乾之性。在人則氣力圓滿剛健之義也。說卦傳曰。乾健也。天之性至剛。其德至健。其體圓滿盈實。其運動彊進而無有間斷。故以此卦此字充之。

乾元亨利貞

此五字文王所繫。謂之彖辭。乾之爲天。上文既述之。在人則君也。父也。夫也。蓋天包地。君撫民。父育子。夫帥妻。其理一也。元亨利貞四者乾之德也。乾秉純陽之性。而兼此四德。故其爲氣也。充滿宇宙。無瞬息之間。是即健而無息之謂也。人能法乾之健。自然氣力充實。俯仰無愧。孟子所謂浩然之氣。至大至剛。配義與道。無是餒也。此即與天命德之聖人也。

元者始也。大也。仁也。不斷不壞。天地之大德。所以生萬物也。元字从二从人。仁字天字亦然。蓋在天爲元。在人爲仁。猶仁者推愛己之心以及於人也。亨者通也。物始生而成之義也。在人爲禮。人之處世。以禮讓爲貴。便可使人生愛好之情。即與仁之博愛同。利者宜也。吉也。萬物發達而遂其生也。在人爲義。見利思義。利與義若相反。而實足以相成。以義爲利。利即義也。義字从羊从我。我牧羊而衣其毛食其肉。是自食其力。不慕夫外也。義者宜也。利之得其正也。利字。說文云。从刀从和。和然後利。字本从和省文。故曰。利者義之和也。貞者正也。兼貞正貞常貞固之義。在人爲智。蓋內有神明在抱之姿。外有堅貞不拔之操。斯有守有爲。自得保其終也。故曰。貞固足以幹事。蓋元亨物之始通也。言其時則自春而夏。言其日則自旦而晝。在人則自幼而壯。在草木則自萌芽而至繁盛也。利貞物之成而又復其本也。言其時則自秋而冬。言其日則自映而夕。在人則自壯而耄。在草木則自實而隕也。爲人君者。以乾天爲法。故御天下之道。莫大於仁育萬物。君能體仁。則天下莫不被其德。文言傳曰。君子體仁足以長人。且此卦爻象。亦非專止君上。下至匹夫匹婦爲父爲夫者。其卦象卦義卦用亦復相同。宜推類而擴充之。元亨二字。專就乾之全體德性上說。利貞二字。更含聖人教戒之旨。何則貞者正也。利者宜也。是貴行其所宜。守其所正也。以人事推之。必其有剛健進取之性。然自恃其勇毅果敢。或將侮人之弱。凌人之柔。欺人之愚。是自陷於過失也。唯貞正而可以克其終也。因深警之曰利貞。

象傳曰。大哉乾元萬物資始。乃統天。雲行雨施。品物流形。大明終始。六位時成。時乘六龍以御天。乾道變化。各正性命。保合大和。乃利貞首出庶物。萬國咸寧。

六十四卦。始于乾。終于未濟。未濟之卦。離火之性上升。坎水之性下降。爲水火不相交之象。剛柔失位。事猶未成。故曰未濟。夫未濟非不濟也。有待而濟也。六十四卦。循環不已。是未濟之終。即復而爲乾天之始。乾爲日。陽光所照。萬物發育。故坤輿得其照臨。而水氣蒸發。騰而爲雲。降而爲雨。寒暑燥濕。四時循環。而無須臾之間。精氣凝結。萬物流形。是皆始于乾元一氣之功德。故孔子贊之曰大哉乾元萬物資始。乃統天。雲行雨施。品物流形。乾元者。包括陰陽之稱也。凡物必有始。又必有終。今以六爻之位示其理。則初爻生也。始也。上爻死也。終也。各由其物之性。而不誤其時命。謂之大明終始。六位時成。夫資始萬物者。乾元之功。而乾元亦不以自以爲功。必使雷風水火山澤六子相輔而成。六子亦能承襲天意。以行天之所欲爲。而不違其道。天以父道而御六子。謂之時乘六龍以御天。乾坤與六子協心。以行變化之道。其間功用無窮。而分量有定。乾坤六子。各全其命。生々變化。謂之乾道變化。各正性命。八卦協心。以能保合此造化。謂之保合大和。乃利貞者。謂日月星辰與四時事物之消長。各不愆其運轉。不違其次序。得保此元氣之常存。是以利且貞也。聖人體天立極。以一人而統理萬機。是曰首出庶物。一時庶物沐聖人之化。又得發育蕃殖各得其所。書曰。黎民於變時雍。萬邦協和。即此可見聖功王道乾元一德包括盡之矣。

此傳自大哉以至統天。專說乾天純陽之德體。自雲行以至流形。專說天地陰陽和合交感之妙用。自乾道以至性命。專說陰陽變化之功德。至保合大和。擴充之於人道。始見致戒勸化之本領。於是三才之大義具備。蓋人効法夫天。天之爲道。以公明正大爲主。則爲人君爲人父爲人夫之道。亦宜以公明正大也。

此卦純陽在上。自有君臨萬邦之象。聖天子體乾出治。布化宣猷。登進賢良。授之以職。又仰其德如龍者。崇以師傅。參與庶政。如湯之於伊尹。文王之於太公。一時庶職咸熙。風流令行。所謂保合大和。君令而臣行。上唱而下和。君臣合德。上下通志。蓋君子秉純陽之德。適當休明之會。雖有不善人。伏於裡卦之坤。不敢復露頭角。是以四海靖寧。國家安康。萬民咸沐浴于深仁厚澤之中。無一夫不得其所。於是品物豐饒。國富民裕。兵強食足。兆民輸愛國之忱。四國動會歸之化。熙々皞々。共樂泰平。是乾之時也。溯昔仁德天皇親察下民之疾苦。勅百官曰。夫天子猶大陽之照臨下土。發育萬物。宜代天而布化。天子爲天之子。而敬承上天之志。以施行之於下民者也。故朕視衆庶猶子。衆庶視朕猶父也。今朕尊爲天子。萬福無極。衆庶有或未得其所者。若鰥寡孤獨窮而無告。或孝子而侍父母之疾。不得醫藥。或遭逢水火之難。而不能撫育妻子。或罹疾病。不得藥餌。朕豈忍晏然膜視哉。凡爾百官。是朕衆子中最年長而有德者也。其憐恤子弟。固當與朕有同心。今後三年。除天下之租稅。救萬民之疾苦。爾百官其共體此意。所謂一夫不獲是予辜。朕實不勝飢渴之憂。願汝等三年之內。與朕同此艱苦。以實行救荒之政。百官謹而奉命。皆感戴君恩之厚。於是世風一變。上自權貴。下至賤民。濟貧恤窮之風盛行。有餘財者。賑濟窮民。貸土田者。不收田租。貸家屋者。不徵家稅。唯以博愛爲榮譽。是以兆民無不蒙王澤者。如大旱之得甘雨。迨三年之後。天皇登樓。遠見炊煙之颺。欣然而詠高屋之御製。迄今追誦敕文。諷詠歌謠。無不感懷聖德也。蓋乘乾御宇之世。風同道一。明良相慶。無復所間然。氣運迭更。極盛必衰。或潛龍而不用。或亢龍而有悔。運會之升降。陰陽消長之理。古今同然。故君子之處世。辨六爻之時。玩其辭。即可知天命之向背。凡人筮得此卦。法大陽之循環而不暫息。一切動靜之爲。要皆奉乾以爲法。其宏量卓識。以見龍飛騰得力。正可進而有爲之時。然氣運之通塞進退各有其宜。初爻雖見其才德如龍。而時機未會。未可進而當事也。二爻可進之時既來。而應以九五。二五各以陽德應之。猶非陰陽相親也。三爻更近上位而在下。拮据黽勉。頗勞思慮。至四爻。則五爻之盛運將來。察上下之情。審進退之機。待時而動。尚未決也。五爻得盛大之氣運。百績考成。正乘時得位之際也。上爻以乾之氣運既過。要宜速退而无悔。九二之利見大人。由初九確乎不拔之志操。九三之无咎。由九二之謹愼不伐。九四之无咎。由九三之乾乾惕若。九五之利見大人。由九四之能疑能審。故積功累行在於人。而成德達材在於天。至九五。則潛龍之精神既竭。憂疑之念慮全消。无思无爲。唯有同聲相應同氣相求之樂而已。則亢龍之悔。不必待至上九而後知也。是所謂理之不可違。數之不可逃。幾之不可不豫者也。

大象曰。天行健。君子以自彊不息。

天行健。一言以斷定乾天全卦之德。行者運也。進也。爲也。往也。道也。謂天道運行。猶如大陽日日運行。循環不息。無一刻之停止也。君子體天行之剛健。天理渾然。無一毫人欲之間。自彊不息。自足當天下萬般之事業。然此自彊者。亦非暴戾猛進而不知止。妄用健强之謂也。玩索潛龍亢龍及用九无首之辭。而可知其義也。

(占)得此卦者。要臨事剛健。自彊而不息。猶天行也。○又要包括元亨利貞之四德。○乾有施德而不計利之意。○女子筮得此卦。以陰居陽。有剛强過中之嫌。宜愼重也。○天候二三四五之中變則必晴也。○賣買不利買而利賣也。○禍福謂積善餘慶積不善餘殃。恐有不在當代而在後裔也。○常人有高其身而不知鄙事之虞。○賢者有知天命而獨行是道。恐群陰潛伏。有群小構譏之懼。

初九潛龍勿用。

象傳曰。潛龍勿用。陽在下也。

初九以陽居陽。龍之爲物。神靈不測。能大能小。能飛能潛。應時而變化者也。爻之取象於龍者。以喻人具靈明之德變通之才也。潛龍勿用四字。周公所繫。謂之爻辭。以下倣之。潛者隱伏之稱。此爻在純乾之時而居最下。未得遽用。猶龍之時運未來而隱伏於深淵也。故謂之潛龍勿用。占得此爻者。以不得其時。雖有才德。未可進用也。然龍之潛。非終于潛者也。〇勿用者。非竟不用也。龍有神靈之作用。不得其時。蟄而不騰。潛而不見。寂然以養其心神。君子亦待時而動。善成其用。當此勿用之時。晦其才。韜其德。不干進而取禍。亦不遲疑而失機。樂天命。儼如神龍之蟄而待伸也。初九陽居地下。未可施用。其象爲潛龍。其占曰勿用。在人則德修而未遇於世。道成而未達於上。有可爲之具。而無効用之機。故退守而未可有所爲也。蓋天地之氣有升降。君子之道有行藏。孔子曰。舍之則藏。正得此卦之旨也。若以小事筮得此卦。宜用婦人而成事。蓋以此爻變則爲姤。姤以女壯故也。

(占)問戰征。乾爲武人。有戰征之象。初爻陽氣始動於黃泉。猶是潛伏。故曰潛龍。在軍事。爲威令初發。大軍未集。宜按兵以待也。吉。〇問營商。龍而潛。曰勿用。雖是一種好貿易。只可株守。未可驟動也。〇問功名。龍本飛騰發達之物。初爻曰潛。是未得風雲之會也。故曰。位在下也。○問婚姻。乾初變姤。姤曰女壯勿用取女。是宜戒之。○問家宅。按震爲龍。震在東方。是宅之東。必有淵水閉塞不濟。宜脩鑿之。○問六甲。生男。

(占例)明治二十二年。某貴顯占氣運。筮得乾之姤。

爻辭曰。初九潛龍勿用。

斷曰。乾者純陽之卦。具元亨利貞之四德。剛健篤實。而六位不失其時。升降無常。隨時應用。處則爲潛龍。出則乘飛龍。靜則專。動則直。初九曰。潛龍勿用。蓋以陽居陽。其位伏而在下。雖有龍德。未逢飛躍之會。宜潛藏勿用。文言傳賛之曰。龍德而隱者也。不易乎世。不成乎名。遯世而無悶。樂則行之。憂則違之。確乎其不可拔。潛龍也。又曰。潛之爲言也。隱而未見。行而未成。是以君子不用也。今君占得此卦此爻。夫君當維新之始。以武功有勳勞。現陞陸軍中將之職。且精儒釋二典。所謂學究天人。道兼文武。識見之高朗。學問之深奧。可謂當世無比者也。今當退而不用。正龍德潛伏之時。以君才兼文武。彷諸葛臥龍。是有握乾旋坤之略。但恐陽剛獨用。未免意氣凌人。議論率直。以致疑謗交集。不容於朝。然此卦所謂勿用者。非終不用也。以龍之象。失時則潛。得時即飛。君當韜光匿彩。遯世无悶。以待其時之來也。此爻變則爲巽。巽者風也。順也。入也。俚諺曰。入人之氣。即是也。君能以剛方而濟以巽順。使人有坐我春風之想。則上下悅服。而望聞日隆。自得飛龍上升之象。雖今年之氣運未亨。至明年。爻進九二。恰值見龍在田利見大人之時。騰達變化。德澤普施。可拭目俟之。

九二。見龍在田。利見大人。

象傳曰。見龍在田。德施普也。

此爻陽處二位。故曰九二。陽氣發見。有龍出淵見于地上之義也。在聖人。潛不終潛。有屈而將伸之機。曰在田。蓋有其德。而猶未居其位也。大人者。以其有人君之德。故稱大人。此爻變則爲離。離文明之象。卦變爲同人。以文明之人而與人同。故曰利見大人。蓋剛健者。性之德。文明者。學之成。中者居之宜。正者位之得。然有其德。而猶不自以爲足。欲見九五之大人。蓋期勉進其見識。相與贊成天下事業。是龍德始見于世。立身顯名之時也。五者君上之定位。二者臣下之定位。此卦二五皆以陽剛相應者。蓋有故也。乾之爲卦。其體則純陽圓滿。其時則剛健日進。其爻則二五共備剛中之德。同德相助。謂之兩剛相應之例。乾之卦。處九五之位。以明德御衆賢。九二之臣。承奉君意。以盡力於國家。並法天德。以治國家。以其志望之同。而兩陽相應如是。上下之大人。合志而濟世。則其德化之所及。無有窮極也。又此爻備三才之妙義。見龍者。謂得天之時。在田者。謂得地之利。利見大人者。謂得人之和也。

（占）問戰征。龍本靈物。初爻曰潛。是謂伏兵。二爻曰見。則發見而出也。在田則必列陣於田野空曠之地。傳曰。德施普也。是必戰勝而行賞也。○問營商。爻曰見龍在田。如其貨物大般是米麥絲棉之類。見者。謂物價發動升漲。利見大人者。謂當有官場出而購買也。○問功名。謂伏處田間者。當乘時而進用也。且得貴人之助。故曰利見大人。○問婚姻。二與五相應。五居尊位。婿家必貴。曰見龍。必是新進少年也。大吉。○問六甲。生男。且主貴。

(占例)明治之初。自占一身之方向。筮得乾之同人。

爻辭曰。九二見龍在田。利見大人。

斷曰。乾者純陽之卦。六爻皆取象於龍。群賢在朝之時也。我國自德川氏治世以來。殆三百年。積弊之極。世運一變。得見今日維新之盛業。雖由氣運之消長。實賴此龍德大人。各振其材力。匡輔王朝。致此中興之偉業者也。是則今日之政治。即乾爲天之世也。余曩得罪羅獄者七年。後遂獲釋。爾來黽勉拮据。四年而得十餘萬金。余不敢自恃億中。亦幸逢一時之氣運。克獲資產。然聚散離合。理之所不免。若聚而不散。謂之守財奴。即貽之子孫。往々徒供驕奢。何能久守。余惟當今在位之君子。在昔尊王室廢藩政。皆出萬死而得一生者也。歷今三十年來。王事鞅掌。莫敢或遑。孜々以襄國是。余雖不肖。亦豈敢獨耽安逸。徒望富有哉。今筮得九二之辭曰。見龍在田。謂余曩時出幽囚而再見天日。得以振興家業也。利見大人。謂余嘗占筮國家大計。得與當路大人交接。併得領其議論。往々外使歸朝。投宿余邸。藉是得悉海外形勢。凡此皆足針砭余之固陋。啓迪知識。爲益洵不尠也。余乃法同人之卦意。（同人之占。載同卦之附錄。）創成鐵道瓦斯學校郵船四大業。其原實得於此也。蓋乾之爲卦。以天行之健。有自彊不息之象。人能剛健而無須臾之息怨。惟日孜々自有成功之日也。

○明治二十七年。占我國與清國戰爭之結果如何。筮得乾之同人。

爻辭曰。九二見龍在田。利見大人。

斷曰。乾者兩乾相接之象。以人事觀之。有剛健純粹之大人相接之象。今兩國戰爭。清國之敗機已見。往日清國曾遣員議和。我國不應。而戰爭愈久。彼國慮生內亂。必將遣首相李鴻章來東。與我伊藤首相相盟。謂之見龍在田。利見大人。乾者純陽四月之卦也。和議之成。其在明年四月乎。乃以此筮呈之伊藤首相。

二十八年四月。李鴻章果來我長門下關。與伊藤首相相見。和議始成。

先是明治十七年。伊藤伯奉欽使之命。差遣清國。筮得乾之五爻。渡清之後。與李氏會。全命而還。今得二爻。知李氏之必來。天命不違如此。豈不可畏乎。

九三君子終日乾乾。夕惕若。厲无咎。

象傳曰。終日乾乾。反復道也。

九三以陽居陽。故才强而志亦强。具剛健之性。然位不得其中。居內卦之上。奉外卦而治下。任大而責重。若違上意。必得譴責。若失下情。必受衆怨。上下之際。禍福之交。成敗之所由决也。蓋九三所居之地。正當危懼之時。惟終日乾乾。戒愼恐懼。可以免咎。六爻之中。三爻配三才而爲人位。此爻以乾德居六十四卦人道之首位。君子之象也。故不稱大人而稱君子。初之潛。二之見。四之躍。五之飛。皆有待於此爻也。故脩我德。勤我業。終日乾乾。如臨危地。戒愼畏懼。而脩之於身。施之於事。能通天下之志。能慮天下之變。則雖身居危地。處置得宜。可變危而爲安也。故曰。厲无咎。所謂反復道者。即反復丁寧重復踐行之意。又此爻變則爲履。履之六三曰履虎尾。可以見危殆之地位也。三者日之終。故曰夕。此爻變則爲兌。兌者西也。日之在西。即夕之象也。

(占)問戰征。危事也。爻曰終日乾乾夕惕若。是能臨事而懼者也。故雖危无咎。○問功名。九三處下卦之極。其位猶卑。功名未顯也。故稱君子。在憂危之地。故曰乾乾惕若。斯可免咎。○問營商。居不中之位。履重剛之險。度其貿易必是危地。須日夜防備。可脫險而獲利也。○問家宅。觀爻象。必須謹愼持身。勤儉保家。斯無災咎。○問婚嫁。三以五爲應。三位卑。五位尊。尊則不免亢而得悔。是不宜攀結高親也。○問六甲。生男。產時恐稍有危懼。恐終无咎。

(占例)明治十六年某月。謁松方大藏卿。卿曰。今春以來。深雪霖雨。寒氣殊甚。余竊恐年穀之不登。予幸占其豐凶。筮得乾之履。

爻辭曰。九三。君子終日乾乾。夕惕若。厲无咎。

斷曰。乾者純陽之卦。故曰乾爲天。是乾者天也。取象於大陽。且六爻皆陽而無一陰。其辭曰終日乾乾者。乾乾猶干干也。即旱魃之義也。今九三變而互卦見離之日。是全卦無雨水之象。可知本年必旱。夕惕若者。謂炎熱至夜而不去也。

雖人民多畏久旱而五穀豐熟。故曰厲无咎也。且二爻曰見龍在田。即田稻豐登之象。今三爻變離。見離火照徹田面。縱旱不爲慮。是以无咎。卿曰。占之驗與否姑舍是。其於活斷可謂老成練熟者也。

九四或躍在淵。无咎。

象傳曰。或躍在淵。進无咎也。

九四以陽居陰且近君位。其將進者陽之情。其將退者陰之志。故疑而未決也。然陽氣方進。龍之一躍。自有升天之象。或者疑而未定之辭。或躍者。將進而未進也。在淵者。欲進而復退。淵爲空虛之地。上與天通氣。且淵有水。龍得水便易於騰躍。與二爻在田不同。茲雖一躍而後在淵。知終必躍而升天。故曰无咎。象辭加一進字。益見乘時進必无咎也。人能審時勢之可否。察人心之向背。待時而出。見可而動。其進也非貪位。其退也非沽名。可以投事機之會。可以免失身之辱。所謂无咎者。亦勉人之不失其時也。四爻越內卦遷外卦之處。故有進之意。又此爻變。外卦爲巽。說卦傳曰。巽爲進退。爲不果。故有猶豫之象。

（占）問戰征。觀爻象。軍行前進。必有淵水阻隔。宜設筏飛渡。或臨淵有敵軍埋伏。宜預設備。乃得无咎。○問營商。爻曰或躍在淵。若在販運海貨。恐罹波濤之險。或者物價一時騰漲。爻曰无咎。可保無害。○問功名。有一擧成名之象。大吉。○問家宅。淵者水也。躍者飛升也。必家道有一時振興之象。○問六甲。生男。

（占例）明治二十四年二月。門人清水純直來告曰。今府下第十五區代議士之選擧。鳩山角田二氏旗鼓對壘。競爭未決。余久知鳩山氏。因請占其勝敗。筮得乾之小畜。

爻辭曰。九四。或躍在淵。无咎。

斷曰。此卦六爻皆取象於龍。群龍彙集之時也。以此爻陽氣旺盛。進而應選。本可必得。然九陽爻。四陰位。陽主進。陰主退。顯見進退未定。明々將進而復退也。且上卦變而爲巽。巽爲疑。爲不果。爲進退。四屬陰位。變則互卦含離明。應爻初九有淵之象。見此人學術淵深。具剛强之德。然其心懷遲疑。亦未嘗冀望必選也細玩爻辭所謂或躍者。固不能不應其選。所謂在淵者。恐此番必不能得其選也。某氏啞然而去。

後果如此占。

○二十八年冬至。占明年我國外交之氣運。筮得乾之小畜。

爻辭曰。九四或躍在淵。无咎。

斷曰。乾之爲卦。陽氣循回。無一息之間斷。純全剛健之時也。今我國與清國交戰。席捲遼東。其勢已盛。是歐米各邦之所注視。此後各邦必將窺我舉動。群相猜忌嫉惡。亦勢所必至也。故我國與各邦。益當熟察彼我情形。揆度內外時勢。使彼絕覬覦之念。敦和好之情。蓄勢審機。正在此時也。爻辭曰或躍。曰在淵。示我法神龍之變化。或進或退。神化莫測。乃得无咎也

九五。飛龍在天。利見大人。

象傳曰。飛龍在天。大人造也。

五爻剛健中正而居尊位下與九二之臣同德相應見大人而助其治化謂有聖人之德而居天子之位恩澤被於生民者也蓋大寶曰位雖有其德苟無其位不能利濟天下飛龍在天者謂龍飛上天雲行雨施神變化而澤及萬物聖人在位天下被其澤萬物遂其生故取象於此所謂大人者與天地合其德與日月合其明與四時合其序與鬼神合其吉凶以其備龍之德騰躍而居天位爲萬物所瞻仰故天下利見象傳曰飛龍在天大人造也造猶作也即所謂聖人作而萬物覩也

(占)問戰征九五尊位必是天子親征王師伐罪故曰大人造也○問營商九五辰在申上値畢附星咸池咸池者蒼龍之舍咸池亦名五車主稻黍豆麥度其貿易定在五穀之屬曰飛龍者知物價之飛昇也曰利見大人知其販運或出自政府之命也○問功名有雲霄直達之兆○問疾病有上應天召之象不吉

○問六甲生男主貴

(占例)明治十八年二月二十八日伊藤伯奉命赴清發橫濱港爲昨年朝鮮事

件與清廷議事也。余爲問結局如何。筮得乾之大畜。臨行欲呈之於伯。因祖道者衆。遂不得呈。乃更使人齎之於天津。

爻辭曰。九五。飛龍在天。利見大人。

斷曰。九五之大人與九二之大人。其位相應。易以陰陽相應爲例。二五共屬陽爻。必兩國情意相同。其勢不得不應也。今以我國之大人與清國之大人相會論事。其必能深慮遠謀。兩國平和。且本卦五爻之背。即坤之五爻。其爻辭曰。黃裳元吉。是含彼我大人之心。憂關黃色人種之安危。互相扶持。爲計亞細亞獨立之意。兩國大人留心於此。是即兩國人民之幸慶也。

乾之大象曰。君子以自彊不息。凡筮得此卦者。要如大陽之運行。無須臾之間斷。故以進爲先。可以制勝也。今我國先派使臣。則先鞭在我。我進而論事。以法乾之健行。故其勝在我。必可得好結果也。

時橫濱商人立川磯兵衛。以事赴天津。乃托以此占。就書記官伊東氏呈之於伊藤伯。時因國議不協。伊藤伯將整裝歸朝。偶見此占。大有所感。再開和

戰一決之議。乃得如議。不辱使命而旋

○明治十九年十二月占明年鐵道局氣運。筮得乾之大有。呈之於鐵道局長井上勝君。

爻辭曰。九五飛龍在天。利見大人。

斷曰。乾三奇一連純陽之卦。五爻又屬陽位。卦德莫盛於此。鐵道局之氣運可謂盛矣。此爻得天時地利人和者三。足見世人著目于鐵道。凡物產之繁殖。運輸之交通。軍事之防護。人民之往來。均洽利益。其盛運誠無可比也。飛龍在天者。喻汽車之飛行也。汽車通行。無分貴賤。即在大人之尊。亦同登乘。故曰利見大人。先是明治十四年。占未來之國會。豫判二十年鐵道可以盛行。今得此卦。適與相合。此後鐵道事業之盛大。可期而待也。

上九亢龍有悔。

象傳曰。亢龍有悔。盈不可久也。

上爻以陽居乾卦之極。極則太過。龍飛過高。故曰亢。以高致危。故有悔。此卦言龍始而潛。繼而見。中而躍。終而飛。飛則已當全盛。過此則宜復潛。則不特可免此日之悔。即可冀後日之再飛。猶人臣居勢位之極。當知退避之意。斯富貴可以長保也。否則知進而不知退。則鮮有不蒙咎者矣。故曰盈不可久也。此爻變則爲夬。夬者決也。日中則昃。月盈則虧。天理之必然也。故當斯之時。宜因悔思改。見幾而退。斯得之矣。若夫堯舜之禪讓。范蠡張良之功成身退。皆不極亢而善其終者也。

(占)問戰征。上九居乾之極。陽極于上。故亢。亢則因勝而驕。是以有悔也。故傳曰盈不可久。知不能持久也。○問營商。亢者太過也。凡賣買之道。不可過於求盈也。過盈則必有虧。故曰不可久也。○問功名。上九之位已極。宜反而自退。否則必致滿而遭損。○問家宅。是必宅基太高。太高則危。亦可懼也。○問疾病。是龍陽上升之症。傳曰盈不可久。知命在旦夕間矣。可危。○問婚嫁。不利。○問六甲。生男。恐不育。

（占例）余以每年冬至。占廟堂諸賢進退。及親屬知己等來歲氣運。送致之於其人爲例。明治十九年占某貴顯翌年氣運。筮得乾之夬。

斷曰。乾者至大至剛至健。爲純陽之卦。在人則居高位膺顯爵。聲名洋溢。正當功成身退之候。今閣下筮得此卦。譬如飛龍升天。高出雲霄。反不能布施雨澤。故曰亢龍有悔。閣下英雄達識。老練世事。前日之功名赫耀。今盛運已過。唯宜急流勇退。救目前之亢。再期他日之飛。辭職謝榮。遵養時晦。斯無咎也。

後果如此占。

用九見群龍无首。吉。

象傳曰。用九。天德不可爲首也。

用九者。爲六十四卦陽爻之變。示陽剛之用例。即易中百九十二陽爻之通例也。用者變動之象。九者陽數之終。乾卦全體皆陽。陽極則變。故曰用九。見者乾六爻皆取象於龍。曰潛。曰躍。曰飛。顯然昭著。故曰見。首者上也。易以乾爲首。无首者。言無有出夫其上者矣。卦以得變爲吉。乾卦純陽無變。故六爻未嘗言吉。用九則動而將變。故曰吉。象傳曰。用九天德。以乾卦純陽不雜陰柔。渾然天德。亦即乾爲天之義。不可爲首者。言無以尙之也。夫乾以六龍各有行雲布雨之勢。在人則謂群賢薈萃。同心翊贊。以匡國家。以顯功名。各宜謙讓巽順。不矜不伐。若互競才智。爭誇首功。便是凶象。易曰群龍无首吉。正所以垂誡之也。象傳曰。用九天德不可爲首也。要必如舜之玄德升聞。而好問察邇。卑牧自下。其斯以爲至矣。

䷁ 坤爲地

坤字本作☷。此卦三偶六斷。純陰虛闕之象。古文作巛。順字偏旁及川字亦巛之象形也。故象傳曰。乃順承天。又曰柔順利貞。文言傳曰。坤道其順乎。繫辭傳曰。夫坤天下之至順也。皆可見坤順之義。後以其混山川之川。改从土从申。古文作㘬。言坤地也。地土也。於方爲申也。地之爲體。安靜而至柔至順。以承乾也。說卦傳曰坤爲柔。雜卦傳曰乾剛坤柔。柔順之義可知矣。

坤元亨。利牝馬之貞。君子有攸往。先迷後得主。利西南得朋。東北喪朋。安貞吉。

坤者乾之對。萬物之氣始於天。萬物之形生於地。其爲義也。在人爲卑。在物爲雌。在事爲靜。在學爲能。在時爲秋。爲秋冬。其爲道也。可爲人用而不可自用。小人自知其柔弱。而能順從剛明之君子。則得矣。然易象變動。亦未可執一而論。

非謂君父不得占坤臣子不得占乾也又非謂乾六爻無小人坤六爻無君子也但君子筮得此卦則當知其氣運在坤要法坤順之義柔順以處事也。

坤爲地順承太陽之乾天有象地有形天虛地實爲土壤積累而成仰承天施而化成萬物無所不持載也在人則爲臣爲妻臣之事君母之育子妻之隨夫皆法地道之至順其義一也坤之德柔而順含弘光大篤實重厚即中庸所謂寬裕溫柔足以有容之大德也。

此卦六畫皆偶順之象內外重偶厚之象內虛中之象又含之象又通之象兩兩相比行之象又明之象彬々均適文之象又美之象六偶十二方之象又大之象秩序不紊理之象左右分布體之象又業之象爻辭及文言傳所述皆依是等之象而係辭也。

元亨利貞之義見乾卦下唯乾者形而上主天地之道坤者形而下主陰陽之功是乾坤之別也坤之元亨即乾之元亨猶月之得日光而有光也馬之性柔順而能服於人牝馬者性尤柔順北地馬群每以十牝隨一牡而行不入他群。

牝馬之貞取象於此。然乾卦曰龍。坤卦曰馬。以龍飛天上。變化自在。馬行地上。馴服於人。牝對牡爲柔。故曰利牝馬之貞。乾上坤下。即乾先坤後。坤先夫乾。是逆天也。必所往皆迷。坤從乾後。乃順承天。斯得主有常。無往不利矣。是即陽唱陰和陽施陰受之道。攸往者。謂有所行也。坤以得乾爲主。君子以得君爲主。君先臣後。從令而行。是以所往咸宜。西南陰方。屬巽離兌。坤之本方。東北陽方。屬坎艮震。爲乾方之方。西南得朋。坤以陰卦往同朋陰卦之方。東北喪朋。坤以陰卦往東北陽卦之方。以陰往陰。則與陰爲類。以陰往陽。則從陽有慶。是以彖傳曰西南得朋。乃與類行。東北喪朋。乃終有慶也。安貞者。安於坤順以配乾健。故西南東北。爲皆利。得朋喪朋而皆吉。君子有攸往。惟法坤之順而已矣。一說讀主利爲句。謂在家則生殖勤儉以致富。在國則利用厚生以富國。不知當以孔子文言爲據。利字屬下二句讀。得朋喪朋。正與上得主相對

彖傳曰。至哉坤元。萬物資生。乃順承天。坤厚載物。德

合无疆。含弘光大。品物咸亨。牝馬地類。行地无疆。柔順利貞。君子攸行。先迷失道。後順得常。西南得朋。乃與類行。東北喪朋。乃終有慶。安貞之吉。應地无疆。

乾元坤元皆根於太極之一元。無二元也。坤以承乾。故坤亦稱元。乾元在陽。故曰大坤元屬陰故不曰大而曰至。至者謂既到極盡處陽之極盡處爲陰。陰即坤故曰至哉

坤輿隨太陽而圓轉活動。外面以水爲衣。受太陽之光熱。而蒸發水氣。雨露下降而爲資生之功。謂之陰陽之作用陰陽者。天地之大氣。而萬物皆乘此二氣以生成也。繫辭傳曰天地絪縕萬物化醇。男女構精。萬物化生者。即是也。蓋乾元之大氣與坤元之精氣相交萬物森然而興發生育之功。無所不至。謂之至哉坤元萬物資生乃順承天乾爲天之積氣。其德在始施也。坤承天之氣而爲體其德在愛育也資生之生與乾之象傳始字相對。不可輕看。此卦上下皆坤。

有重厚之象。故載山嶽而不重。振河海而不洩。應天之施無疆。以生成萬物。無不包容。無不發育。謂之坤。厚載物。德合无疆。含弘光大。品物咸亨。按地精爲馬。馬亦陰類。牝馬則陰而又陰。以其性柔順。而又能行遠。故曰行地无疆。法坤之君子所行正當。正如是牝馬一言。聖人具有深意。讀易者。所宜留心玩索。蓋此卦純陰。陰主成。以得乾爲主。宜從乾而動。爲人臣爲人妻者。固不可爭先而威事也。故君子筮得此卦。其行事宜安靜。不宜躁進。若先事而動。必取敗也。夫陰闇也。昧也。不宜主事也。必以從陽爲主。此卦皆陰。故先人而當事。必迷而多誤。可知承陽而後人則順而得常。故謂之先迷失道後順得常。西南退也。東北進也。且西南陰位。東北陽位。坤之時。退西南則得朋。進東北則喪朋。然人多喜其得朋而往西南。不知以陰而往陰位。不啻無一毫之益。見柔益柔而暗益暗矣。雖往東北而曰喪朋。以我之暗。往求高明之地。以爲補救。則暗往明來。其道順而得益多。故謂之西南得朋。乃與類行。東北喪朋。乃終有慶。如此而安其本份。確乎常道。故謂之安貞之吉。蓋貞之爲德。有所守而不變。以全萬物之終。故謂之安貞之吉。應地无疆也。

按易因三天兩地之數。設天地之位。定剛柔之位。䷾即天一地二天三地四天五地六。而陰陽悉交也。六十四卦中。得定位之整正者。獨有水火既濟而已。凡易中所言。當位不當位者。皆因此理也。天下大小之事。其合道理。或不合道理。皆由是而出者也。又地中有天者。以二與四謂之兩地。以三與五。謂之兩天。三謂之地中之天。總謂之三天。上爻一陰。表地球之外猶有世界也。此三天兩地之位。於易最爲樞要。故天位有地。地位有天。皆謂之不當位。易之於時處位。其精密如此。

通觀此卦。初爻陰之微也。小人汲汲于營利。不顧災害。有陷入匪僻之象。履霜堅冰。戒之深矣。二爻得坤之純體。卦中惟這一爻最純粹。然第四无不利。與黃之九五。得天位。行天道而致太平之占者迥別。三則不中。且不正。是賞罰不明之時也。四則不中。以致君子緘默避禍。五則不正。以致尊卑失敘。迨六則群陰交戰。有以血洗血之象。陰之極也。要之坤者純陰之卦也。故六爻概以小人言之與乾之君子相對也以其小人故象辭曰主利上爻曰戰以履霜戒其始以永貞愼其終雖或取象於君子與乾之君子自異其趣乾之君子賢者也坤之君子能者也賢者用人能者用於人賢者在位能者在職者是也蓋乾之時賢者在位而施德化坤之時能者在職而計利益也

象傳曰地勢坤君子以厚德載物。

坤之爲象兩坤相重一下一上如地形之高下相仍天以氣運故乾曰天行地以形載故坤曰地勢蓋地有高低而丘陵山岳之起伏由地中火氣之作用也地球元來以水爲衣故其低處瀦而爲海易謂之澤其四面所纏之水爲太陽所吸引至地形見于水上雖地之形勢互有高低各隨其形而延出者也延者伸也故曰地勢坤夫人之有知愚賢不肖猶地形之有高低地質之有肥瘠也農夫不爲瘠土廢其耕作君子不爲愚不肖止其教育教之以事物之所以然道之以道義之所以貴以示社會之標準然人性有上知有中材有下愚上知

脩己以及人。中材自脩而已。下愚不能自脩而待治於人。凡天地間有形之物。莫厚於地。莫不載於地。故君子法坤之象。以厚德而待人。無知愚賢不肖。悉受包容。亦猶坤之無不持載。故謂之厚德載物也。

（占）問戰征。坤爲地。爲衆。勢者有力之稱。在行軍。旣得其地。復得其勢。又得其衆。宜乎攻無不克矣。○問功名。士者能法坤德之厚。積厚流光。自得聲名顯遠。○問營商。坤爲富。爲財。爲積。爲聚。皆營商吉兆也。曰厚德載物。德者得也。可必得滿載而歸也。○問家宅。知此宅必勝。占地勢大吉。○問婚嫁。坤順也。柔順而已。地道也。即婦道也。大吉。○問六甲。生女。

初六。履霜堅冰至。

象傳曰。履霜堅冰。陰始凝也。馴致其道。至堅冰也。

初爻居純陰之初。陰之始凝也。雖其端甚微。其勢必漸至於盛。故取其義於霜之將至堅冰也。蓋謂履霜之初。宜察陰氣之漸長。終至堅冰而豫防之也。在人則陰邪之萌猶微。如霜之易消。然積累之勢。終至堅冰。其悖逆不能復如之何。故大而治國。小而脩身。皆宜謹之於微。文言傳曰。積善之家。必有餘慶。積不善之家。必有餘殃。臣弑其君。子弑其父。非一朝一夕之故。其所由來者漸矣。可謂能解此義者也。抑此卦。全卦皆陰。小人知利欲而不知道義。當其初。由於父教不謹。日深月久。愈趨愈下。遂致利欲薰心。不復知有道義。不孝不弟。極至犯上作亂。而亦無所忌憚。其禍實始於教之不謹。所致抑陰扶陽。防微杜漸。聖人所以諄諄垂戒也。坤道雖至順。然至順之變。流極而至於大逆。聖人因坤順之流害。以戒堅冰之馴致。履霜防冰。履尾防虎。其訓誡一樣深切。傳曰。其所由來者漸矣。來也者。即在過去未來現在三般中。彖傳曰。剛來而得中。(訟)曰。柔來而文剛。(賁)皆言來之意。往往固執之士。以因果報應。爲釋氏之說。聖人所不言。可謂誤矣。象傳。陰始凝者。即小人之欲念始萌。則馴者順也。隨自然之勢。不復留意。習而至於盛也。陰邪之萌。其初雖微。自履霜而至堅冰。漸漸而來。不可遏抑。遂至滅身喪家。不復可救。諺曰。竊針者竊鐘。即此義也。是以聖人於其過惡之來

大戒後來欲其速改也此爻變則爲復復之初九曰不遠復无祇悔元吉即所謂速改其過不貽其悔也

(占)問營商初六陰氣猶微曰履霜堅冰至是由微而推至於盛也猶商業由小至大積漸而至於富大○問功名初爻是少年新進之時由卑而尊猶履霜以至堅冰隨時而來未可躁進也○問戰征初爻陰之始履霜之象至上爻龍戰陰之極也堅冰之象曰其血玄黃是兩敗也所當先愼其始○問家宅坤純陰之卦初爻陰氣尙微故曰履霜至堅冰則陰氣盛矣陰盛則衰不吉之兆○問婚嫁坤卦純陰曰霜曰冰皆陰象純陰無陽不利○問六甲生女○問疾病恐是陰邪之症初起可治矣久則難醫

(占例)明治二十一年冬男爵某氏來告曰余頃日欲從採鑛之事業其鑛山爲鑛學士某所保證其爲有利無疑雖然予幸占其得失筮得坤之復

爻辭曰初六履霜堅冰至

斷曰此卦純陰而無一陽爻是無統一事業者是衆人各謀私利之時也且初

大戒後來欲其速改也此爻變則爲復復之初九曰不遠復无祇悔元吉即所謂速改其過不貽其悔也

(占)問營商初六陰氣猶微曰履霜堅冰至是由微而推至於盛也猶商業由小至大積漸而至於富大○問功名初爻是少年新進之時由卑而尊猶履霜以至堅冰隨時而來未可躁進也○問戰征初爻陰之始履霜之象至上爻龍戰陰之極也堅冰之象曰其血玄黃是兩敗也所當先慎其始○問家宅坤純陰之卦初爻陰氣尚微故曰履霜至堅冰則陰氣盛矣陰盛則衰不吉之兆○問婚嫁坤卦純陰曰霜曰冰皆陰象純陰無陽不利○問六甲生女○問疾病恐是陰邪之症初起可治矣久則難醫

(占例)明治二十一年冬男爵某氏來告曰余頃日欲從採鑛之事業其鑛山爲鑛學士某所保證其爲有利無疑雖然予幸占其得失筮得坤之復

爻辭曰初六履霜堅冰至

斷曰此卦純陰而無一陽爻是無統一事業者是衆人各謀私利之時也且初

夫坤之爲卦。純陰而無陽。是小人行世。君子退藏之時。今得初爻。地變爲雷。即小人擅權。專博私利之兆。其辭曰。履霜堅冰至。言方當履霜。小人之機心乍萌。猶霜之易消。至堅冰固結。有不可復動之勢。孔子曰。積善之家。必有餘慶。積不善之家。必有餘殃。臣弑其君。子弑其父。非一朝一夕之故。其所由來者漸矣。由辨之不早辨也。易曰。履霜堅冰至。蓋言順也。如此不祥之辭。他邦征誅之朝。時或有之。至我帝國。爲萬世一系之天子。下亦不乏忠君愛國之輔弼。故無慮此。今占國家氣運而得此爻。豈可不戒愼乎。按二爻變而爲師。師者以身爲儀表。敎導萬民之象。是爲明年及明後年之氣運也。其辭曰。直方大。不習无不利。此爻以陰居陰。備坤厚之德。居大臣之位。直者廉直而温。方者剛方而嚴。大者光大。謂其功也。君子秉直方大之德。雖無其位。天爵之貴者也。小人無直方大之德。一味徇私。雖貴爲公卿。人爵之賤者也。君子小人之判如此。是以小人而在高位。往往借公濟私。不顧國家之安危。徒作子孫之計。竊自以得計。是亦不思之甚也。夫大臣而徇利。必至賄賂公行。是非顚倒。禍亂自此而起。不知禍亂之來富者必先罹其毒。然則小人所爲肥家實釀敗家之患。履霜堅冰而不知戒。小人之爲計。不亦愚乎。今我國家幸得賢明之君子在上。秉正直剛方之德。行公明博大之政。正躬率物。師表群倫。庶幾陽剛來復。陰邪退避。移風易俗。太平之治。其在斯乎。坤卦以十年爲數。其純陰而无一陽。爲統御不全之象。今而不知所戒。恐因循以及十年。或者有上六龍戰之禍。亦不可不預防也。龍戰于野者。龍者謂上。野者謂野心之徒。反擊而至流血也。自履霜而至龍戰。國家之不祥莫大焉。今時大臣及各黨首領。皆廉直公正。固無患此。但占筮如此。思其終局。頗切杞憂。夫爻所謂龍戰者。所指何事。有識者自能辨之。

六二。直方大。不習无不利。

象傳曰。六二之動。直以方也。不習无不利。地道光也。

二爻以陰居陰。即坤之主爻。故有上人之勢也。蓋乾之九五。坤之六二。各居陰陽之本位。而合中正之德者。乾以君道。故以九五爲主。坤以臣道。故以六二爲主六二具地道之全德。在內則無私曲。在外則事皆當理。稱之曰直方大。直者無些邪曲也。方者圓之對。純陰之象也。圓者動而不靜。陽之道也。方者止而守常陰之道也。故曰天圓而地方。大者廣大也。謂坤地生育之功德廣大也。直則其心無私。方則其事當理。大則謂其功也。直方大則配天之剛。而合自然之德。天理雖至直至方。人欲則邪曲也。人之性雖善。人欲蔽之。百岐橫出。反致害天理之直也。此卦本非凶。唯爲私欲所蔽。而陷于凶。然此爻得坤道之純。其中直方正廣大之全德。凡學之有待於習者。由於未曉其理。未諳其事也矣。亦何習之爲。故曰不習无不利。不習者。謂其自然而能也。大學所謂未有學養子而後嫁者也之意。乾之六爻莫盛於九五。坤之六爻莫盛於六二。象傳之意。謂六二柔順中正。居本卦之主。動容周旋。皆中其規矩。又有不習无不利之功德。陰道地道臣道妻道。皆得其當。德行光大之故也。蓋此卦純陰。初三五三爻柔順而不正。四上兩爻柔順而不中。唯此爻柔順中正。獨得坤道之粹者也。

(占)問營商。六二坤之本位。直方者地之性。大者地之用。如其營業必是地產。如穀米材木絲棉之類是也。不習无不利。習與襲通。謂不煩重筮而知其獲利也。○問功名。二爻居中得位。動而獲利。言不待脩營而功自成。其成名也必矣。○問戰征。戰之一道。以得地勢爲要。動以其時。勢大力强。可无戰而定也。○問家宅。六二中正。居宅得宜。故曰地道光也。○問嫁娶。直方大地道也。妻道通於地道。故婚娶亦利。○問疾病。爻曰直方大。知其素體强壯。不藥有喜。○問六甲。生女。

(占例)明治二十三年一月。占伊藤伯氣運。筮得坤之師。

爻辭曰。六二。直方大。不習无不利。

斷曰。坤者地也。地之德順也。順者臣之道也。此爻中正而爲一卦之主。載地德爲物。載華嶽而不重。振河海而不洩。稟天氣而生育萬物者也。今占大臣而得此爻。是其負世務之重。而能堪其位。奉至尊之命。而能盡其職。且此爻柔順中正。具臣道之全德。故稱贊之曰直方大。直方者。即所謂敬以直內。義以方外。而終之公明正大。是性功之全也。伯有此器識。而復有此德性。循爽自然。故乘習无不利也。此爻變則爲師。師之爲卦。九二一陽爲全卦之主。統御衆陰之象。本年兩議院之開設。必當推爲議長。以統督衆議員。用以奏整理之功。故曰六二之動直以方。蓋不待習而无不利也。

後果如此占。

○明治三十年六月。余赴愛知攝綿土製造所。該製造所。屬小兒嘉兵衛所擔當。因赴愛知縣廳。晤江木知事。及吉田書記官。書記官曰。今者將興築埠頭於治下熱田。以圖名古屋市之利便。其費凡二百四十萬圓。欲提出此議於縣會。爲其大業。知事及余深疑縣會之贊否如何。踟躕久之。子幸占其成否。筮得坤之師

爻辭曰。六二直方大。不習无不利。

斷曰。坤之爲卦。上下皆柔順而無一毫間隔。況坤卦主利。而此事尤屬平直方正。大有利益。事成之後。不特當縣獲利。即他縣亦得利便。後必得縣會衆員贊成不容疑也。

知事及書記官聞之大喜。速附之於縣會之議。議員中四十四名。不合議者。不過三人。立議決之云。

六三含章可貞。或從王事。无成有終。

象傳曰。含章可貞。以時發也。或從王事。知光大也。

三爻不中不正。而居內卦之極。改革之地。其心術行爲。不能無不中不正之失。且柔順之臣。與六五之君。皆陰柔而不相應。是人臣不得于其君者也。大抵六三之爻。多不得時位。即有才識之士。只宜韜德匿采。以待時至。若妄露才能。必招疑忌。故戒之曰含章。剛柔相雜曰文。文之成曰章。含者含而不露也。唯其靜而能守。故曰可貞。大凡爲人臣者。不問其遇與不遇。當有守其常而不可變之志操。縱無干進之心。亦未嘗無進用之日。如或出而從事。則仍含其章。而不自居其功。從君之令。以終君之事而已。事即不成。必使後人得續以成之。謂之无成有終。六三居下卦之上。有從王事之象。蓋乾之九四。坤之六三。皆居進退未定之地曰在淵曰含章故皆加曰或示以將進未進之意。當此進退之際。亦宜不失時宜以從王事也象傳知字與時字相對含蓄才能未敢吐露。謂其能審時而發時發者即吐發其含章之光退則能含進則能發。是以其光大也。此爻變則爲謙謙之九三曰勞謙君子有終吉繫辭傳曰。勞而不伐有功而不德。厚之至也。下卦爲艮艮者止也有含之象亦得含章之義也。

(占)問戰征。爻曰含章可貞言平時含蓄才知斂藏不露。一旦從事自能制勝。即不成功亦无大敗故曰无成有終。○問營商。坤地也。百貨皆生於地。商能蓄積百貨故曰含章。凡從事營商者。貿遷百貨。以時發售。故曰時發。坤內卦至三而極正盛滿之地故曰光大是以一時雖或未成知必有終也吉。○問功名。凡求名者最宜待時時未當發含章可貞時而當發出從王事知此道者。必能保功名以終也吉。○問疾病玩无成有終何義。知不可藥救矣凶。○問六甲。生女。

(占例)明治十九年。占知友柳田某氣運。筮得坤之謙。

爻辭曰。六三。含章可貞。或從王事。无成有終。

斷曰坤之時柔順而亨也彖曰利牝馬之貞牝馬負重而爲人用即勞而無功之意也又曰君子有攸往先迷後得主利故雖君子氣運未至不能自進而當事也爲居人後而守恒之時又曰主利謂不能得名譽唯得俸給三爻値有爲之地爻辭曰含章可貞或從王事无成有終含章可貞者是足下包含文章藏器於身以待其時今時會既來當有從事于文章也雖主管者知足下文才欲任以事務授以官職其餘屬官不得不出足下之下以其勢有不可也只可酬報而已此卦全卦皆陰無自主之權雖殫勞心力苦無知之者事成之後其功亦必爲人所奪不能得分毫名譽不勞者却得褒賞或邀陞進以坤之卦純陰陰人得勢唯以主利故篤實之人反爲彼所籠絡而不衒于世足下之時運如此惟宜修德而待時或從王事无成有終或之云者今日無事他日必將從事也其後同氏果受某局囑託從事編輯五年早出晚退事極繁劇終了編輯於是屬官闕其事者皆有陞級或受褒賞氏以不登仕籍不得邀恩典止解其囑託而已

六四括囊。无咎无譽。

象傳曰。括囊无咎。愼不害也。

四爻雖柔順得正而居失其中。故不足共有爲也。四居近五之位而兩柔不相得。上下閉隔是大臣不信于君之象也。當此之時宜愼重緘默。晦藏其智。如括結囊橐。杜口不露。默默隱忍以守其愚。如此則无咎无譽。斯得遠于災害矣。故謂之括囊无咎无譽。无咎者。在避害。无譽者。在逃名。若因括囊而得譽則有譽即有咎必深藏不露。幷泯其括囊之迹。故象傳曰括囊无咎。愼不害也。此爻變則爲豫卦。形有括囊之象。

(占)問營商。四巽爻巽爲商爲利。巽近利市三倍之謂也。玆爻曰括囊。是明亦以閉囊之象。知必昔日得利。財已入囊。不使復出也。故曰括囊无咎无譽。○問戰征。六四重陰當閉塞之時。雖有智囊。其才無所施。其計謀也。是宜閉關不戰。如囊之括其口也。斯无咎矣。○問功名。四重卦動當否位。文言曰天地閉。括囊者括口也天地且閉何有於功名若妄意干進求名適足致禍有譽反有咎矣宜愼○問家宅六四以陰居陰履非中位是宅必在山谷幽僻之處宜隱遯者居之○問六甲生女或得孿生二女

占例明治十二年一月邂逅大阪五代友厚氏氏請占本年商務筮得坤之豫

爻辭曰六四括囊无咎无譽

斷曰坤主利之卦有羣聚爭利之象四爻以陰居陰不可進而爲事也故本年宜退守不宜擴張商業爻辭曰括囊者括財囊之口不可出財貨也故括囊則無損益閉囊便多失囑愼勿着手商事五代氏有感此占然商業之勢雖知不利只可小做不能不做偶有營業果致虧敗

六五黃裳元吉

象傳曰黃裳元吉文在中也

黃屬中央土色也裳下服黃中色守中而居下爲臣下之象蓋此爻以柔德居

五尊位或女后南面聽政或如伊周之輔主攝政者也。然坤者純陰。六爻皆臣事未可以六五直爲人君占此爻者爲當乘中和之盛德。維持朝憲輔弼國君。終復退守臣職此尊位所以爲尊陰爻不失其常故曰黃裳元吉。否則居尊而爲天下必大凶也。左傳昭公十二年。南蒯筮得此爻。以不守黃裳之義。敗家喪身可爲徵矣。聖人以裳字繫此爻者恐有權臣乘勢位擅威福失臣下之道。蔑視君上其垂戒也深矣。象傳曰。文在中也。坤爲文五居中。言美積於中而形於外爲能柔中而克守節也。故爲元吉

(占)問戰征坤臣道五居尊位爲人臣之極貴者。如舜之攝位誅四凶。周之攝政誅二叔爻曰黃裳元吉是以文德而發爲武功者也。故傳曰文在中也○問功名六五辰在卯得震氣震有功名奮興之象五又離爻。離爲黃位近午。午值七星。七星主衣裳文繡。故曰黃裳。離又爲明有文明發達之象。故曰文在中也○問營商坤五變比。比吉也。輔也。商業必得比輔而成。比卦下坤上坎坤爲裳。故曰黃裳比爲美故曰文在中。知其經商必是錦繡章服之品。因元吉必獲利也。

○問疾病坤爲大腹又黃爲色裳下飾可知其病在中下兩焦○問六甲生女」
（占例）明治二十二年占貴顯某之運氣筮得坤之比乃呈之三條公及伊藤伯」

爻辭曰六五黃裳元吉

斷曰坤之爲卦純陰而無一陽五爻雖屬君位而坤卦皆臣事黃裳元吉者如周公位冢宰輔成王以攝政畏天命不敢服黃衣唯着黃裳以嚴君臣之分者是也維其忠信篤敬雖持朝憲輔弼國君故曰黃裳元吉否則其凶可知也今貴顯某幼而有神童之譽及長拔擢藩中久留于歐洲不特博學又通曉海外各國之政體風俗其歸朝也立要路而鞅掌職務隱然負衆人之望然今筮得此爻不堪駭異蓋此人久居歐洲雖通君民同治之政體或不明本邦建國之治法安危之所係殆見于此筮數乎甚難其判其後憲法發布之日某氏爲凶暴者所害於是始歎此占之有驗也

上六龍戰于野其血玄黃

象傳曰。龍戰于野。其道窮也。

上爻居全卦之終。是陰邪極盛之時。變而爲剝。則有一陽與五陰相戰之象。是以初六履霜之始。聖人諄諄警其將至堅冰。夫陰邪之勢過盛。必將剝陽。其剝之甚也。勢遂至於相戰。及其戰也。陰雖盛大。陽雖減退。終必兩被其傷。血者傷害之甚也。玄者天色。黃者地色。天地即陰陽。故血色玄黃。爲陰陽共傷也。故曰。龍戰于野。其血玄黃。近推之於一家之事。爲人父兄者。其初誤子弟之教育。遂養成不肖。其結果遂致骨肉相殘。同類相害。爭鬬殺傷。勢窮而始止。象曰。其道窮也。其字即指陰陽君臣而言。道字亦指君臣。窮者窮困窘迫也。夫至君臣相戰。其臣之橫逆無道。固不俟論。其君亦未爲無過。繫辭傳曰。上慢下暴。盜思伐之矣。慢藏誨盜。冶容誨淫。使其臣下至此者。君道之窮。亦即臣道之窮也。故曰。其道窮也。龍本乾之象。今此爻言龍者。示陰極而抗陽也。又曰野者。以在坤卦之外也。爻辭不言凶者。其凶不待言也。

(占)問戰征象已明示是兩敗也○問功名上處外卦之極是窮老入閑抑塞已久一戰復北劉蕡落第可哀也○問營商上六坤卦之終其道已窮是資財既竭血本又耗商道窮矣○問疾病必是陰虧之症陰極抗陽肝血暴動命已窮矣○問六甲陰盡變陽可望男孩

(占例)明治六年占政府氣運筮得坤之剝

爻辭曰上六龍戰于野其血玄黃

斷曰坤之爲卦純陰而無一陽是君德不耀之時今者明君在上俊傑在位占得此卦竊怪與時事不合蓋在朝諸公遠憂深思襄理國是同心同德厥躬盡瘁何至有龍戰之象既而思之龍之爲物神化不測古者豪傑之士才能卓絕往往以龍稱之或者大臣之中各懷忠憤因意見之不同以致議論之過激始而相忌繼而相仇終至相鬥各分黨與互相攻擊不奉朝旨是謂野鬥故曰龍戰於野如曩昔源平之爭權是也此爻之象如是然度今日在朝諸公必不出此猶疑莫決乃呈之於三條相公先是維新偉業略得整頓大臣參議多經歷

歐米各邦。視察實地。將取彼之長。更定國政。岩倉右大臣以下。木戶大久保伊藤山縣諸公。遠赴歐米。蓋行者居者。各盡厥職。以匡中興。約以一行未歸之間。不啓別議。豈圖事出意外。緣我雲揚艦測量朝鮮國仁川港。彼國轟砲擊之。廟議紛起。謂宜興師問罪。以雪國辱。電信達於歐洲。大久保公先歸。欲停此議。西鄉以下諸公不從。議論愈激。未幾。岩倉右大臣等皆歸。征韓之論。爲全國之一大問題。物議囂囂。人心恟恟。終歸議和。而主征韓者。各懷不平。紛紛去官。於是七年有佐賀之變。九年有長州之亂。十年有鹿兒島之役。國家之不祥。荐臻。龍戰于野之辭。實不虛也。易之前知事變。大抵類此。

○明治二十七年冬至。占明年之豐歉。筮得坤之剝。

爻辭曰。上六龍戰于野。其血玄黃。

斷曰。坤地有生育萬物之性。受大陽之光熱。以奏其功者也。然此卦純陰而無一陽。爲多雨少晴之象。爻辭龍戰于野者。謂陰陽不和。氣候不順。恐難望豐熟。故象傳曰。其道窮也。願當路者。豫知年穀之不登。宜講救荒之策。以備之也。

果是年諸國有洪水之害。暑氣亦比他年稍薄。秋收止七分。

用六利永貞。

象傳曰。用六永貞。以大終也。

用六之義。已示之卷首。永者長也。遠也。坤卦之象純陰。爲臣妻之義。在人事則柔順貞正。而悠久有恒。不變其志。可以從君從夫矣。忠臣不事二君。貞女不更兩夫。即永貞之義也。爲人臣爲人妻者。從永貞之義。則大吉而有終。若少變之。則大凶大惡之道也。故深戒之曰利永貞。蓋陰之性。柔躁而難守其常。有易進易退之弊。象傳曰以大終也。謂其不變坤道之順而全其終也。若變動則陰侵陽。臣侵君。妻凌夫。逆理背常。烏得全其終哉。又陽爲大。陰爲小。陰者柔也。暗也。小也。然勤而不怠。必强學而不懈。終明。是以有大終之義也。

按乾之用九。以過剛强。宜守无首之道。坤之用六。以陰道臣道妻道。宜守恒常之德。不可變動。是警戒之辭也。

☵☳ 水雷屯

屯。篆書作屯。上一象地。中屮象草。下乙象艸根之屈曲。即草木穿地始茁。欲伸而未能即伸之形。內卦震。震雷也。能以鼓動發育萬物。外卦坎。坎水也。能以滋潤養成萬物。按卦爲雷在水中。當冬至之候。雷欲發於地下。而地上之水。凍冰凝結。爲所壓抑。不能遽出於地。其象艱難鬱結。如物之勾萌未舒也。故名之曰屯。

屯。元亨利貞。勿用。有攸往。利建侯。

元亨二字。概括全卦之終始而言也。非謂屯之時即亨通也。凡天下之事。創業伊始。必有屯難。唯能耐其辛苦。勉强不已。自然脫離屯難。終得大亨通之時也。故曰元亨。夫人處屯難之會。所當動性忍心。堅貞自持。安於勿用。不敢先時妄動。又陷於險。雖明知後日利有攸往。自得亨通。要不可輕用其往也。故曰勿用。

有攸往。此卦陽爻唯二。九五爲坎險之主爻。初九爲震動之主爻。九五之君。當艱難之日。欲以征伐初九有爲之人。必反致招禍也。不如優待之。以爲侯伯。斯得共濟時難也。故曰利建侯。侯者震之象。故豫之彖辭。亦曰建侯也。

彖傳曰。屯剛柔始交而難生。動乎險中。大亨貞。雷雨之動滿盈。天造草昧。宜建侯而不寧。

乾純陽也。坤純陰也。此卦內初九。外九五。二爻之剛。與四爻之柔。始相交也。內卦之震雷欲出地。而外卦之坎水遏阻之。以成屯難艱險之勢。故曰。剛柔始交而難生。說卦傳曰。震一索而得男。即始交之象也。又曰。震動也。坎陷也。震以陽動之性。在坎陰之下。動而未能出也。故曰動乎險中。然在險難之中。能守貞正而不濫。他日自得大亨。故謂之大亨貞。震雷者陽氣之奮動。坎雨者陰澤之普施。故曰雷雨之動滿盈。蓋初九震之主。九五坎之主。故教之以無相敵害。倣雷雨之作用。使得相親相助也。陰陽始交。故曰天造草昧。說卦傳曰。震爲萑葦。草字出於此坎爲月天未明也昧字出於此當是時也六四之宰相禮遇初九之臣僚相與輔相使之共濟時艱也故曰宜建侯也時方創業之世非昇平守成之日豈可優游逸樂哉故曰不寧夫當此天地始剖陰陽始交以精與氣交媾生物成象震爲萑葦生長于互體坤地以鞏固地盤之組織繼而胎卵孵化介類繁生初九九五二爻並屬陽剛其中却含柔軟坤體爲蚌蛤之象蓋萬物之生各具心靈自能飛潛動躍此自然之理也我國舊俗謂生泥土之神曰塗土煑尊謂主沙土之神曰沙土煑尊主動物之神曰面足尊主植物之神曰惶根尊猶是生人之命相傳南斗主生北斗主死者是也故凡一物一命皆有神主之大凡始生之時恰如草木逢春其繁殖一雨多於一雨即雷雨之動滿盈者也人類蕃殖不可無大德之君以統御之也君猶不能獨治必使賢者以爲輔弼是所謂宜建侯也惟天地開闢未久尤當無敢逸欲自耽安寧逸樂也故誡之曰不寧也

以此卦擬人事則爲陽剛之君子與陰柔之小人始交互稟氣質彼此輒生爭

論謂之剛柔始交而難生。何者。內卦我也。有雷厲之性。欲奮發而立志。外卦彼也有水懦之性。挾下流之邪計。以妨我行爲。凡我所欲振興者。彼皆阻擾之。使不得成就。欲進不能進。欲往不能往。是謂之屯。故曰勿用有攸往。是以百事困難。恰如陷落水中而不得自由。謂之動乎險中。雖然。氣運變遷。困極必亨。猶冬去春來。凍冰自解。雷氣發生。屯變爲解。則屯難解散。而氣運一新。顧不宜急遽而圖功。唯當固守以俟命。待氣運一轉。陽升陰降。自見君子當權。小人退位。是出屯而入亨也。然當屯之時。要不忘此義也。

以此卦擬國家。則以下卦爲人民。有暴雷上轟之象。蓄異謀。唱異論。欲以撼動上卦之政府。上卦爲政府。下令如流水。以遏止下民之妄動。甚至以刑法制之。刑字古作㓝。从刀井。謂犯法之人。如陷入井中也。是下卦之屯也。政府雖有政刑。或不能遏止下民。而反爲下民所困。以阻國運之進步。是上卦之屯也。謂之剛柔始交而難生也。初九者。下卦雷之主。即一陽之微動乎地下坎水之中。夫天下無事。英雄亦與凡庸無異。今當屯難之時。初爻一陽。以君子剛健之才。將奮發而有爲豈可晏然處之乎在上位者唯尊其位重其祿以禮遇之使志濟世之屯難不然欲以威力壓之却生不測之禍亂爭功者並起人心愈形擾亂矣謂之天造草昧宜建侯而不寧也天造猶天運也草者謂人心之草亂而失其倫序昧者謂冥頑而不明是即屯之象也

易有四難卦屯坎蹇困是也屯者剛柔始交不知其意之所在故生猜疑之念爲釀困難之時坎者二人溺水之象彼我共陷困難之中唯能耐守當日之困而得後來之亨也蹇者知彼構危險乃止而不進猶跛者之不得寸步也困者澤中无水之象恰如盆栽之草木滋潤之氣已竭屯者難之始坎者難之連及者蹇者難之央而困者難之終也

通觀此卦初九雖有建侯之才力以當屯難之時磐桓不進居貞正之位遇險而能自守其正六二居九五之應位而爲初九所挑不能與九五共事猶貞操之婦拒强暴者之挑經十年之久始歸其正應之夫六三爲喩利之小人乘此不明之時欲獨博其功六四應初九亦比九五因有所恐懼而不能共事雖有

乘馬班如之屯難。終歸正應初九之吉。九五。中正而竝有位德。然介居二陰之間。不能沛雷雨之澤。上六。居屯難之終。無能爲也。蓋三與上無應之屯。二與四有應之屯也。六爻共動。當陷險之時。務要謹愼持重。經過屯難之氣運。自有得志之日。曰大亨貞。大亨者。正屯難已解之時也。

大象曰。雲雷屯。君子以經綸。

不言雨而言雲者。屯之時雲升於上。雷動於下。未能成雨。未能成雨。所以爲屯。君子法此二氣之動作妙用。以經綸政敎之組織。經綸猶言匡濟也。經者機之縱絲。緯絲。縱絲之不可易也。猶國家之大經。政敎人心相合而不可紊也。綸者。機之橫絲。猶取宇內各國之所長。見其時宜而組織政體也。經綸者。即綜理庶政之謂也。

(占)問功名。內震外坎爲屯。震爲雷。坎爲雲。故曇雷震爲出。坎爲入。欲出而復入。故曰屯。又震爲人。爲士。坎爲經。爲法。故曰。君子以經綸。是君子施經綸之才。而運當其屯也宜待時而動○問戰征勒兵而守曰屯雲雷者蓄其勢也經綸者懷其材也然當其屯宜守不宜進○問營商彖曰剛柔始交而難生是必初次營商也凡事始創者多苦其難經綸治兵之事知其業必在絲棉之類○問家宅震東方坎北方震動也坎陷也恐是宅東北方有動作宜經理脩治之○問婚姻雷陽氣雲陰氣剛柔始交而難生是初婚時必不和洽宜正人勸解之○問六甲生男恐始產不免有險難

初九磐桓利居貞利建侯

象傳曰雖磐桓志行正也以貴下賤大得民也

每卦有主爻皆具本卦之德例之如乾之九五具乾之德坤之六二具坤之德屯以初九爲內卦之主故爻辭全類彖辭他卦主爻都依此例磐者大石也桓者柱也此爻以正居剛處險能動雖有濟屯之才今居衆陰之下上應坎水之險深虞陷入危險未足以自持唯守其身貞固而耐困難以待時機之來也故

如磐桓之居下。爲柱石之臣。撑持艱難之象。如因對抗之敵而占之。則有强敵堅固而不可搖動之勢。在此時我唯固守持重。不可妄動。若妄進則不啻不得其志。却取其敗。故曰利居貞。彖辭所云勿用有攸往。亦磐桓難進之意。蓋言功業非容易可成。磐桓踣跙。不進不退。以待時會。即所謂在下位而不獲乎上。民不可得而治之意。必明善誠身信友。而後乘時得位。則功業可得而成。故有大亨之利也。曰磐。曰居。皆震足之象。利建侯三字。與彖同而其義異也。彖辭屬九五之君而言。爻辭屬初九之人而言。故彼訓爲建侯。此訓爲所建之侯。侯之於王。猶臣也。能安其臣職。而爲下不倍。即居貞也。

象傳之意。貴謂陽。賤謂陰。此爻以一陽居三陰之下。爲以貴下賤之象。雖時蹇位卑而不得用其力。猶之江海居下。而百川歸之。君主能下人。則衆庶歸之。屯難之世。民思其主之時也。此爻以剛健之德居下。大得人望。爲他日立身之基。故曰以貴下賤。大得民也。第以磐桓觀之。似失陽剛之德。要在內心堅確而不失其正也。故曰雖磐桓。志行正也。此爻變則爲比。比之初六曰。有孚比之。无咎。

有孚盈缶。終來有他吉。其不遽求成功之意。可推而知也。

(占)問戰征。磐桓不進之貌。曰利居貞。利建侯。蓋當屯難之時。內則居正以守。外則求賢以輔。斯民心歸向。衆志成城。而終無不利矣。○問營商。初九爻辰在子。北方。上值虛宿。曰元枵。枵之言耗。虛亦耗意。不利行商。能以守貞任人。尙有利也。○問功名。初爻是必初次求名也。磐桓者。是欲進不進也。要當志行正直。謙退自下。終有得也。○問家宅。磐字從石。所謂安如磐石。知其宅基鞏固也。曰利居貞。知其居之安。曰利建侯。知必是貴宅也。○問婚嫁。曰以貴下賤。婚爲富貴下嫁之象。吉。○問六甲。初爻震位。生男。

(占例)明治二十六年十二月。某貴顯占氣運。筮得屯之比。

爻辭曰。初九。磐桓。利居貞。利建侯。

斷曰。屯者雷動水中之卦。爲冬春之候。雷將發于地下。地上之水。結而未解。不能直升。必待冰凍融解。而後能發聲也。以未得其時。故名曰屯。屯者難也。然及其時。水氣蒸發而爲雨。雷得時而升。雷雨和合。發育萬物。成造化之功。謂之元亨。時之未至。利艱難貞固。若妄動輕進。則必陷乎險中。故戒之曰利貞。勿用有攸往。此卦以擬草昧之初。在上位者。宜用在下之志士。以濟屯難而安生民也。在下者。不宜侵淩上位。宜奉戴元首。以祈國家之安寧也。謂之利建侯也。今某貴顯占得此卦此爻。貴顯於維新之始。整理財務。使無缺乏。以開富强之基。猶蕭何之於漢高也。豐功偉績。焜燿當今。諺曰功成者墮。名盛者辱。某因與同列議論不合。一朝罷黜。然報國之忱。未嘗一日忘也。茲由此占觀之。曰利貞勿用有攸往。所謂利貞者。蓋利貞守。不利躁進。所謂勿用者。即今舍藏之時也。所謂有攸往者。即可知後日之再用也。至若組織政黨。以冀有爲。恐黨員中邪正混雜。轉致釀禍。且屯之六二六三。皆爲坤陰主利之徒。可以鑒矣。屯之初九。以陽居陽。足見才志剛彊。以上有坎水之險。陽陷乎險中。故曰磐桓。磐桓者。猶以磐石爲柱。未可動搖。言難進也。待至氣運一變。春冰解而雷雨作。百果草木皆甲拆。屯難去而嫌疑自釋。九五之君。以禮聘之。翻然而應君命。得以經綸國家。大顯其才德。故曰利建侯也。某貴顯氣運如此。彼既不信此占。余亦不復言矣。

○秋田縣士根本通明。邃于經學。誨人不倦。亦余之益友也。一日訪之。出示一軸曰。是軸相傳爲明人所翁所畫。以其無款識。未能辨其眞僞。子請鑒之。然余素昧鑒識。乃爲之筮其眞僞。遇屯之比。

爻辭曰。初九。磐桓。利居貞。

象傳曰。雖磐桓。志行正也。以貴下賤。大得民也。

斷曰。此卦內卦震。龍也。外卦坎。雲水也。此其畫爲雲龍乎。爻辭磐桓。磐地磐之石也。謂堅固而不可動易也。不可動易。則非僞物可知矣。且曰利居貞者。貞者眞也。是謂之眞品矣。以貴下賤者。貴重之物。無人知之。而爲所賤也。追出畫展觀。果爲雲龍之圖。筆力遒勁。其非凡筆可知。余即以卦語爲鑒定之。」

○占普法戰爭之勝敗。

友人益田孝。嘗留學歐洲。通曉西洋各邦事情。明治三年。普法兩國交戰。益田氏來謂曰。普法開戰之電報。昨夜至自歐洲。僕嘗久在法國。具知其強國。因與英人某賭兩國之勝敗。僕期法之勝。今朝互托保某銀行。以洋銀若干。君請占其勝負。余曰。子已期法國之勝。何須占筮。氏曰。請試筮之。懇之不已。筮得屯之比。

斷曰。吁法國必敗。子必亡失若干圓。子意以法爲主。故以法定爲內卦。法以內卦初爻爲卦主。居屯之初。有雷之性。欲動而爲上卦坎所阻。故不能進。是屯之義也。磐桓難進之貌。以敵軍堅剛。如巖石不可當也。利居貞者。謂不可輕舉大事。然今法軍妄進。將伐普國。詳玩此占。其不能勝也必矣。象傳曰。以貴下賤。大得民也。初變爲陰。爲以貴下賤也。法帝其將降敵軍乎。國君降。則震一陽。變而爲坤。坤爲臣。爲衆。爲民。國無君主之象。後其將爲民選大統領。開共和國而治乎。內卦震爲動。外卦坎爲險。是動乎險中。而難生。今內卦先動。遇外卦之險。法先開戰端。爲普兵所阻。又陽爲將帥。陰爲兵卒。外卦普將居九五中正之位。有兵士護將之象。普國君民之親和可知。內卦法將居初九。其位不中。法國君民之不親和亦可知。大將已居互卦坤後。身接軍事。其心先以國家人民爲賭物也。亦明矣。問其戰略。見於內卦初爻。應外卦四爻。外卦五爻。應內卦二爻。是互有內應者之象。然應外卦普者。內卦二爻。即法之中正者。故爲有效。應內卦法者。外卦四爻即普之不中者。故爲無效。初陽變而爲陰。是失將之象。法之敗已決矣。元來論兩國之交涉。自法見之。自負爲震長男。以普爲坎中男。因此開戰端者也。自普見之。以己雖爲坎中男。以法爲艮小男而應之者也。屯卦反爲蒙。爻辭曰。擊蒙不利爲寇。利禦寇。夫釀戰者法。而禦之者普。是法爲蒙。普擊蒙而懲之者也。普禦法寇。而非爲寇者也。普之必勝亦可知矣。又內卦坎險。不易犯也。外卦艮止。不能進也。更可知法之不能勝普也。言未畢。益田氏噱然冷笑曰。卦乃憑空之論。猶囈語不足聽也。余曰余憑象數而推算。以決勝敗之機。子雖久留法國。目擊富强。信其必勝。是見外形。而未見其骨髓者也。易者示天數豫定者也。今既推究此占。又復細論時事。三世拿破崙之陞帝位也。初千八百四十八年之亂。與民政黨而有大功。遂選而爲大統領。乘其威福。破憲法。弄權力。而登帝位。今則富國强兵。殆如歐洲列國之盟主。且與英國聯合。而伐露國。陷西邊士卜之堅城。實足繼第一世拿破崙之豪傑。子之期其必勝。蓋在於此。余觀拿破崙之英豪。乘時踐祚。睥睨歐洲列國。所向無敵。憑藉威勢。欲使子孫繼承帝位。知有不能如志之兆。與普國搆兵。以國賭之。將決存亡於一舉。是絕倫之英豪。亦爲私利所誑謾。遂與蒙昧之舉。陷屯難之險。卦象時事。歷歷相符。然子猶必疑之。其後普王以六十萬衆。擊法軍於來因河畔。連戰敗衄。終退塞段城。普圍益急。殆不可支。至八月三世拿破崙舉軍而降普。因錄以證易象之不爽云。

六二。屯如邅如。乘馬班如。匪寇婚媾。女子貞不字。十年乃字。

象傳曰。六二之難。乘剛也。十年乃字。反常也。

凡易三百八十四爻中。首揭卦名之字者。多言其卦之時也。屯如者。難進之貌。邅如者。行而不進。轉輾遲回之貌。班如者。半欲進。半欲退。進退不決之貌。匪寇婚媾者。蓋六二乘初爻陽。六四之陰應之。謂彼乘馬不進者。匪逼於寇難。乃我之婚媾。然當此屯時。雖明知爲正應。不能直行而遇也。故曰女子貞不字。易中言匪寇婚媾者凡三。此爻及賁之六四。睽之上九是也。女子貞不字者。此爻中正而應九五之陽。其義可從。然以陰柔不能往而解屯之厄。救九五坎險之苦。故初九乘其隙來逼。此爻居中履正。執義守節。不敢許也。變則爲兌。以少女配坎之中男。故託女子而繫辭。曰字者。許嫁也。言女子有正應之夫。屯之時。內外相隔。不得從之。進退躊躇。是以屯如邅如也。乘馬班如者。以震坎皆有馬之象。故稱乘剛曰乘馬。時以初九之男子比我。雖欲娶我。不敢應其求。忌之避之。猶寇讎也。然初九實非寇我者。乃欲與己共事。特本婚媾耳。而我守正而不失。其道即貞而不字之象也。互卦有坤。坤數十。數之極也。又震爲卯。坎爲子。自卯至子。其數十。十干一周。而地數方極。數窮事變。星移物換。十年之後。其妄求者自去。屯難已解。而始得許嫁九五之應。謂之十年乃字。此爻猶太公居渭濱。伊尹居莘野。孔明在南陽也。屯難之時。群雄並起。不獨君之擇臣。臣亦擇君。六二之屯如邅如。又非無故也。象傳曰。六二之難。乘剛也。六二之艱難憂苦如此者。謂乘初九之剛故也。雖字釋屯如邅如之義。凡爻以剛乘柔爲順。以柔乘剛爲逆。逆則其情乖而不相得。猶下有強剛之臣。我實艱於制馭。象曰。十年乃字。反常也。十年之久。尚守其貞操。而從九五。復女子之常道。何者。女子生而願爲之有家。人倫之常也。女子二十而嫁。十年乃字。故曰反常也。

(占)問婚嫁。爻曰匪寇婚媾。是明言嘉耦匪怨耦也。但曰女子貞不字。十年乃字。知于歸尚有待也。○問戰征。六二以柔居柔。有濡滯之象。故曰屯如。春秋傳。有班馬之聲。齊師乃遁。古者還師稱班師。故曰班如。知行師未可遽進也。必養精蓄銳。十年乃可獲勝。○問營商。媾與購音同。義亦相通。以貨物求購。有遲回不決之意。故曰屯如邅如。又曰十年乃字。十者據成數而言。貨物未可久積。或者十日十月乎。○問功名。士之求名。猶女子之求嫁也。曰屯如邅如班如。皆言一時未成也。十年乃字。此其時也。○問六甲。生女。

(占例)明治二十五年。占某貴紳之氣運。筮得屯之節。

爻辭曰。六二。屯如邅如。乘馬班如。匪寇婚媾。女子貞不字。十年乃字。

斷曰。此卦陰陽始交。爲萬物難生之時。故名曰屯。屯者難也。大抵事物之初。未有不艱難者也。草木之自萌芽而至繁盛。必先經霜雪之摧折而後得全也。況君子之經綸天下。談何容易。此卦以震之動。遇坎之險。進必陷于險。凡事之未成。一念之未遂。皆屯也。然事未有不始于屯而得就者也。匡世救難。其大者也。彖曰元亨利貞。即是也。人能守利貞之戒。可遂獲元亨之時。是以曰勿用有攸往。今某占得此卦。在某識見卓越。才高智邃。維新之始。旣有大功于國家。後雖辭職掛冠。其志要未嘗須臾忘君也。今又奉勅當大任。行將出而有爲。爻辭則曰屯如邅如。乘馬班如。屯者屯難之義。邅者運回不進之貌。乘馬班如者。乘馬將進而復退之意也。此爻居輔相之位。上應九五之君。而以陰居陰。不能解屯難之厄。恐將出而仍不能遽出也。猶女子之思嫁。雖有正夫。因其內外相隔。不得從之。故有此象。蓋陰者陽之所求。柔者剛之所凌。時當其屯。六二之柔。固難自濟。又比以初九之剛。恐不能免於嫌疑。可不戒愼乎。

後某因與政黨首領某相會。致生政府疑忌。遂復辭職。易爻之著明如此。然今雖不遂其志。十年之後。則屯極必通。夫以女子之陰柔。能守其節操。久而必得其亨。况賢人君子之守其道。中正以匡家國者乎。

六三。即鹿无虞。惟入於林中。君子幾不如舍。往吝。

象傳曰。即鹿无虞。以從禽也。君子舍之。往吝窮也。

即鹿。謂逐鹿也。鹿祿同音。又通乎祿利之義。鹿指九五而言。虞掌山澤之官。猶土地嚮導者也。蓋指初爻而言。初爻人位。故曰君子。與乾之九三同例。幾不如舍者。舍者。止也。謂知其功之不成。不如見幾而止也。往吝者。吝者。鄙吝貪吝之義。謂欲往而遂其志。必致辱名敗節也。互卦爲艮。艮者。止也。此爻以陰居陽。有陰柔而躁動之性。且乘應皆陰。無賢師良友訓導。猶獵者無虞人之嚮導。而獨入林中。雖冒險而進。不能獲鹿。日傾西山。馬瘏身疲。不可復如何也。且林中之險。非必入而後知之也。無虞人之嚮導。在即鹿之初。其幾已見。然以其貪於從禽。往而不舍也。夫舍與入林。均不獲鹿。舍則爲君子。入則爲小人。君子小人之分。無他利與義之間而已。象傳以從禽也者。謂爲貪心所使也。又爻辭曰。幾不如舍。象傳曰。舍之者。決去之辭也。此爻變則爲旣濟。旣濟之九三曰高宗伐鬼方。三年克之。建國之意。可併見也。

（占）問戰征。爻曰。即鹿無虞。惟入於林中。猶言行軍而無嚮導。冒進險地也。當知幾而退。否則必凶。○問營商。玩爻辭。知其不諳商業。不熟地道。前往求貨。不特無貨。反有損失。舍而去之。尙無大害也。○問婚嫁。是鑽穴隙以求婚也。其道窮矣。○問功名。梯榮乞寵。士道窮矣。○問六甲。六三陰居陽位。生男。

（占例）明治十八年應某顯官之招。顯官曰。予今將爲國家進有所謀也。請占其成否如何。筮得屯之旣濟。

爻辭曰。六三。即鹿无虞。惟入于林中。君子幾不如舍。往吝。

斷曰。屯者物之始生也。爲勾萌未舒之象。陰陽之氣。始交未暢。謂之屯。世間有難而未通。又謂之屯。又遇險不遽進。又謂之屯。以人事擬之。則內卦之雷有動之性。欲奮發而有爲。以外卦坎水之性。陷下而危險。有動而陷險之象。人苟欲有爲。以前有危險。必不能如志也。非其才之不足。實運當其屯之象也。即鹿无虞者。欲入山中獵鹿。而無嚮導。致迷其途。必無所獲。蓋言此卦無陽爻之應比。其入于林中者。猶言貪位而前往。終不免羞吝也。象曰。君子舍之。爲能見幾也。小人反是。往吝窮也。二爻辭曰。十年乃字。今得三爻。九年之後。運氣一變。必可達志也。當時顯官不用此占。往干要路。終至辭職。不得其志。至二十五年。果後見用。再登顯要。計之恰好九年云。

六四。乘馬班如。求婚媾。往吉。无不利。

象傳曰。求而往。明也。

乘馬班如。解見六二下。六四之位。與九五之君。剛柔相接。然以陰居陰。其才不能救天下之屯。故欲進而復止。乘馬班如也。夫大臣不患無才。患不能用才。苟能求賢自輔。可謂賢明也。其取象與六二同。蓋以初九爲剛明有爲之才。求之偕往。相與共輔剛中之君。庶幾吉无不利。謂其有知賢之明。而無嫉賢之私也。

故象傳曰求而往明也初九亦然若不待其招而往不知去就之義豈得謂之明哉此爻變則爲隨隨之九四曰有孚在道以明何咎可以知婚姻之正道也」

(占)問戰征乘馬班如者不明其進攻之路故也明而前往則所向無敵故曰往吉无不利○問功名士者藏器待時不宜躁進迨干旌下逮出而加民无不利也○問婚嫁詩關雎云窈窕淑女君子好逑逑求也必待君子來求始爲往嫁故吉○問六甲生女

(占例)大倉喜八郎氏幹人某來請占氣運筮得屯之隨

爻辭曰六四乘馬班如求婚媾往吉无不利

斷曰屯之爲卦我欲奮進爲事彼頑愚而妨之故不能奏功是屯之義也今以四爻觀之四者比五而在輔翼之位但以五之不用我策當變志而應初爻之陽爻爻辭曰乘馬班如者謂欲進而猶未定也求婚媾往吉者謂當求陽剛之初爻以相輔也

後依所聞彼大倉之幹人與支配人共趨廣島爲鎭臺商務繼與支配人不合

意氣不平。直辭大倉氏。自行大阪。開店於同鎭臺之側。用從前同業某支配人。
蓋即卦中求初爻相助之兆也。

九五。屯其膏。小貞吉。大貞凶。

象傳曰。屯其膏。施未光也。

膏者。膏潤。坎水爲雨爲雲之象。屯其膏者。謂時當屯難。不得下膏澤於民。致財政澁滯。有功而不能賞。有勞而不能報也。五爻中正而居尊位。得剛明之賢臣以輔之。則能濟屯矣。以无其臣也。故屯其膏。初九備公使之選。在下而遵養時晦。六四應之。民望歸之。九五居尊。而陷坎險之中。失時與勢。其所應六二之臣。才弱而不足濟屯。小事守正則可得吉。所謂寬其政教。簡其號令。可使之徐就統理也。唯至大事。則不可也。若夫遽用改革。恐天下之人。將駭懼而分散。是求凶之道也。自古人君。時當叔季。往往憤權柄之下移。遽除強梗。而爲權奸反噬者不尠。謂之小貞吉。大貞凶也。夫天子親裁萬機。其中所尤急者。在于撫育教化萬民。各使之沐浴泰平之德澤。無一夫不得其所。今九五之君。陷坎險之中。屯難之世。左右股肱之臣。亦皆陰柔。而無免險之力。不得施膏澤於下。故象傳曰。屯其膏。施未光也。

(占)問功名。士之所賴以顯揚者。全望上之施其恩膏也。若上屯其膏。而士復何望焉。○問戰征。上有厚賞。則下願効死。若恩澤不下。勢必離心離德。大事去矣。凶。○問營商。膏者謂商業之資財也。屯其膏。謂蓄聚而不流通也。小買賣猶可固守。大經營未免困窮矣。凶。○問疾病。膏者在人爲脂血。屯而不通。是閉鬱之症。初病治之尙易。久病危矣。○問六甲。九五居尊。生男。且主貴。

(占例)明治十九年初夏。某法官來訪。曰。僕常在某任所。該地有一銀行。頗稱旺盛。僕偶聽友言。爲該行株主。購入株劵若干。今猶橐藏之。頃聞該銀行生業不佳。若將顚蹶。僕甚憂之。請君占該行盈虧如何。筮得屯之復。

爻辭曰。九五。屯其膏。小貞吉。大貞凶。

斷曰。屯者。屯難之甚。五爻在天位。而不能施雨澤。謂之屯其膏。詩曰。芃芃黍苗。

陰雨膏之是也以政府言公債之利子不能下付之象據此則如該銀行必會計窘縮未能獲益於株主然屯之彖辭曰元亨利貞又傳曰君子以經綸故今雖陷困難待時値元亨必能經綸而奏救濟之功試爲之推其數二爻曰十年乃字反常也自二而數之至序卦蒙之五爻是爲十年今該行既過四年再後六年自當償今日之損亡必大有起色也且蒙之五爻曰童蒙吉是株主猶童穉之無意無我而受父母之愛育師範之訓示不勞神思而得利潤之象也請君不患今日之窒滯拾襲株劵可以待他日之興隆也某氏拍手感余言之奇且曰易占誠神矣哉余之所言則福島銀行也該行頭取某曩在東京竊染指於株式市場大取敗衄餘殃波及該行會計以至不能配賦利潤今得此明斷余心安矣

○二十七年九月我國有討淸之擧澁澤榮一氏以下東京及横濱富豪唱使全國富豪獻納軍費之議報之於余余乃占其事之成否筮得屯之復

爻辭曰九五屯其膏小貞吉大貞凶

斷曰。此卦內卦則首唱者。有雷之性。欲發聲而震起百里。外卦則其他富豪。爲水之性。就下不能應上。如雷動水中。不得如響斯應。曰屯。屯者事之滯也。今當國家需用孔急而募餉未集。有如密雲不雨之象。故曰屯其膏。富豪者或能致少額。不能輸巨額。故曰小貞吉。大貞凶。此舉恐難如願也。夫國家當大事。求微細之資於有志者。猶療巨創以膏藥。物之大小不相適。可知。使他人聞之。不免笑我識見之陋劣。余謂國事當以公議謀之。爾後聞集議員於廣島。立決一億五千萬圓公債募集之議也。

上六。乘馬班如。泣血漣如。

象傳曰。泣血漣如。何可長也。

乘馬班如解見六二下。泣血者。悲泣之切。淚竭而繼之以血也。坎爲血卦。故曰泣血漣如。淚下之貌。此爻變則爲巽。以坎水從巽風。漣如之象。上六以陰居陰。在全卦之終。坎險之極。運盡道極。而不能濟。三陰而不我應。雖下比五。以屯膏貞凶。不足歸之。故困窮狼狽。不堪憂懼。其求救之切。猶欲乘馬而馳者也。悲泣之甚。涕淚不絕。眞有不堪其憂矣。然物窮則變。時窮則遷。如因憂而思奮。不難轉禍爲福。則屯可濟矣。此爻與三四兩爻。有濟屯之志。而無其才。其占不言凶者。蓋因時勢使然。非其罪也。象傳泣血漣如何可長也者。謂其不久而時運將變也。此爻變則爲益。益之上九曰。莫益之。或擊之。立心无恒凶。又可以見其窮之甚也。

屯之經綸國家也。初爻公而忘私。國而忘家。爲水地比之世。建侯輔治。可得安泰。四爻往而求賢。與初爻建侯同。爲澤雷隨之世。亦得安泰也。上爻居於上位。奮發有用。爲風雷益之世。國運可進步也。然初四二爻。相疑而不相讓。上爻欲進復退。則屯難無復解之日也。

(占)問戰征。上居屯之極。進退維谷。窮蹙已甚。而至泣血。是軍敗國亡之日也。凶。○問營商。乘馬班如一句。上已三複言之。是商業之疑惑不決。已至再至三矣。極之泣血。知耗失已多。故曰何可長也。○問功名。上居坎終。更無前進。得保其身幸矣。○問疾病。知必是嘔血之症。凶。○問六甲。生女。又恐不能長大。

(占例)明治二十四年。占內閣之氣運。筮得屯之益。

爻辭曰。上九屯其膏。小貞吉。大貞凶。

斷曰。屯者。雷將奮出於地中。爲地上之水所抑制不得出。而躊躇之象。故名曰屯。以國家擬之。下卦之人民。有雷之性。欲奮進激動以長勢力。上卦爲政府。以水之性陷於坎險。壓制下卦之雷。不能發動。現時政府。一爲條約改正之事實。二爲第二議會之準備。輿論喧擾。事務澁滯。國運正值屯難也。又見上卦之陰。應下卦初爻之陽。恐有在朝之人。與下民之有力者。隱相引援。以致滋事。今占內閣。得此爻。上爻近在君側。但時當屯難。欲盡輔弼之任。苦無應爻之援。爲首相者切思辭職。爲侯輔者亦欲避位。正是乘馬班如。進退未決也。追思曩時木戶大久保二氏。任天下之重。而能濟其艱。今無其才。回念及之。不堪歎息憂悶。有泣血漣如之象。然他日天運循環。至下卦山水蒙二爻。則政府猶教師。人民猶子弟。可得互相愛敬。有豪傑者與。自能出險濟屯。經綸天下也。

增補高島易斷

䷃ 山水蒙

蒙字古篆作[illegible]从艸从冃从豕。艸者艸昧。冃者掩覆之形。豕者衆之本字。从三人國語曰。三人爲衆是也。衆民未得義方之訓。智識未開。昧而不明。猶爲物所掩覆之象。是爲童蒙之蒙。此卦內坎水而外艮山。山下有水。水氣成蒸爲霧。昏不見山之義。故名曰蒙。

蒙亨。匪我求童蒙。童蒙求我。初筮告。再三瀆。瀆則不告。利貞。

蒙亨之亨。與屯之元亨同。非謂即蒙即亨。謂蒙昧者能以先覺爲師。以啓其聰明。斯蒙者亨矣。故謂之亨。我指師言。童蒙指子弟言。外卦艮少男。故有童蒙之象。童蒙而求聰明。莫善於求師。其得師也。宜以至誠請益。禮曰往敎者。非禮也。是師無往敎之禮。故謂之匪我求童蒙。童蒙求我。蓋弟子之求師。與揲筮求神者同。故謂之初筮告。初則其發心也。誠一而不雜。迎其機以告之。其道亨也。若至再三瀆。則私意起矣。雜而不純。故不告。即少儀所謂毋瀆神之瀆。不告。即詩小旻所云我龜既厭。不我告猶之義。說卦傳曰。艮爲手。自二爻至四爻。互卦有震。震爲萑。即以手揲蓍。初筮者。其象取此。且六五有頤口之互象。以虛中之孚而問也。告者以九二坎之舌。與震之聲應之也。再三者。三爻四爻爲頤口之象。連瀆不已。亨貞之道胥失矣。拒以不告。教者之道正。而求者亦不敢不正。故曰利貞。

彖傳曰。蒙山下有險。險而止蒙。蒙亨。以亨行。時中也。匪我求童蒙。童蒙求我。志應也。初筮告。以剛中也。再三瀆。瀆則不告。瀆蒙也。蒙以養正。聖功也。

屯之後次以蒙。謂山川之位既定。萬物繁茂。然猶是蒙昧初啓。卦象艮山之下。有坎水之險。水自山上而下流而爲坎。其初爲雨爲水。不知所自來也。艮止也。

故險而止蒙。坎通也。故蒙亨以行。艮止則陰氣閉結。故暗。坎通則陽光透發。故明。有由蒙生明之象。此卦自三爻而爲坤。坤爲地。自二爻至四爻而爲震。震爲萑葦。山下之地生萑葦。蒙茸。是蒙之象也。

以此卦擬人事。有蒙昧無知之象。人幼而知識未發。謂之童蒙。不學而不知道義。謂之困蒙。六五童蒙。柔中。天姿本美。幼而無知。功宜養。六四困蒙。重柔。氣稟本昏。而又不知自勉。利宜發。故謂之山下有險。險而止。蒙也。九二以剛中而應六五。六五爲主。九二發其蒙。以陽爻爲師。陰爻爲弟子。故師得二爻之陽。以應弟子之求。謂之匪我求童蒙。童蒙求我。志應也。弟子得五爻之陰。以求師之教。當致其精以叩之。謂之初筮告。若再三請益。瀆慢不敬。則不告也。易之理如此。蓋師教通於神道。凡人於未來之事。不得不問之於神。神之教之。所謂受命如嚮也。故告蒙亦曰初筮。言神之與人。猶師之與弟。應以誠求。不應以瀆慢。謂之再三瀆。瀆則不告。瀆蒙也。是以困蒙者。聖人所欲啓發。童蒙者。聖人所欲養正也。養正之道。非由外加。亦即葆其固有之天眞而已。凡人之受生於天也。耳自聰目自明。父子自有恩。君臣自有義。莫不自具也。人能不失赤子之心。則親親長長而天下治平。且童蒙者人生之初也。童蒙而無所養。他日欲望其聖。不可得也。謂之蒙以養正。聖功也。

以此卦擬國家。上卦之政府。有山之性。傲然而在高位。固守而不動。乏奮進之精神。怠於政事。而不眷顧下民。惟以剛重鎭壓之。下卦之人民。有水之性。猶水之就下。陷於困難之中。苦其生活。忘敎育之道。不知國家爲何物。故屯蒙二卦。皆爲鴻荒之世。人民逸居而無敎。爭奪以謀生。弱肉强食。知己而不知有人。夫天下之人。當其知識未開。而道之於善。則其敎易行。及其嗜欲既熾。天良已汨。則其敎難行。政府當此時。宜開導斯民。使之就産業。待其衣食之豐足。而後可敎以禮義。得此卦知政府之施政未得其宜。國家之敎育。亦誤其方。人心激昂。不保無冒昧之舉動也。政府既道之以德。齊之以禮。而下猶不從。不得不出之以政刑。擊而除之。亦勢所不免也。是以上爻有擊蒙之象焉。

蒙之時。君子小人。皆不得其位。是非顚倒。邪正混亂。六四一爻。獨得其正。亦不容于世。君子爲小人所排擠。而不得于世。是國家之蒙也。蒙之世。六五之君。陰柔而順良。異日聰明大啓。必將爲聖明之君。以尙在幼稚。其德不普于天下。幸有九二之大賢。與之相應。是朝廷之師傅。而負發蒙之重任者也。此爻非以臣求君。而君求臣也。猶太甲之於伊尹。成王之於周公。謂之匪我求童蒙。童蒙求我也。且以此治國家之蒙。包容蒙昧之民。誘掖扶導之。可以全敎育之功。若猶有不奉敎命。懶惰放恣。不知悛改。初六所謂利用刑人者。戒之深矣。

通觀此卦。初六與上九。治蒙之始終也。九二當啓發衆蒙之任。六五童蒙之主。六三則女子之蒙也。六四困蒙之下愚者也。故初六蒙昧之民。而不知受敎。不勤民業。以致陷于困難。處之刑辟。以懲其非。是以曰發蒙利用刑人。九二爲師。具順良宏涵之德。善容衆蒙。訓導得宜。得繼祖先之志。使之守其業。故曰包蒙吉。子克家。六三。其性奸邪。不從敎導。故曰勿用取女。六四有頑固強慢之性。不聽師敎。自陷困苦。故曰困蒙吝。六五猶是赤子。天性純正。但知識未開。童穉而居君位。克順九二師傅之敎。遂成達識。此聖人之蒙。所謂聰明睿知。而守之以愚者也。故曰童蒙吉。上九師教不得其正。不以德化。而以刑驅。是招寇也。故曰擊蒙。不利爲寇。利禦寇也。

易中六爻之義。初爻對上爻。三爻對四爻。其義自易明也。例如此卦初爻用刑。上爻用兵以擊之。二爻包蒙以應五爻。五爻童蒙以從二爻。三爻見二爻而失身。四爻遠二爻而失利。諸卦之例。大凡如此。

象曰。山下出泉。蒙。君子以果行育德。

坎爲水。今不言水而言泉。易之例。以水概取險難之義。故避之。取象於泉之始出也。泉之始出于山下。涓涓淸徹。不染塵汙。猶童穉之性。自具天良。得勃然發育之勢。故取其義。而名之曰蒙也。得于心曰德。見于事曰行。山有生育之德。泉有流行之狀。山之生物無限。水之行地不避險易。注諸於江。朝宗于海。君子法此象以果決其行。養育其德。所謂義所當爲。勇往直前。無因循畏縮之弊。理之得于心者。優柔厭飫。無虛驕急迫之患。彼世人之不得實用者。輒云思而不能行。當因此而反省也。此卦自二至四爲震。震爲行。艮爲果。又自二至上爲頤。頤爲養。即育也。

(占)問戰征。象曰。山下出泉。是潛伏之水也。有伏兵之象。君子謂軍中之將帥也。果行育德。果者果敢也。育者蓄養也。謂當蓄其銳勢。而果決以進也。○問營商。玩象辭。想是開鑿鑛山生意。當果決從事。吉。○問功名。是士者素抱德行。伏處深山之象。曰山下出泉。殆將出而用世也。○問家宅。知是宅坐坎向艮。曰山下。必近山也。曰出泉。必有泉流出其下也。君子居之。其宅必吉。○問婚嫁。坎辰在子。上値女。聖冷符曰。須女者主嫁娶。艮下兌上爲咸。二氣相感。故曰取女吉。山下出泉。蒙是婚姻之始也。○問疾病。艮止坎險。病勢必熱邪過止。漸陷於內。待初爻發蒙。邪氣外發。可保無虞。○問六甲。生男。

初六。發蒙。利用刑人。用說桎梏。以往吝。

象傳曰。利用刑人。以正法也。

凡人而不喻道理。不通事情者。皆謂之蒙。發蒙者。啓發蒙昧。使之明曉也。刑者。所以治違敎犯法之人。桎梏刑具。在足曰桎。在手曰梏。說脫也。初爻陰柔而失中正。居六爻之最下。陷坎險之底。如入幽暗之地。不見明光。是爻之象也。發蒙者。非不欲誘掖之。勸勉之。無如敎之不從。則不得不以刑罰齊之。一經悔悟。便脫刑具。不敢或猛。亦足見發蒙者之苦心也。故曰利用刑人。用說桎梏。古聖人之治民也。敎化以道其俗。刑罰以齊其衆。聖人雖尙德不尙刑。而亦未嘗偏廢也。按艮爲手。互卦震足。手足交于坎險。有桎梏之象。又坎通也。艮止也。如能通達。遂即罷止。有說之象也。若執法過嚴。下既改過。上復苛責。不特阻其自新之路。或激而成變。故謂之以往吝也。蓋治民之蒙。不可太寬。亦不可太急。戒之以刑。改則說之。所謂恩威並行。寬猛相濟者。發蒙之道。斯得之矣。用刑固非聖人本意。然國家設法。所以齊不齊以致其齊也。若使有罪者皆脫網而去。則法將安用。顧刑法所主。宜大公至正。罰一人而使千萬人知畏者。是也。故曰利用刑人。以正法也。此爻變則爲損。損之初九曰。已事遄往。无咎。酌損之。其斟酌適宜之義可見也。

（占）問戰征。爻曰發蒙。是爲伐暴討罪之師。如大禹之征有苗。格則罷師而還。故曰以正法也。○問營商。初居內卦之始。是必初次謀辦也。坎爲難。爻曰發蒙。曰用刑。知營商必有阻碍。殆將興訟。得直理宜即止。若欲窮究。恐有害也。故曰往吝。○問功名。欲往求榮。恐反受辱。宜自休止。○問嫁娶。初居始位。爻曰發蒙。必在少年訂婚。既多事變。罷婚可也。○問六甲。初爻陽居陰位。生女。又恐生產有難。

（占例）余親族田中平八氏來。以其弟某放蕩。欲使之悔悟。將以某托余家。筮得蒙之損。

爻辭曰。初六。發蒙。利用刑人。用說桎梏。以往吝。

斷曰。蒙之卦象。山爲水氣所蒸。朦朧不明。故謂之蒙。在人爲邪欲所蔽。以致事理不明也。某之爲人。才智膽力。悉類其父。但年少失教。競習紈袴。不知艱難。故浪費貨財。好與匪僻爲伍。今使暫居余家。當先諭以處世之道。禁止他出。使者悔悟前非。是亦發蒙利用刑人之義也。至其兄雖托於余。其母未免溺愛。恐有怨余敎誨過嚴者。諺曰。人莫知其子之惡。此之謂也。

旣而果如此占。敎之一年。因其怜悧之性質。遂生後悔。可望後來之成人也。

九二。包蒙吉。納婦吉。子克家。

象傳曰。子克家。剛柔接也。

包者。包容之義。包蒙者。包容衆蒙而爲之主也。納婦者。受衆陰而爲之婦也。包蒙。言其量之能容。納婦。言其志之相得。子克家。言其居下而能任事。故曰吉。二爻以陽居陰。具剛明之才。中和之德。當啓蒙之任。能以寛嚴適宜。訓導有方。可爲群蒙之師也。蒙一卦。只有兩箇陽爻。餘爻皆陰。上九之陽過剛。至於擊蒙。唯九二之陽得中。故能包蒙。且二爻之位。臣也。子也。在臣則與六五柔中之君。陰陽相應。斯內爲同僚所悅服。外爲衆人所歸向。雖婦人之性柔闇難曉。能以柔納之。自得親睦。故曰謂之包蒙吉。納婦吉也。在子則能事六五之父。統衆陰之子弟以修齊家道故曰子克家夫子能治家則家道日隆父之信任專矣臣能敷教則民德日新君之信任專矣象曰剛柔接也即所謂上下合德也象傳之意以二爲臣則以五爲君以二爲子則以五爲父事雖異義則一也剛指九二柔指六五九二與六五陰陽相應以剛中之子繼柔中之父能治家道謂之子克家剛柔接也以陽剛受陰柔故有納婦之象居下位而能任上事故有子克家之象按周易之序繼乾父坤母以屯蒙二卦故屯之六二曰女子蒙之九二曰子克家兩卦共提出子字互卦爲震震爲長子有主器成家之象

(占)問戰征二爻以陽居陰爻曰包蒙有包括群陰之象象曰剛柔接也剛柔者兩軍也接接戰也克家猶言克敵也占例婦爲財子爲福既克敵軍又納其財並受其福大吉○問營商二上以兩陽包三陰一陽在內一陽在外有包羅財物出販外地之象故曰包蒙吉納婦者是必旅居納婦也有婦復有子克家者必其子能繼父業也○問功名想不在其身而在其子也故曰子克家○問家宅曰包蒙以艮包坎是必山環水抱之地曰納婦曰克家是宅必有佳婦佳兒

克振家業。吉。○問婚姻。玩爻辭。有二吉。明言有婦有子。吉莫大焉。○問六甲。生男主富貴。

(占例)友人藥師寺氏來告曰。余自少努力。業務勵精之久。漸興家產。然不幸無子。因養親族之子。以家產托之。故親族中皆欲爲吾子之想。務輔助之。使之各就產業。各營一家。無如彼多不知處世之苦。不思余之家產。出于焦心竭力之餘。洵非容易。而一族中互懷不和。頗生嫉妬。余之所言。亦皆陽順之而陰背之。恐余之沒後。必至親族敵視。余心所不安也。處之如何而可。爲請一筮。筮得蒙之剝。

爻辭曰。九二包蒙吉。納婦吉。子克家。

斷曰。人當幼穉之時。首宜求師就學。教以道義。啓其聰明。長則自能興事立業。克成家道。若棄而不教。不得諉其咎於子弟。諺云。養不教。父之過。教不嚴。師之惰。可爲戒矣。然教之道。有嚴有寬。嚴則致怨。不如寬而有恩。故曰包蒙吉。且此卦上互坤。坤母也。下互震。震子也。是教其震子。并坤母。而亦容納之。是以吉也。

迨其子長成。克治其家。斯不負教者之苦心矣。在足下知識活潑。勉强起家。能分財以撫育親族。使之各居其業。繼承祖先。其情可謂摯矣。而欲使親族。咸知奮勉。一如足下之經營。其望未免過奢也。夫創業成務。不特視夫其人之才。且關夫其人之運。運或不濟。才亦無能爲也。親族中既無足下之才。又無足下之運。殊難相强。今占此爻。明示包蒙二字。蓋勸足下唯以包容爲量。不須苛責。人之至親。莫如父子兄弟。往往父子兄弟之間。性情不同。父不能使其子。皆爲肖子。兄不能使其弟。皆爲悌弟。況於親族乎。唯一一以包容待之。斯明者必能知恩。而不明者亦將感而自化。斯彼此可以無憂矣。

六三。勿用取女。見金夫。不有躬。无攸利。

象傳曰。勿用取女。行不順也。

金夫。猶曰丈夫也。金者陽爻之稱。取剛堅之義。指九二。九二包群蒙。故有富之象。曰金夫者。爲別上九正應之夫。三爻陰柔而不中正。暗昧而居坎險之極。不能守貞而待時。故求而不止。欲而不擇。其行偏僻。其事曖昧。見九二群蒙爲所歸。得時之盛。因捨上九正應之夫。欲從近比之九二。操行不正。不能復持其身。取此多欲之女。必无所利也。故曰勿用取女。見金夫。不有躬。无攸利。艮山止而不動。坎水流而不止。可見不有躬之象。又坎爲盜。此爻變則爲巽。巽爲近利。見人之有金。破節敗名。不復知有躬。此爻又變而爲蠱。以巽之長女。從艮之少男。惑亂之象。爻辭雖指女與夫言。亦喻辭耳。凡陰柔多欲者。皆可類推。九二有剛中之德。必不比六三而爲不義之行。唯六三以不中正。欲自比九二。故係辭於六三。以見罪在六三也。象傳之意。謂陽唱而陰和。男行而女隨。順也。以女求男。於理已悖。況捨正應之夫。而從比近之金夫乎。故曰勿用取女。行不順也。

(占)問戰征。爻曰勿用取女。女陰象。凡占書以女爻爲財。金亦財也。言行軍宜散財以容衆。不宜歛財以取怨。如擄掠財物。必致師敗身亡。曰勿用。戒之深矣。〇問營商。六三以陰居陽。陰內陽外。是必行商出外也。行商最忌貪色。男戀其色。女圖其財。一入騙局。小則破財。大則傷身。象曰。行不順也。順與愼音同義通。可不愼哉。○問家宅。玩爻辭所謂牝雞司晨。惟家之索。是宜深戒。○問功名。婦道通於臣道。見財忘義。必致聲名破敗。爲女不貞。即爲臣不忠也。○問六甲。生男。

（占例）某貴顯。嘗維新前脫藩而與諸藩浪士交。共唱大義。奔馳東西。偶歸鄉里。遂爲藩吏所忌。親族多疎散。以致妻女亦不善遇。正如季子歸來。裘敝金盡。妻不下機。嫂不爲炊時也。既而維新之世。仕陞顯職。設邸於東京。招致家族。彼糟糠之妻。性質朴野。容貌動止。多不適意。加以前日疎已之嫌。遂去之。娶狎昵婦。情好最密。謀納爲妻。一日來謂曰。予將取妻。請占其良否。筮得蒙之蠱。

爻辭曰。六三。勿用取女。見金夫。不有躬。无攸利。

斷曰。蒙者。物之蒙昧而未發達之稱。爲幼稺之義。然非專指童蒙。凡人無道義之教者。總謂之蒙。今足下欲娶情婦。占得此爻。爻辭曰。見金夫。不有躬。此女必有淫行。想是藝妓之女。金夫者。謂將以金贖其躬矣。恐品格不正。難諧永好。此女以一時之擧動。投足下之意。足下將欲娶之。若娶此女。後來恐別生葛藤。係累不絕。其有悔必也。足下閥閱家風。素守淸白。如娶藝妓。必不適當。止之爲愈。而彼婦暫時忍耐。未必能永守清規。足下即不去之。彼亦將下堂求去也。某遂不用余言。納之。後果如此占。

六四。困蒙。吝。

象傳曰。困蒙之吝。獨遠實也。

四爻以陰居陰。其位不中。如艮下山足。牢不可移。謂頑固而不知遷善也。近六五之君。才拙而任重。無賢者以輔導。故不堪困苦。而終爲鄙吝之行。所謂困而不學。民斯爲下者也。蓋艮之少男。柔弱不中。昏蒙未啓。與群宵爲伍。是自困也。況上有艮山而不能進。下有坎險而不能退。應比皆陰。無剛明之親援。凡親我者皆陰柔不正之徒。則聰明無自發。昏昧無由開。是以其爲事也。無不困也。謂之困蒙。吝。窒而不通曰困。納而不出曰吝。困猶病者之忌醫。吝猶過者之諱師。如此者。敎之雖以其道。不能從也。其吝甚矣。象傳之意。此卦初爻比九二。三爻應上九。而比九二。五爻應九二。而比上九。各有陽剛之應比。得賢師良友之輔導。獨此爻陷三陰之中。而不得剛實之師友。故曰困蒙之吝。獨遠實也。獨者。無助之謂。陽以生爲主。故稱實也。遠實者。自我遠道之義也。人而遠道。孟子所謂自棄者也。

(占)問戰征。行軍宜深入顯出。曰困蒙。是入陰險之地。而不能出也。故困。足以濟困者。在初爻之陽。六四距初間隔二爻。陽爲實。故遠實。是知救兵在遠不能及也。凶。○問營商。經商之道。宜亨。不宜困。宜通。不宜吝。實資本也。遠實則傷其資矣。困蒙之吝。其道窮矣。○問時運。蒙晦昧也。困阨窮也。蒙而困。其終困矣。○問家宅。據爻辭觀之。家業困苦。宅地亦幽僻。象曰。獨遠實也。是必孤村而乏鄰居也。○問六甲。生女。是女必少兄弟。故曰獨。

(占例)鳥尾得菴居士。余素所敬信也。明治二十三年十二月。與古莊嘉門氏等數人訪余。曰明年以國會開設之期。吾輩立一主義。欲有所唱導。請占其運氣如何。筮得蒙之未濟。

爻辭曰。六四。困蒙吝。

斷曰。此卦山前水氣蒸發。朦朧不明之象。易有屯困蹇坎四難卦。其當之者。不能容易脫險。如蒙則否。雖陷坎險。由其爻之所居。有知識者。自得免險也。今以四爻觀之。承乘應皆陰柔。無助吾之力。在人則無賢師良友。不得啓發其蒙之時也。故曰困蒙吝。君學通古今。才兼文武。其所欲唱導之主義。爲天下之公道。加之以卓絕之識見。豪邁之膽力。故以理論之。如天下無敵者。然得蒙卦則天下之人。總如童蒙。不識是非邪正。猶暗夜不辨烏之雌雄。是以君雖說得中正道理。終不能開發其悟。困蒙者。是無其効也。然過此一年。至五爻童蒙吉之時。下有九二陽爻之應。得以輔導。自可大遂其志也。後果如此占。

○明治二十七年冬至。占二十八年貴族院院議。筮得蒙之未濟。

爻辭曰。六四。困蒙吝。

斷曰。此卦山下有水之象。水自山上流下。前途不知所之。人亦如此。故雖賢哲之士。得此卦則固有之知識。爲物所蔽。爲言行蒙昧之時也。今以貴族院見之。若不覺自己之蒙昧。而焦慮國事。猶聾盲之人。不見全象。而評其形狀。謂之困蒙之吝。獨遠實也。爲明年院議不舉之占也。

六五。童蒙吉。

象傳曰。童蒙之吉。順以巽也。

五爻以陰居陽。柔順謙虛。下應九二艮之少男。得柔中之德。而居尊位。幼主臨下之象。九二之賢臣。有剛中之德。能輔佐六五之君。在幼主自知沖年。委政賢相。無爲而治。如成王之於周公是也。人主能不挾威權。舍己從人。任賢不貳。如童蒙之得賢師。專心聽受。故曰童蒙吉。象傳之意。以人主之尊。生長富貴之中。不知處世之艱苦。往往疎忠言。遠者德。以致敗亂國家。在所不免。今六五能順九二。故曰童蒙之吉。順以巽也。此爻互卦爲坤。坤爲順。變則爲巽。順巽二字。出于此。

易中以九居五。以六居二者。雖當其位。其辭多艱。以六居五。以九居二者。雖不當其位。其辭多吉。蓋君貴以剛健爲體。以虛中爲用。臣貴以柔順爲體。以剛中爲川。斯上下交而其志同也。是卦爻之通例也。

(占)問戰征。五互坤。辰在未。上值井。弧矢九星在井東南。主伐叛。又東爲子孫星。爻曰童蒙。是帥子弟以從軍也。故吉。○問營商。五爲卦主。爻曰童蒙。是必店主尙在童年。五應二。正義云。委物以能。謂委付事物於有能之人。是委二也。蓋五爻店主。自知年少。順從二爻。以爲經紀。故曰童蒙吉。○問功名。年在童蒙。功未成。名未就。惟能順聽二爻師敎。則成就未可量也。故曰吉。○問婚姻。蒙上體艮。艮爲少男。是以幼年訂姻也。故曰童蒙吉。○問六甲。生男。

(占例)友人福原實君。一日來訪。告以榮轉沖繩縣知事。且請占前途吉凶。筮得蒙之渙。

爻辭曰。六五童蒙吉。

斷曰。此卦事物之理未明。蒙昧幼稚之象。故謂之蒙。按此卦以陽爻爲師。以陰爻爲弟子。今六五陰而應陽。以位得中正。猶童蒙之天禀本美。絕無私欲。故吉。足下之性質溫厚沈實。余之所知也。赴任之後。接待僚屬。宜磊磊落落。不挾一私。豁達大度。虛懷聽受。自然上下同心。彼此相待。公私皆有益也。以蒙卦見之。足下初涖其任。風俗人情。未免蒙昧無知。擇屬官中通達事務者委任之。藉彼之明。啓我之蒙。最爲緊要。此占有實與足下之性質符合者。足下能體認是理。而從事縣務。後必奏實功也。是所以曰童蒙吉也。

○明治二十七年冬至。占明年衆議院之形勢。筮得蒙之渙。

爻辭曰。六五童蒙吉。

象傳曰。童蒙之吉。順而巽也。

斷曰。蒙者山下有水之象。在人爲智識不明。不知事理之向方也。先是衆議院創議。節省政費。每年減之不詳度政府之動爲。不留意各國之形勢。此議紛起。政府頗以財費不足爲憂。後忽有征清之勅。於是衆議員輩。皆作青天霹靂之想。在廣島集議。不終日而決公債一億萬圓募集之議。是謂發蒙也。蒙也者。非謂愚也。幼而智識未開之謂。故曰童蒙。今得五爻。有童蒙受教啓迪聰明之意。故曰童蒙吉。爲明年院議之占也。

上九。擊蒙。不利爲寇。利禦寇。

象傳曰。利用禦寇。上下順也。

擊蒙者。謂不能包蒙。而朴作敎刑。怒而出之以擊也。此卦四陰二陽。四陰皆蒙昧。二陽均有剛明之才德。足以擊蒙也。九二有剛中之德。訓導中節。寬嚴適宜。其於蒙能包之。所謂董之用勸。此爻以陽居陰。剛極失中。其於蒙也乃擊之。所謂戒之用威。此擊字。比包蒙之包。發蒙之發。其凌厲嚴刻。不言可知矣。然童蒙而不從敎。初包之而不知感。繼發之而不知悟。敎之術亦幾窮矣。上九亦出於勢之不得止也。至擊之太甚。未免過於凶暴。是擊之者。反爲寇也。故曰不利爲寇。然因其蒙頑不靈。一味優容而不惕之威。將恐蒙極而流爲寇。是寬之適以害之。擊之者。治蒙雖嚴。正所以禦其爲寇也。故曰利禦寇也。曰爲寇者。寇在我也。曰禦寇者。寇在彼也。艮爲手。有擊之象。坎爲盜。有寇之象。艮止于上。有禦寇之象。上九雖應于三。三之行不順。是寇也。非婚媾也。故利禦之也。此爻變則爲師。師又有擊之象。乃寇之象。象傳之意。此卦有剛明之德。比六五而輔翼之。應六三而訓導之。且自上九至六三。其應比之間。無有一陽之障礙。是爲柔順之極。故曰利用禦寇。上下順也。

(占)問戰征。上辰在戌。上値奎。奎主庫兵。禁不時。故曰利禦寇。○問營商。商業一道。全在利用。又貴順取。逆取爲寇。順取則爲禦寇。上下者。賣買兩家。賣買和洽。則上下順矣。吉。○問婚姻。擊蒙。馬鄭作繫蒙。恰合月下老人紅絲繫足之意。蒙卦兩言匪寇婚媾。是佳偶爲婚。怨偶爲仇之謂也。利用禦寇。必爲佳偶。婦道貴順。象曰。上下順也。是必家室和平也。吉。○問六甲。生男。此男童年。必宜嚴教。

(占例)某氏。爲朋友調排事務。恐反生枝節。請占一卦。筮得蒙之師。

爻辭曰。上九擊蒙。不利爲寇。利禦寇。

斷曰。此卦內卦爲水。外卦爲山。山被水氣所蒙。故有朦朧不明之象。水陰也。山陽也。君之朋友。想爲陰柔者所蒙。以致多事。君將居間而處置之。則必去其蒙。而後其事得以就理。始君擧正理而婉說之。彼等蒙頑性成。固非可容易了解。

於是君乃盛氣相爭。直摘其奸。攻擊太甚。在朋友不特不感其情。反將以寇讎視君也。故曰不利爲寇。不知朋友之所以不悟。實被陰柔者所蒙。彼陰柔者乃眞寇也。君當擊而禦之。斯其事可理。故曰利禦寇。某氏謝而從之。

○明治二十七年冬至。占二十八年我國與英國交際。筮得蒙之師。

爻辭曰。上九擊蒙。不利爲寇。利禦寇。

斷曰。此卦山下有靄。朦朧不可遠望之象。故名此卦曰蒙。人得此卦。爲彼我之情不通。而不知所爲也。國家之交際。亦猶是耳。夫知識未明者。謂之童蒙。此卦各爻有教蒙之義。陽爻爲師。陰爻爲弟子。上爻陽而失中。持之過激。未免薄於情義。甚至反招其怨。故謂之擊蒙。不利爲寇。利禦寇。今得此卦。以我國擬純良之弟子。以英國爲傲慢之師。當我國與清國交戰得勝。彼因之起妬忌之念。上爻幸居無位之地。故不須勞心。即不以師視之。亦可。惟敬而遠之。溫言寬容。以敦交誼。彼雖有干涉之舉。婉辭謝之。不可結寇也。謂之不利爲寇。利禦寇也。

䷄ 水天需

需字。篆書作䨙。古文作䨙。本从天。𠀡即篆書天字。非而字。即下卦乾天。上卦坎雲之象形也。大象曰。雲上於天需是也。音須。从雨得聲。此字訓待者義。詳彖傳下。

需有孚。光亨貞吉。利涉大川。

九五以陽陷陰中。待三陽之進。三陽亦欲進而未進。是以得同心之孚。雖在少時陰暗未消。而乾陽方升。自能光顯亨通。而安貞有吉也。險莫如大川。上下相孚。陽長陰衰。往而涉之。必有利。唯在需其時而已。坎乾兩卦。其中實。故曰孚。互卦離。爲光爲舟。坎水爲川。以乾健臨之。故利涉也。

彖傳曰。需須也。險在前也。剛健而不陷。其義不困窮

矣。需有孚。光亨貞吉。位乎天位。以正中也。利涉大川。往有功也。

此卦水氣蒸發爲雲。雲升于天。則大雨之來可立待也。故曰需。又乾爲老父在內。坎爲中男在外。倚閭之望。待子歸來。又乾爲進。坎爲川。欲進而遭大水。必待水退而進。皆需之義也。凡需之爲象不一。而莫急於飲食。內卦坎爲飲食。而互兌口。是以九五曰需於飲食。象傳曰。需。君子以飲食宴樂。蓋萬物必需雨澤而得生。人則需飲食而養生。是需之義也。

通觀此卦。初九從二陽之後。有進行之志。慮遇險而難爲。未敢輕進。九二。爲三陽之主。本可進行。但以坎險在前。恐進而有咎。是以從容待時。即所謂君子居易以俟命也。九三。重剛而不中。獨進而涉坎險。以致釀災。唯能敬愼。尙可不敗。六四。位隣九五。雖能盡其忠誠。而乏匡濟之才。爲下三陽所疑。未免受傷。僅得以身免而已。九五。秉剛健中正之德。以待天命。是能盡需之道也。故曰吉。上六。

當爻之終。險陷已極。無復可需。雖有非意之來。敬之終吉。乃知需之爲時。能含忍守敬。皆可免禍。需之時義大矣哉。

以此卦擬國家。下卦乾爲人民。挾剛健之才力。欲進而參與政事。上卦坎爲政府。禁下卦人民之暴進。示以法律。人民恐陷於危險。而不敢進。必待法綱稍寬。斯可謀進矣。上卦政府。知下民有待澤之意。憐其陷於困難。布施雨澤。以蘇民生。或減其租稅。或謀其衣食。或開鑿荒田。以資耕種。或賑發米粟。以濟凶歉。故繫辭曰。需者。飲食之道也。下卦之人民。具健行之德。非不思進謀國是。因時運未通。不得不隱居求志。是上下共守需道。庶幾可得幸福。謂之需有孚。光亨貞吉。利涉大川也。

以此卦擬人事。內卦爲我。具剛健才力以求進也。外卦爲彼。設危險之策略以阻我也。進則必陷於險。未可妄動。唯宜需時。或需彼之奸計敗露。或需我之氣運亨通。斯進而謀事。方無險阻之患矣。然世人往往虛浮輕躁。不待時機。而任氣直前。未有不身陷禍患者也。此卦下卦爲乾。惟剛健而不陷。故其義不困窮也。上卦爲坎。坎互卦爲艮。艮。止也。故能止而不進。至九五之時。危險解釋。得志尤易自可成就大事。謂之需有孚。光亨貞吉。位乎天位。以正中也。利涉大川。往有功也。凡易中曰光。曰光大者。皆謂其光明正大。能奏成功也。六十四卦中曰利涉大川者。凡七。需居其首。自古創造舟楫。以濟涉川。然時或風濤凶惡。多以不能忍耐。致遭覆溺。需卦故首戒之。唯其能需。是以利涉大川也。諺曰。急行者要迂回。此之謂也。大凡人之爲事。皆不當顧慮目前。與其速進而有悔。何如後時而圖功。大而求功名以匡濟國政。小而謀財產以振興家業。無不當待時而動也。故曰往有功也。

象曰。雲上於天。需。君子以飲食宴樂。

坎雲在上。乾天在下。陰陽之氣未交。而不成雨。蓋雲在天上。雖有雨兆。或散而復晴。猶之君子養其才德。雖欲出而濟世。而風雲未會。不得施其膏澤。若怨天尤人。梯榮干進。是小人不知時命者之所爲也。所謂飲食者。非侈意醉飽之謂。

如孔子之飯蔬飲水。顏子之一簞一瓢是也。所謂宴樂者。非溺情逸豫之謂。如考槃之足以痦歌。衡門之可以棲遲。是也。以其能素位而行。不願乎外。故曰飲食宴樂取諸需也。余謂我國商人。以當地經營不合。出游外國。勞心勞力。自謀衣食。及一旦報內地凶歉。在外洋販運米穀。賑濟饑饉。藉以獲利者。亦需之道也

(占)問戰征。需待也。雲在天上。陰陽未交。未可戰也。乾爲君子。又爲武人。屬主帥言。坎爲酒。故曰飲食宴樂。蓋言行軍先備餱糧也。○問營商。玩爻辭。想是販運糧食。或開設酒館之業也。曰雲上於天。是雲在上而雨未下。想是資本未集也。故曰需。○問功名。是風雲未際其會。尙有待也。○問疾病。宜以飲食調劑。安樂自遣。遣久自愈。○問六甲。生男。

初九。需于郊。利用恒。无咎。

象傳曰。需于郊。不犯難行也。利用恒。无咎。未失常也。

郊者。偏鄙之地。坎者。水也。險也。需于郊者。前途爲坎水所阻。必待川水減退。故需。又乾爲金。如旅客懷金。中途被水。以致滯留者。以乾三爻。對外卦之坎。各以所居遠近係辭。曰郊。曰沙。曰泥。取漸次近險之象。此爻去水最遠。不敢進而冒險。故曰需于郊。所謂危邦不入。亂邦不居之義也。躬耕郊野。無求於世。歷久而不改其節。故曰利用恒。恒不變動之義。用恒者。始終不變也。初九之患。相去尙遠。然思患豫防。恒守其貞。可以免禍矣。故曰无咎。此爻體乾。乾者剛健。其道以上行爲常。且以初九與六四正應。苟急其應。則必有冒險之虞。今僻處遠郊。以待時機。是以象傳曰。不犯難行也。

(占)問戰征。爻曰需于郊。是必屯營于郊也。坎爲險爲難。是必前進有險。故象不犯難行也。初爲卦之始。知初次出軍。曰恒。曰需。知宜久待。恒而後進。必无咎也。○問功名。卦屬初爻。知爲初出求名也。郊爲草莽之地。需于郊。謂宜退居於野也。恒久也。利用恒。謂宜久待而後可利見也。象曰。不犯難行也。謂其不涉於難。未失常也。謂其能守其恒。故无咎。○問營商。行商之道。以恒久爲利。需于郊。知必前途有險。暫以貨物堆積于郊。以待時而行也。象曰。未失常也。知貨物无損失也。○問疾病。郊者田野空曠之處。謂宜就野外。幽居以養病也。无咎。即病无害之謂也。○問六甲。生男。

(占例)友人左右田金作氏來告曰有一會社。咸云利益甚多。將謀入社。請占前途吉凶。筮得需之井。

爻辭曰。初九需于郊。利用恒。无咎。

斷曰。此卦內卦乾。乾純陽屬金。外卦坎。坎屬水。有去高就下之性。且坎爲險。謂彼設危險之計。募株主之金。將使入者皆陷之於險。然能察彼社之舉動。審彼社之虛實。待其險陷既平。而後入之。是需之作用也。彖傳曰需。須也。險在前也。剛健而不陷也。初爻之辭曰需于郊。郊者。郊外之地。幸去危險尚遠。足下不被其所誘。不陷於奸策。持重不變。可謂能守其常也。至五月之後。該社必有禍難。斯投機者皆退。株券亦當下落。此時買株券而入社。其後此社運必當盛大。爻象如此。是宜暫待時機也。後果如所占。

九二。需于沙。小有言。終吉。

象傳曰。需于沙。衍在中也。雖小有言。以吉終也。

沙者。近水之地。比九三之泥尙遠。比初爻之郊近矣。小有言者。謂有言論之爭。凡易之辭。患難之小者曰小有言。二爻進初九一等。漸近於險。有需于沙之象。雖有剛陽之才。足以濟險。以上無君長之應。中無同僚之助。唯居柔守中。寬裕自處。是需之善也。然以去險漸近。雖未至大害。已有小言矣。故曰小有言。互卦爲兌。兌者口也。悅言之象。坎者舌也。怒言之象。謂彼出怒言。而我能和解之。故曰終吉。衍。寬綽也。謂胸中寬衍。又能忍耐。終得濟焉。故象傳曰。需于沙。衍在中也。雖小有言。以吉終也。凡爻辭變而之成曰終。爲原始以要終。終吉者。前凶而後吉也。此爻變則爲旣濟。其爻辭曰。婦喪其茀。勿逐。七日得。亦可以見終吉之義也。

(占)問戰征。坎爲隱伏。玩爻象。謂宜伏兵於沙漠之地。或因間諜致誤。小有挫折。

終必吉也。○問營商。二爻辰在寅。上値天江四星。石氏云。天江明動。大水不具。津梁不通。因之貨物不能通運。故需于沙。沙水岸也。雖小有口舌。無害商業。故終吉。○問時運。沙从水从少。是少有水之處。不能通舟楫也。需于沙。猶言時運之不通也。二爻辰在寅。又上値箕。詩緯云。箕爲天口。主出氣。小有言。是讒言也。然需以待之。故終吉。○問六甲。生男。

(占例)友人永井泰次郎氏。貸與金於北海道商人。某踰期未返。發信督促。未得回報。因欲自赴彼地。請占一卦。筮得需之既濟。

爻辭曰。九二。需于沙。小有言。終吉。

斷曰。需者坐而待時之卦也。不宜自進而赴彼地。於彖曰有孚見之。知彼非故意延緩。因商業上有意外紛紜。爲之奔走不遑也。謂之小有言。今後四月。即至第五爻之時。彼必可返還其金。謂之終吉。永井氏守此占。而不行。後至四月。果如所占。

九三。需于泥。致寇至。

象傳曰。需于泥。災在外也。自我致寇。敬愼不敗也。

泥者。水際濕土。即水際之地也。寇者。坎之象。災之大也。初九之郊險尙遠。九二之沙險漸近。九三之泥。身已接險。禍在目前。此爻居乾卦之極。過剛而不中。故當險難在前。不復介意。恃見剛强。見上位之應我。不辨時機。不察事情。一意妄進。將以救在前之險。故非坎險來迫人。人自進而逼險。譬如水不溺人。人自冒險狎水。以致其溺。故曰致寇也。然當此時。能操謹思持重之心。戒輕舉妄動之失。及早悔悟。猶得免於災矣。象傳曰。災在外也者。坎險在外卦之義。又外者。謂意外之事也。我欲救彼而却爲彼所害。九三之意外也。且非災之來害我。自我去招致其災。故曰自我致寇。若能敬愼自持。量宜而進。雖坎險圍繞。亦不能如我何。我自得以不敗。故曰敬愼不敗也。凡爭名者毁。爭利者奪。是皆非寇之罪。自招之孼也。此爻變則爲節。其辭曰不節若。則嗟若。无咎。可以見敬愼之義矣。又如九三六四雖陰陽相比。不相爲助。而却相爲害。易中此類之比。謂之害比。」

(占)問戰征。九三居內卦之終。逼近外卦。坎爲寇。亦爲災。故曰。災在外也。有敵來寇者。謂寇至。有我自去招敵者。謂致寇至。然必謹愼自持。先立於不敗之地。雖自我致寇。不敗也。○問營商。泥。拘泥也。行商之業。宜流動。不宜拘泥。若拘泥不化。內有疑忌。遂致外生變端。慢藏誨盜。即以致寇也。可不謹愼哉。○問功名。爻曰。需於泥。泥水際汚泥也。需於此。則必將下流而難期上達矣。其不敗也亦僅免焉。○問婚姻。易以寇與婚媾並言。謂寇則必非婚媾。是怨耦也。需于泥。不進之象。于婚事則必不成。○問六甲。生男。

(占例)佃島在監之時。占西村三瀨及余三人之身事。

余之謫佃島也。與同囚西村勝藏。三瀨周藏。最親密。一日二人嘆曰。我儕有一大難事。須相與計畫之。余問故。曰昔役所有大會議。吾二人爲所驅使。事繁議長。入夜漸散。因竊叩所議何事。或曰獄官等議。謂方今菜油價低。菜種價貴。購貴價菜種。製低價菜油。徒勞役徒。反遭損失。今後廢製油之業。用此役徒從事于橫須賀船渠之造築。役徒中有嘉右衛門者。長於指揮。委以指揮之任。勝藏者。長於計算。委以計算之任。周三者。善醫。使以診視役徒之病。亦今日之良策也。且熟見此三人。皆有一癖。非可以尋常視之。他日放免。恐生他事。再罹刑獄。使渠等罪上累罪。是亦可憫。不如長拘留馳使工事。免生他禍。是亦仁術也。會議如此。蓋獄官等爲此議者。凡幕府之例規。官所收入。以其半額稱役得。吏員取之。半額貯蓄之。此事若行。吾三人之災害非淺。子請筮之。乃先爲勝藏占之。遇需之節。

斷曰。需須也。坎險在前。乾健臨之。將涉水而不輕進之卦也。辭曰。需于泥。致寇至。凡三居內卦之終。最近外卦之坎險。可謂危地也。象傳解之曰。災在外也。按此災非橫須賀之事。曰在外者。必別致之者。吾子有遠慮。非犯法而脫役。亦必不復犯他罪者。然則吾子之災其或病乎。若有罹病。吾子須自愛。象傳曰。自我致寇。敬愼不敗也。

次占周三遇鼎之旅。

斷曰。吉也。爻辭曰。鼎有實。我仇有疾。不我能即。吉。鼎者。重器而不可容易動者也。況其中有實乎。且風變而爲山。山者止而不遷者也。可知其身依然不動。又欲動我者。即我仇也。今曰我仇有疾。不我能即。有疾者。無力。其不能動我可知也。橫須賀之事。不足憂也。

終乃占余遇艮之漸。

爻辭曰。艮其輔。言有序。悔亡。余惑之。熟考者久之。既而乃得其悟曰。輔者。曰頰也。艮其輔者。不妄言也。其下曰言有序。悔亡。余他日必有得言語之秩序。爲在上者所賞識。可得免罪也。

斷雖如是。當時尚不知後日應驗如何。後勝藏果罹脚疾。殆陷危篤。得周匝敬慎看護。而癒。周三由當任吏員免職。橫須賀之事遂癈。皆得赦免。余爲占吏員和田十一郎氏身事。以事能中理。許期半而赦。

○明治二十七年五月朝鮮國東學黨亂起。我國與清國有天津條約。同爲保護朝鮮。六月六日。我國派軍前往。至二十三日。朝鮮兵與我兵爭鬪。其事專依清國政府之命。由袁世凱之敎唆云。於是有與清國開戰之兆。筮得需之節。

彖辭曰。需有孚。光亨。貞吉。利涉大川。

彖傳曰。需。須也。險在前也。剛健而不陷。其義不困窮矣。需有孚。光亨。位乎天位。以正中也。利涉大川。往有功也。

爻辭曰。九三。需于泥。致寇至。

象傳曰。需于泥。災在外也。自我致寇。敬慎不敗也。

斷曰。此卦有水在天上之象。黑雲在天。勢將降雨。待時而舉。必能奏功也。以內卦爲我。乘陽健而將進。外卦爲淸國。設坎險而陷我。唯我剛健不陷。故不至困窮。待五爻之時。可以進師。謂之需有孚。光亨貞吉。位于天位。以正中也。天位指九五之時。利涉大川者。謂海軍必能獲利。往有功也者。謂陸軍必得成功。蓋此卦五爻六爻陰陽各得其位。謂得天時之象。三爻以陽就陰。四爻以陰後陽。謂得人和之象。唯二爻陽在陰位。於地利大有所缺。今占得三爻。是本年六月。已將向危險之地。謂之需于泥。傳曰。自我致寇。敬慎不敗也。需于泥者。謂進退不得如意。自我致寇者。謂自我進攻也。四爻當七月。辭曰需于血。出自穴。此爻居三與五之間。有火。謂穴出火而見血。當豫防地雷。按凡四十日間須擇屯營要地。使敵不能襲我。八月上旬。待五爻之氣運。一舉可以奏大功也。
反是而觀。此卦於清國氣運。將轉入需之下卦爲訟。如左。
彖辭曰。訟有孚窒。惕中吉。終凶。利見大人。不利涉大川。
彖傳曰。訟。上剛下險。險而健訟。訟有孚窒。惕中吉。剛來而得中也。終凶。訟不可成也。利見大人。尙中正也。不利涉大川。入于淵也。
此卦上卦天爲日本。下卦水爲清國。天者淸氣上騰。水者濁流陷下。以卦象見之。天者剛健而威力圓滿。無所虧缺。水者陷下而危險困難。其勢已極。然困而思奮。欲藉公言而爭是。是以得占訟卦也。清國遭此逆運。計謀籌策。悉齟齬不達。謂之訟有孚窒。天運如此。故曰惕中吉。中者。謂安於困難。不起希望。若不自知逆運。而猶強費策畫。則困難愈重。必蒙非常之大難也。故曰終凶。且訟之時。非成事之時。故曰訟不可成也。但至五爻之時。從大人之意而處事則可。故曰利見大人。又於此卦用海軍則大敗。有軍艦覆沒之患。故曰不利涉大川。入于淵也。

呈此占於本大營某貴顯。是月二十八日。國民新聞及報知新聞皆揭載之。

我國得需之盛運。凡四十日後。陸軍勝牙山。及成歡之役。海軍於豊島。及黃海。得大捷。清國遭訟之逆運。陸軍大敗牙山及平壤。軍艦至沈沒。入淵之辭。爲不虛也。就占後四十日計之。恰於三十九日得大勝也。又此戰終局。需之上六。有不速之客三人來。敬之終吉。後果露英米三國公使來議和。敬而容納。則終吉也。

呈此占於大本營。六月廿九日。國民新聞揭載之。

六四需于血。出自穴。

象傳曰。需于血。順以聽也。

坎陰爲血之象。坎險爲穴之象。此爻與上六同。穴者。以體坎也。血者。殺傷之地。穴者險陷之所。此爻入坎險殺傷之地。爲寇所傷。故曰需于血。需于血者。承前爻致寇而言也。蓋六四重陰才弱。居坎險之初。以一陰柔之資。爲三陽所迫。臨大難之衝。唯能順以從時。不競於險難。雖受小傷。不至大凶。終得出險。六四上比九五。爲九五所救。出九死而得一生。故曰出自穴。猶孔子解匡人之圍。文王脫羑里之難也。夫雲出于地。升于天。無不由穴。故有出自穴之義。且此爻居外卦之始。又有出之象。變則爲夬。有決出之義。象傳順以聽也者。謂能順從九五之訓誨也。坎爲耳。有聽之象。

(占)問戰征。四爲坎之始。坎爲血卦。需於血。是戰之受其傷也。出自穴。是雖傷而猶能出於險也。其所以出險者。蓋不在强爭。而在順聽也。順斯免害矣。○問家宅。曰需血。曰出穴。有出幽谷遷喬木之象。順者家道順也。吉。○問營商。玩爻辭。想必是採取鑛產也。出自穴。斯得利矣。○問功名。所謂嘔尽心血。方得出人頭地。故有需血出穴之象。○問疾病。想是嘔血之症。必須調養氣血。使陰陽和順。自可出險得生。○問六甲。生男。雖小有險難。終獲安產。

(占例)明治十九年。知友英國人工學博士某來告曰。余有一女。爲法國公使館書記官某氏之妻。今將分娩。適遭難產。命迫旦夕。願一筮而卜吉凶。筮得需之夬。

爻辭曰。六四。需于血。出自穴。

斷曰。需者待也。萬事以待爲義。今臨難產。唯待其分娩之速也。爻辭曰。需。是不能速產也。九五。尚有可待。至上六無可復待矣。知此易理。以應其事變。當別求施治之策而已。以全卦象產婦之娃體。九三居陰門之位。陽爻變陰。即得安產之意。今筮得六四之陰。以陰柔而處於險顯。見難產之象。且四爻位屬腹部。有截開母腹之象。何者。爻辭需于血之血。非產血。乃鮮血也。出自穴之穴。非陰門。乃截開之穴。宜延外科。別施妙術。若夫僥倖九五之酒食。因循姑息。以延待分娩之期。恐至上爻入于穴之時。母子俱難保矣。爻象如此。宜速施應急之術。以圖娃婦之安全也。某氏聞此占斷。大喜。速告醫師。截開腹部而產。其子雖死其母幸得生全。

九五。需于酒食。貞吉。

象傳曰。酒食貞吉。以中正也。

五爻陽剛而居尊位。居中得正。克盡其道。以此而需。何需不獲。彖言曰。萬物需雨澤。人需飲食。天下需涵養。需之時義大矣哉。飲食者。人各需以養生。唯人君不需自養。而需飲食以養天下。斯休養生息。使天下之民。人人樂其樂。利其利咸饜飫於深仁厚澤之中。故曰貞吉。然或狃於豆區釜鍾之小惠。逸樂自耽。不知警戒。則隳其成業者。往往有之。是謂失其中正也。象傳曰。酒食貞吉。以中正也。戒之深矣。且九五君德。尚在險中。需人共濟。初爻樂躬耕以求志。二爻惕人言而復退。三爻守敬慎以免災。至四爻則出穴而進也。上爻則不速而來也。五爻數來時可。衆賢並進。斯時人君適館授餐。禮隆養賢。賢才亦各効才能。以匡濟天下。教稼明農。畫井授田。首爲民生謀衣食之源。不復使天下有一夫凍餒。即遭荒凶。亦必蠲賑周濟。倍切人飢已飢之憂。是王道之久而成化者。其即在需之道乎。彖傳曰。需有孚。光亨貞吉。位于天位。以正中也。此之謂也。此爻變則爲泰天下泰平之象也。

(占)問戰征爻辭曰需于酒食是得勝旋師有犒賞策勳之象故曰貞吉○問功名是爲鹿鳴宴樂之時也吉○問營商五互離辰在午上值柳附星有酒旗有外廚主宴享飲食知必是酒館糧食等業又坎爲入爲納知其商業必輸入有餘也故貞吉○問婚嫁需四爻爲泰泰六五曰帝乙歸妹以祉元吉又九三曰于食有福此即需于酒食之義也有福故貞吉象曰以中正也是謂得婚嫁之正也○問六甲生男得子必置酒設席古今皆然故爻曰需于酒食

(占例)某氏來自某縣曰今欲謁某貴顯有所懇請請占貴顯之待遇如何筮得需之泰

爻辭曰九五需于酒食貞吉

斷曰需者須也待也凡疎遠未晤者偶然相會必多歡樂卦象如是由是觀之足下訪貴顯貴顯必悅而迎之加意厚待淹留京中屢得招待饗宴共話舊事可受敬愛也故曰需于酒食貞吉

其後某氏來謝曰。依君之占筮。往訪貴顯。甚爲厚遇。且得達志願。神易妙機。甚靈。

上六。入于穴。有不速之客。三人來。敬之終吉。

象傳曰。不速之客來。敬之終吉。雖不當位。未大失也。

上與四共坎陰。有穴之象。上爻居外卦之終。出而無可行。故曰入于穴。有不速之客三人來者。謂內卦三陽。不招而皆來也。唯柔順不拒絕。無娼嫉急競之心。一以敬禮相待。彼三陽雖剛斷。無爭奪之意。故曰敬之終吉。敬之二字。暗含前爻酒食之意。終吉之義。與九二同。上六陰而居險。无復可需。然能敬而下賢。是無失也。故象辭曰。雖不當位。未大失也。

按位者六爻六位。位當者。謂得正位。位不當者。謂不得正位也。是易之通例也。然其中亦有差別。象傳曰位者。多指九五之君位。又象傳中爲生卦法而說位者。六爻之正位也。小畜同人大有噬嗑。家人。歸妹。漸渙。既濟。皆是也。又象傳中說位亦有數義說六爻之正不正者履之六三否之六三豫之六三噬嗑之六三晉之九四蹇之六四解之九四震之六三豐之九四旅之九四兌之六三中孚之九四小過之九四未濟之六三皆是也於三四兩爻說之者蓋二五之位雖不正有剛中柔中之義又以初上爲無位之地不主說位位當者吉位不當者凶然又有以位不當之爲吉者大壯六五之傳萃九四之傳是也又有以位正當爲不吉者履九五之傳兌九五之傳是也又於九五有專說君位者比否巽節之傳是也又有係不當位之辭者需上六之傳噬嗑之彖傳困九四之傳是也蓋不當位與位不當其義稍異不當位者本非正不正之謂也故需之上六以陰居陰雖得正者尙有不當位之稱位者謂五之君位也故需之上六及困之九四共於君位比近之爻說之又按此卦中曰難曰敗曰寇曰血曰穴曰陷曰有言曰孚曰入曰酒曰食曰宴曰樂曰郊曰沙曰衍曰聽皆坎之象可知聖人觀象自有妙用也一說不速謂非不召而來也需待也謂需緩之意觀初二三四諸爻曰于郊曰于泥曰于沙曰出穴皆漸漸而進不速而來謂其遲緩

而來也。三人者。即乾卦三陽。此說亦通。

(占)問戰征。需三之六爲既濟。既濟九三曰。高宗伐鬼方。三年克之。有戰征之義。上爲坎之終。穴謂坎險。入于穴。謂憑險以自守也。三人者。謂內卦三陽。不速者。自來也。謂有敵兵三面來圍。既入險地。不宜再戰。宜以禮貌相接。以和解之。故曰。敬之終吉。○問營商。坎勞卦。萬物之所歸也。故曰入穴。穴窟也。謂貯藏貨物之地。三人來者。買客也。敬禮以接之。是得價則售。故終吉也。然坎爲水穴。不宜藏貨。幸而客來即售。故曰雖不當位。未大失也。○問家宅。此屋必幽暗潮濕。幸有三面陽光來照。故曰吉。○問婚姻。需六變小畜。小畜上九曰。婦貞厲。稱婦謂已嫁之女。故曰不當位。以其貞厲故終吉。入于穴。有生同室死同穴之義。三人來者。媒人也。○問疾病。曰入穴。凶象也。曰終吉。終而後吉。於病亦凶。○問六甲。生男。曰終吉。必少男乃吉。

(占例)明治二十二年十二月。友人神保長兵衛之妻。罹胃癌而臥。請余占其生死。筮得需之小畜。

爻辭曰。上六入于穴有不速之客三人來。敬之終吉。

斷曰。需者待之意。又爲游魂之卦。游魂者。即人之魂魄離其體而出遊之謂也。是天命既絕。然需緩有待。暫時猶可保餘命也。

此占以上爻居全卦之終。無所可往。往則復也。故病不愈而死。魂魄復其本也。爻辭入于穴者。埋葬之兆。有不速之客三人來者。謂僧之來而送葬也。敬之終吉者。謂安心堅固。得成佛也。此卦雖元來非歸魂之卦。由爻辭而知其必死也。」

後不日果沒。

○中野梧一氏向住大阪。余之所知。偶新聞紙報其自殺。衆說紛紛。余驚其事之意外。以爲斯人之俊才。何至窮迫如斯。若生前聞之。尚代爲處置。今無如之何也。亦可惜矣。適友人來談。又及此事。訝其致死之由未明。友人請余筮一卦。

筮得需之小畜

爻辭曰。上六入于穴。有不速之客三人來。敬之終吉。

斷曰。中野氏從事于商業。商業中所謂入于穴者。其礦山採掘之事乎。有不速之客三人來者。以事業不如心願。得失不相償。資金之負債。迫其償。期。屢受財主苛督。無策可出。遂忍心而自滅也。坎爲加憂。爲心病。互卦巽爲風。是瘋癲病之象也。又此卦爲遊魂之卦。是神魂不定也。其後傳聞事實。果如此占。

○一日友人伊東貞雄氏來告曰。余小兒自幼爲京都吳服商某之幹人。近來久絕消息。余甚憂之。幸請一筮。筮得需之小畜。

斷曰。需者待也。內卦乾爲老父。待外卦坎中男消息之象。今得上爻。其辭曰入于穴。想必令郎與同僚三人。流連花柳之巷。耽女色也。然此爻變則爲巽。巽爲風。爲入。是本月之末。可必與同僚歸宅也。果如此占。

爻神之驗。隨時隨變。不可拘執。如此卦入于穴一語。皆當活用。方見靈變。讀者宜玩味之。他各爻亦皆如此例。爻辭得豕字。小爲鼷鼠。大爲象。就其形而活用之類是也。考易象者。不可不知此義也。

○明治三十一年。占陸軍之氣運。筮得需之小畜。

爻辭曰。上六入于穴。有不速之客三人來。敬之終吉。

斷曰。需者險在前。故有待時而進之象。是以曰需。我國與清國戰勝之後。爲三國同盟。我雖還付遼東。憾兵備之不足。將擴張軍備。充實國防。在歐洲各邦。贊我進步之速。而益知將來之可畏。嘗遣海陸軍參謀。屢來覘我兵備。故內則要整頓兵備。外則禮遇來賓。使邦交益密。不啓猜疑。謂之有不速之客三人來。敬之終吉也。

䷅ 天水訟

訟字从言。从公。說文曰。爭也。六書通曰。爭曲直于官有司也。蓋坎爲言。爲平。乾爲公。爲決。爲爭。爲直。故取乾剛坎險之義。名此卦曰訟也。

訟有孚窒。惕中吉。終凶。利見大人。不利涉大川。

彖曰。訟上剛下險。險而健。訟。訟有孚窒。惕中吉。剛來而得中也。終凶。訟不可成也。利見大人。尚中正也。不利涉大川。入于淵也。

此卦上卦爲天。氣清有上升之性。下卦爲水。流動有下降之性。一升一降。各自爲行而不相得。則有所爭而至於分辨也。故占人事而得此卦。則彼上我下。彼我互巽。互不相容。遂各上言於公。以求分別。是訟之卦名所由起也。蓋上卦伏坎險之性。下卦挾剛健之行。其心既忍於害物。其力又足以遂奸。謂之上剛而下險。險而健。訟。且上位得占樂地。下位陷于困難。居困者必致勢窮力竭。既羞且怒。不得已而反唇相爭。爭之不已。不得不訴之于官。此訟之所由來也。故曰訟有孚窒。有孚者。必其中有可信之實。无其實。即是虛妄。然在我有可信之實。而爲彼所窒塞。則可信者不能自伸。是以有訟。至既訟矣。雖有可信之實。亦當惕厲恐懼。得伸而止。尚可獲吉也。若健訟不已。終極其事。則必凶也。故曰惕中吉終凶。訟有原告被告兩造。有實者直也。无實者曲也。當訟之時。直者固直。即曲者亦必飾曲爲直。且用巧辯之辯護士。爲之架辭以飾其非。據律以辨其誣。聽訟者一不明察。必致墮其計中。而曲直每多顛倒。甚或曲者行賄。聽者受賄。勢必以曲爲直。則直者受冤難伸。是不利也。故曰利見大人。大人者。剛健中正。居九五之尊位者也。剛而能察。健而能決。中則無偏。正則無私。故能是非立判。曲直無枉也。蓋利者利矣。其不利者即陷於險危之地。如涉大川而遇風波。訟爲口舌之風波。故訟亦曰涉。彖傳曰。不利涉大川。入於淵也。其戒之深矣。訟之爲事。大則爲戰鬭。故訟繼之以師。一以口舌爭。一以干戈爭。皆危事也。凶象也。故以惕爲吉。以終爲凶。玩易者宜知所懼焉。

通觀此卦。初爻以柔弱居下。不永其事。雖小有言。終得吉也。故曰訟不可長。二爻剛健將訟者也。與五爻相應。以卑訟尊。勢不能敵。知其不克。歸而逋竄。尙无眚也。三爻以柔從剛。能安分守貞。處危知懼。故初之不永。三之從上。皆終吉也。四爻與初爻對訟。初以不永所事。四亦復而即命。故不克。必將斂其欲訟之心。以守其安貞之道。斯無不吉矣。五爻明主當陽。用其中正。以斷枉直。辟以止辟。刑期無刑。在斯時乎。吉莫大焉。上九。訟之終也。即使善訟能勝。得邀命服之榮。然悖得悖失。其能久保乎。至終朝而三褫之。故象傳曰。以訟受服。亦不足敬也。讀初二三四爻辭。惕之吉可徵。讀五爻之辭。見大人之利可徵。讀上九之爻辭。所謂終訟之凶。與涉川之不利。又足徵也。訟者能幡然而悔。惕然而省。斯有吉而无凶矣。蓋惟上有元吉之君。初六之訟。可無以永。九二九四之訟。不以克。六三可食舊而守貞。終訟如上九者。雖勝終敗。是使民無訟者。權在君上。訟之占盡此矣。

大象曰。天與水違行。訟。君子以作事謀始。

上卦爲乾。天陽上行。下卦爲坎。水性就下。上下異其性。各進反對之方向。在八卦中剛健充實者。無如乾。艱難憂苦者。無如坎。其行相背。是相違也。相違必至相爭。訟之所由起也。君子見於此象。察其爲爭爲訟之因。在事物之行相違。彼我之情相背。相違相背。不在於成訟之後。而在於作事之始。故曰作事謀始。言交朋友者。愼之於相知之始。結條約者。審之於立券之始。蓋作事必愼於先圖斯不遺後患。必精其知慮。斯不啓禍端。如此則訟自無也。孔子曰聽訟我猶人也。必也使無訟乎。是知使訟之無者。全在聽訟者之默移潛化也。九五曰。訟元吉。其庶幾乎。

(占)問戰征。天乾也。乾爲剛武。水坎也。坎爲寇盜。故主訟事。亦主軍事。兩軍相違。以致相戰。而其所以相違者。則在未戰之始。故曰君子作事謀始。即孔子愼戰之旨也◯問營商訟卦內互離離爲資斧外互巽巽爲商有營商之義焉營商之道相合則成相違則敗且乾爲始坎爲謀故曰作事謀始善其始乃可圖其終斯商業得久大矣吉◯問功名乾健也坎險也是乾欲進而陷於坎險此功名之所以難也◯問婚姻婚姻者合兩姓之好而成有相合无相違也男有家女有室爲人倫之始故君子必逑淑女是謀始之道也◯問疾病病之始起必由陰陽不和不和則行違行違即成疾治之者宜先愼夫始◯問六甲生男◯問失物此物在高處墮落水中不可復得恐大有口舌之爭

初六不永所事小有言終吉

象傳曰不永所事訟不可長也雖小有言其辨明也

事即訟也以其事之小故不曰訟而曰事有言者即訴訟之言小者與需之九二小言之小同謂言論之傷災之小者也此爻陰而居下其身微賤而無訴訟之勢其性柔闇而乏辯論之才且畏上怖官雖內實呑恨不能遂訟而止以其

力弱。却不至凶。終得吉也。初六事之始。爭訟未深。止之亦易。故曰不永所事。雖有小傷。以不遂訟得吉。謂之小有言。終吉。此爻變則爲兌。兌者悅也。不永所事。變而有悅也。此卦六爻中惟九五剛健中正。爲聽訟之君。餘五爻皆訟者也。其中九二九四上九三陽。才逞而志强。貪必勝而遂訟者也。故直指其辭曰訟。初六六三二陰柔弱無才。雖一日起訟。不遂其終者也。故初六曰事。六三曰舊德。竝不指其爲訟。此可知易爻扶陰抑陽之義矣。又彖辭曰。終凶。此爻曰終吉。同一終字。顯分吉凶之異。彖爲訟者言。爻爲不訟者言也。訟本凶事。旣得辨明。可止即止。若永訟不已。仇怨日深。必至貽累身家。故象傳曰訟不可長也。又曰其辨明也。蓋以初六之訟不爲訟先。是被告也。且不爲九二所籠絡。雖爲六三所疑。小有言語之傷。以上有九四之應。乃得辨明利害。故得不永所事也。

(占)問戰征。訟者兩人相爭。戰者兩國相爭。故終訟與窮兵。皆凶事也。爻曰不永所事。是謂一戰而勝。不復黷武。益見聖人不得已而用兵也。非好戰也。○問疾病。初爻者。初病也。不永所事。謂不久即愈也。故曰吉。久病則凶。○問功名。初爻居卦之始。是初出而求名也。不永所事。謂不久困於人下也。故曰終吉。○問營商。爻曰不永所事。小有言。謂商家販售貨物。宜即售脫。或賣買。小有爭論。亦無大碍。故曰終吉。

(占例)友人某來告曰。僕意欲求仕。向託某局長引援。某局長者。與僕有舊好。且必爲僕盡力。請試占其成否。筮得訟之履。

爻辭曰。初六不永所事。小有言。終吉。

斷曰。此卦天氣上升者屬彼。水性下降者爲我。彼我心思。兩不相合。取象曰訟。我雖有爭實之誠。彼則絕不相顧也。事必難就。宜作變計。謂之不永所事。在足下未免心有不平。稍出怨言。轉而他求。却可望成也。謂之小有言。終吉。後果如此占。

九二。不克訟。歸而逋。其邑人三百戶。无眚。

象傳曰。不克訟。歸而逋。竄也。自下訟上。患至掇也。

不克訟者。不遂訟而止也。歸而逋者。以歸竄而避眚也。眚者。災也。自爲孽曰眚。九二自外來。以剛處險。爲訟之主。與五爲敵。五居尊位。自知不免。歸而逋避。故曰不克訟。歸而逋。其邑人者。附訟者也。主訟既逋。附訟者皆得免災。故曰其邑人三百戶。无眚。虞氏曰。坎爲隱伏。有逋竄之象。李氏曰。乾爲百。坤爲戶。下卦三爻。故曰三百戶。二變而之正。則坎化爲坤。故曰无眚。是彖辭所謂中吉也。若歸逋而據强地。雖不克訟。尚有相抗之勢。至三百戶。邑之小者也。下既悔罪。上亦免窮。象傳曰。歸而逋竄也。按竄字从竄。陰柔之物也。竄之義。曰入穴。可知必竄入陰柔以求免也。項氏曰。一家好訟。則百家被災。今起訟者既逋。餘黨亦無連坐之患矣。象傳曰。自下訟上。患至掇也。以二訟五。五居尊位。故謂之以下訟上。掇。自取也。言下訟上。勢既不敵。禍患之至。猶自取之耳。一說掇作惙。即詩憂心惙惙之意。言下與上訟。深爲可憂。坎爲加憂。與爻辭惕中吉惕字。意同。此說亦通。凡爻曰不克者。皆就陽居陰位者而言。以陽訟陰。故不克。如此爻示人當見機而止。退而避禍。雖非君子所爲。處獨世。亦足以保身。并可爲邑人免患也。此

爻內卦變則爲坤坤順也有柔順而止訟之義

(占)問戰征二應在五五在尊位大國也二勢弱自知不克坎爲隱伏故歸而逋也三百戶小邑二既歸逋五亦罷戰故三百戶得以无眚○問營商九二爻辰在寅上値尾箕斗附星天弁主列肆閈闠有營商之象二變爲否否敗也故曰不克有耗敗之象外互巽巽爲歸故曰歸逋三百小數也故曰无眚○問疾病玩爻象是必在外得病宜速歸家調治病人既歸病氣不致傳染故曰邑人无眚○問功名爻曰不克是一時不克成名也退歸隱居亦無害也○問婚嫁二五相敵尊卑不相偶宜罷婚无眚○問六甲生男恐不舉

(占例)友人北澤正誠氏信州松代藩士維新之際奔走國事與當時名士相交氏精坤輿之學尤長漢學後任外務省某官居數年轉任華族女學校幹事一日來告曰予頃因事故罷職頗不滿意欲與長官辨白其事請煩一筮筮得訟之否

爻辭曰九二不克訟歸而逋其邑人三百戶无眚

斷曰此卦上卦乾氣上升下卦坎水下降是反對之象主彼我情意不通也不問事之曲直論之當否訟必不克也唯宜靜以處身不然不特自身有災恐禍及他人也足下幡然中止無復口舌相爭退藏於密斯無害矣謂之不克訟歸而逋其邑人三百戶无眚也余爲之細繹爻象曰三百戶小邑也邑之小者稱巖邑又象傳曰歸而逋竄按竄字从穴穴巖穴也且卦秉乾陽必非凡民意其爲島民之長乎北澤氏首肯而去未幾北澤氏果有任伊豆島司之命

六三食舊德貞厲終吉或從王事无成

象傳曰食舊德從上吉也

舊昔也德善也食舊德者猶曰食舊業也此爻以陰居陽志强而才微從九二而起訟九二以不克而歸逋六三亦歸舊居而食舊業守分安常不敢復與競爭也貞固守也厲危也謂雖處危地能知危懼而貞固自守終必獲吉也或從王事者上九爲此爻正應或將與之共從王事然上九終朝三褫是无成也謂

以陰柔不中而无功也。或從王事一語。與坤三同。坤以地道。故代而有終。此以訟故。不言有終。即訟不可成之意。此爻以柔從剛。以下從上。有功而不自居。故能不失舊德。蓋有退讓之心。無忿爭之念。憂危惕厲。自知才力柔弱。一唯從上所爲。即有成功不敢自居。故无成而終得吉也。此爻內卦變則爲巽。巽者順也。即從上之象。夫訟凶事也。觀初三兩爻。以柔不克訟者曰終吉。可知剛而好訟者必凶也。

（占）問戰征。六三居坎之終。逼近乾位。所謂陰陽相薄。戰乎乾也。坎本爲乾。再索之男。乾爲舊。爲德。食舊德。是子食父遺祿。安常守分。保其舊業。無事爭戰也。故吉。若欲興動王師。坎爲破。爲災。必无成功也。故曰无成。○問營商。爻曰食舊德。知其商業爲先世遺產。謹愼固守。終得吉也。○問功名。宜繼守先人舊業。或欲出而求仕。必无成也。○問疾病。須仍服前醫方劑爲吉。○問家宅。宜守居舊宅。不須別建新居。恐无成也。○問六甲。生男。此子長成。亦以繼承父業爲吉。

（占例）友人某來告曰。僕向奉仕某局。黽勉職務。不獲長官之意。同僚中皆有昇級。僕獨屈而不伸不堪慚愧因欲謀轉他官。既懇請於某長官。請筮一卦。以占成否。並卜日後氣運。筮得訟之姤。

爻辭曰。六三。食舊德。貞厲。終吉。或從王事。无成。

斷曰。占得此卦。顯見運氣否塞。一時難期如願。唯宜順時安分。以俟時運。所謂食舊德者。明明言當仍安舊業。不必謀轉他任。堅貞固守。終必獲吉。或從王事无成。或疑詞。謂即或改謀別事。雖懇懃懇請。訟難成功也。

九四。不克訟。即命。渝安貞吉。

象傳曰。復即命。渝安貞。不失也。

四爻承五履三而應初。初既不永所事。四雖剛健欲訟。无與對敵。亦即得中止。且所謂不克訟者。與二爻同。然二爻以勢不敵而歸逋。四爻以理不足而自反。復者。返也。即者。從也。命者。正理也。渝者。變也。貞者。正也。祛其剛念好訟之心。以復改過遷善之念。一就定命。變不安貞爲安貞。故曰渝安貞。吉。此爻以陽居陰。

在乾之初。有潛龍勿用之義。外卦變則爲巽。說卦傳曰。巽爲不果。有躊躇之象。象傳曰不失也者。謂能量終始之勢。復就正理。雖訟猶不失君子之道也。

(占)問戰征。四與初爲敵。初旣不永所事。四亦克無可克。故曰不克。乾爲君。命君命也。凱旋而復命於君。戰危事也。變危而安。故吉。○問營商。玩爻象。知其商業必與初爻合辦。初旣不永所事。四亦復而卽命。復命猶言罷事也。故吉。○問婚姻。內卦坎爲女家。外卦乾爲男家。坎初曰不永所事。乾四亦復而卽命。是變計改婚也。象曰不失也。謂不失其道也。○問疾病。至致不克。是凶象也。復謂重生也。坎爲疾。爲炎。乾爲生。爲慶。復命卽復乾也。變而得安。故吉。○問六甲。生男。

(占例)友人某商店甲幹也。一日來告曰。余自主人開店之始。拮据勉勵。以興主人之家產。近來主人因世運變遷。改其面目。別興新事業。又雇聘學士等。給之以過分之金。某則依然甲幹而已。其給料亦不及學士等。某屈居人下。不堪遺憾。意欲向主人訴此情實。冀達平素之志願。若不見許。余請以此數年來之勤勞。求相當之恩給。欲獨立而營商業。請筮一卦。以卜成否。筮得訟之渙。

爻辭曰。九四不克訟。復即命。安貞吉。

斷曰。此卦上卦强健。爲主人。下卦困難。爲足下。足下雖欲陳述苦情。恐未必許可。宜依舊從事。百般忍耐。爻辭所謂不克訟者。言足下即向主人陳說。必不伸理。所謂復命者。勸足下返而自審。安命守常。所謂渝安貞者。勸足下變其不安貞而爲安貞。則得吉也。細繹爻辭。是明明教足下無復多言。安常俟命。他日主人。自有優待。必獲吉也。

九五。訟。元吉。

象傳曰。訟元吉。以中正也。

此爻爲一卦之主。五居尊位。中正剛健。能聽天下之訟。辨是非。析曲直。彖辭所謂大人也。訟者得此。吉莫大焉。自來無訟。固匪易期。而聽訟亦難其人。聽訟而不剛。則威輕而民不服。聽訟而不中。則意見多偏。而訟必多枉。聽訟而不正。則性情固執。而斷不當理。今五爻具剛健中正之德。居乾之中。乾健也。變體爲離。

離明也。健以致決。明以察幾。聽訟之能事盡矣。爻辭曰。訟元吉。象傳曰。訟元吉。以中正也。元吉者。吉之盡善者也。

此卦初爻不永訟。六三不訟。九二九四不克訟。九五以元吉化訟。是此卦雖名曰訟。意在化訟。實即使無訟之聖訓也。

(占)問戰征。五居尊位。是主戰之大君也。師出有名。得其中正。是王者之師。無敵於天下者也。故曰元吉。○問商業。乾爲利。坎爲平。商業固在謀利。亦要公平正直。斯不致於爭奪。商業乃得其正矣。故吉。○問功名。訟字从言从公。五爲主爻。求名者。蓋以言而求主公之知也。元謂三元。是功名之魁首也。吉莫大焉。○問婚姻。五爲卦主。與五結姻。是以賤從貴。以貧從富也。故曰元吉。○問六甲。生男。此兒品貌端正。且有福澤。

(占例)北海道廳官某來告曰。長官常憂土人之戶口。逐年減少。必由內地人民。役使土人。過於苛酷。今後許內地人民與土人婚姻。使彼此親睦。以冀蕃殖。愚意亦然。請筮一卦。以占得失。筮得訟之未濟。

爻辭曰。九五訟元吉。

斷曰。此卦上卦爲政府。陽氣上昇。下卦爲人民。水性下流。顯見上下之意隔絕。不相合。以不相合之甚。極而出之於訟。斯士人之情。藉得上達。以求伸理。故謂之訟元吉。於是上官感士人之情。憫其窮苦。改其條教。乃頒內地人民。許與土人婚姻之令。後聞酋長等相集會議。頗以爲難。上官招酋長問之曰。美婦與醜婦孰好。吾知好美而惡醜者。人情相同也。吾土人中非無美女。內地之人求之。喜而許之。至土人欲取內地美女。恐內地人而不之許。是土人有失而無得也。且美者爲內地所娶。則我同族中醜者益多。爲之奈何。長官亦服其理。遂廢此令。

上九。或錫之鞶帶。終朝三褫之。

象傳曰。以訟受服。亦不足敬也。

或者。不必然之辭。鞶帶者。命服之飾也。終朝者。自旦至暮。一日間也。褫者。奪也彼訟而得勝。非理之本直者。無非以機詐遂其謀。以私曲濟其奸。是理不可勝者而幸勝之。其曲直眞僞。固不待辨也。爻辭所謂錫之鞶帶。不必實有此榮。而若或有之。所謂終朝三褫。不必實有此辱。而若或有之。蓋極言雖得勝。終必敗。雖膺榮。終必辱。蓋見榮之驟者。奪之速也。終朝者。暫時之義。三褫者。多數之象。象傳曰。以訟受服。言其受服不正。如沐猴而冠。何足敬哉。故曰亦不足敬也。亦字。深可玩味。彖辭所謂終凶者。於是可見矣。乾爲敬。爲衣。上九變則乾體壞。即不足敬之象。兌爲毀拆。即褫之象。此爻不係訟字者。與初爻之不係訟字同。初爻不言訟。杜其始也。上爻不言訟。惡其終也。益見聖人使無訟之微意也。

(占)問戰征。上居乾陽之極。陽極而戰。勝已難矣。至一日而三勝三敗。敗固爲辱。即勝亦不爲榮也。○問功名。錫賜也。褫奪也。或者未然之辭。而設言錫之。至終朝而三奪之。是亦一患得患失之鄙夫也。何足敬哉。○問商業。玩爻辭。是屢得屢失。終至得不償失。且問其所得者。尚非正路之財。所謂悖入悖出。非其財者也。亦可鄙矣。○問疾病。是必其病乍愈乍發。一日之間。病勢不一。在上爻。處卦之極。勢極難返。恐終凶矣。○問六甲生男。恐生男已多不育。必至四胎可育。

(占例)明治二十三年。愛知縣某來告曰。今當名古屋市長選舉。有候補者三名。余不識可當選否。請占之。筮得訟之困。

爻辭曰。上九。或錫之鞶帶。終朝三褫之。

斷曰。此卦上卦爲天。上昇也。下卦爲水。下降也。性情不合。故名曰訟。訟者以意不合。訴之於公。以待判也。今際市長之選舉。市中人情。互生軋轢。是非莫定。今雖一旦得之。恐人心不服。難以永保。謂之或錫之鞶帶。終朝三褫之。是求榮而反辱。不如不得。某因感此占遂辭職云。

䷆

地水師

師篆書作師。左旁𠂤。變體作㠯爲阜。右旁帀。變體作帀。亦作帀。爲巾。合之从𠂤从巾。古文作𢂀。巾上加一者。爲能一人指揮衆人也。師承訟來。訟必有衆。師者。衆也。故師繼夫訟。顧師有二義。一爲敎導子弟。一爲統領軍旅。是皆有率衆之象。以九二爲成卦之主。統率五陰而濟坎險。坤上坎下。地中有水。水依地而安居。地得水而滋潤生育萬物。相助爲功。水土之性。元來相親。此卦水在地下。是至險起於至順之下爲聚衆據險。擾亂不定之象。師者以一人統衆而平定之也。蓋未亂之先。以師道訓導之。格其非心。可戢亂於未形。既亂。則統師旅以征伐之。梟其元惡。可戡亂於方作。皆爲師也。此卦初爻柔而不得其正。爲起難之首。二爻在險難之中。能率衆以平難。故爲一卦之主。

師貞大人吉。无咎。

爻辭。皆係以軍旅之義。故彖辭亦從之。讀者當以類推。夫軍旅者。起大衆。動干戈。傷人命。糜國帑。國家不得已而用之也。其得已而忘興者。是謂窮兵黷武。無道之甚者也。故戒之曰師貞。貞者正也。謂師道而以正爲本也。興師動衆。以毒天下。苟不以正。民不從也。大人。坊本譌作丈人。獨子夏傳作大人。與困卦彖辭同。以大人爲元帥。謂必能撥亂反正。除暴安民者也。故曰大人吉。兵者兇器。戰者危事。本屬有咎。大人者。應天順民。爲天下除暴。是王者之師也。縱有殺傷。亦無害天地生生之道。故吉而无咎。

彖傳曰。師衆也。貞正也。能以衆正。可以王矣。剛中而應。行險而順。以此毒天下。而民從之。吉。又何咎矣。

以。春秋傳能左右之曰以。以猶用也。元帥能以嚴正而用衆。可謂王者之師矣。剛中者。謂一陽居內卦之中。上應六五之君。內卦坎爲險。外卦坤爲順。故曰行險而順。毒。馬云治也。王云役也。又古毒育二字。音義通。亦作育解。蓋謂以此治天下。以此役天下。於義均順。漢儒釋毒爲害。是以此害天下。民必不從。何以能王。若謂以民治亂。猶以毒藥攻病。說之牽强。夫衆以正舉。民以順從。順則獲吉。正則復有何咎。吉者主事而言。无咎者主理而言也。

以此卦擬人事。則坎爲中男。宜在外而在內。坤爲老陰。宜居內而在外。母子位置。顚倒失倫。不安之象。是必啓家亂也。當於家長內得剛中者。以貞正而治之。斯家道齊矣。

以此卦擬國家。上卦爲政府。得坤之順。陰弱而少威嚴。不能箝制下民。下卦爲人民。得坎之險。陰險而好生事。動欲上抗政府。譬如水在地下。汎濫無歸。有聚衆據險。擾亂不順之象。此卦五爻皆陰。惟九二獨秉陽剛。當以九二受六五之君命。膺元帥之專任。率衆興師。以此毒天下。謂之剛中而應。行險而順。而民從之。吉又何咎矣。

通觀此卦。九二爲元帥。五陰從之。初六爲師衆。九二爲主帥。六三六四爲褊裨。六五爲臨敵。上六爲賞功之時。又以內外卦見之。九二爲將帥。六五爲君主。將帥承君命而出征。所謂禮樂征伐。出自天子。將帥者。佐主成王。相與有成者也。故能以衆正者。屬九二之將帥言之。可以王矣。屬六五之君言之也。

屯以下六卦。皆有坎者。何也。蓋水爲資生之源。且國家草創之始。必有險難。自屯至師五卦。皆聖人濟險之業。天下之事。未有不先難者也。序卦曰。訟者必有衆。師者。衆也。故受之以師。以坤衆。履坎險。即兵凶之象。九二一陽率五陰。行師之象。人或曰師比兩爻均是地水相遇。而爻象大異者。何也。曰比者一陽在上。是人君居尊臨下者也。師者一陽在下。是人臣奉命出征者也。乾卦曰戰。而此曰師者何也。師者民也。國以民爲本。天道好生而不殺。聖人容保如傷。然慾惡形而相岐。五兵作而相戕。是天地之閏數。不得已而用之者也。故衛靈公問陳。孔子不對。子路問子行三軍則誰與。曰必也臨事而懼好謀而成。曰懼。曰好謀。何等鄭重。知聖人未嘗輕言與師也。此卦九二爲剛中之賢將。六三貪功而取敗。六四无功而守常。六五爲君。任將不專。撓權僨事。是卦可備觀軍旅之情形矣。大抵三軍和。將帥賢。褊裨奉令。委任專一。班師行賞。崇德報功。是帝王之舉也。要旨所歸。全在容民畜衆。以六爻不取全勝。其義可知也。

大象曰。地中有水。師。君子以容民畜衆。

坎在坤內。故曰地中有水。水藏地中。無地非水。猶兵藏民中。無民非兵。藏兵於民。有兵之利。無兵之害。猶水藏於地。有水之利。無水之害也。水在地中。雖見增能包水。有容民畜衆之象。又坤爲民。坎爲衆。容者。保也。畜者。養也。兼養育敎化之義。九二將帥。德量宏大。能包容億兆。養育衆庶。故無事之日。散兵爲農。有事之日。集農爲兵。其不曰治民。而曰容民者。治之則尙嚴。容之則尙寬也。其不曰動衆。而曰畜衆者。動之則勞。畜之則在逸也。所謂兵可百年不用。不可一日不備。容民畜衆。蓋講兵於平時之道也。師旅本殘民害衆之事。然聖人取象曰容民畜衆。不殺爲武之意。即此可知矣。

(占)問戰役。卦以師名。爻義甚明。可就各爻推究。吉凶自驗。○問營商。坤爲財。爲聚。坎爲入。爲納。自有容保之量。坎水在地中。爲地所包容。財源如水。流而不息可知商業之富有也。吉。〇問功名。水在地中。猶士尙伏處。未顯達也。而其德量。自能包容民物。一經進用。如水之朝宗於海。敷施甚廣。君子者。有德有位之稱也。吉。〇問婚嫁。按坤坎互用。地水相親。是必舊親聯姻也。大吉。〇問疾病。是必水滿腹脹之症。坎爲心。爲憂。宜息心調氣。解憂取樂。自愈。〇問六甲。生男。

初六師出以律。否臧凶。

象傳曰。師出以律。失律凶也。

此卦內坎外坤。自內而外曰出。以。猶用也。坎爲律。律法律。即號令節制之謂也。初爲爻之始。即爲出師之始。所謂臨事而懼。言當謹其始也。師旅之事。率大衆而臨危地。國家之存亡。人民之安危係焉。苟紀律不嚴。人心不協。三軍覆敗。凶莫大矣。否。不也。臧善也。與詩衛風何用不臧同訓。蓋師出以律。勝負尙未可預決。故不言吉。至不善用其律。則陷於危險。勢必凶矣。象傳曰。失律凶也。不臧即失律之謂也。一說否。塞也。謂軍心隔塞。不得和協。臧藏古字通用。臧即藏字。謂深藏不發。是畏敵也。即使紀律嚴明。亦必取敗。況否臧者。必不能以律。其凶必矣。此說亦通。

此爻居坎險之始。故以失律爲戒。所謂作事謀始也。此爻內卦變則爲兌。坎水變而爲澤。停止而不流。是紀律不行之象。

(占)問功名。初爻者。初出而求名也。出師以律爲正。猶士之以道爲重。失其道。雖榮終辱。凶。○問營商。初爻知爲新立之業。水在地中。知爲海運商務。總之謀利以義者吉。失義爲凶。○問家宅。師卦內坎外坤。是宅必坐子兼丑。向午未也。宅中人口最多。出師有律。猶言治家當以法也。否不也。臧善也。不善治家。家道必凶。○問疾病。師卦一陽五陰。是必寒多熱少。症在初起。宜延良醫調治。否則凶。」

(占例)或人以有組織工業會社。募集株金。設定欵。請占其社之成否。筮得師之臨。

爻辭曰。初六師出以律。否臧凶。

斷曰。此卦九二。一陽統衆陰。是必有剛健之人。爲社長。指揮衆人之象。今定欵既完全無間。即見規律整肅也。然依此爻辭。此社之盛衰。全在作事之紀律。我國方今集合株金。興會社者。皆以歐米各邦爲模範。歐米各邦舟車之便。非本邦之比。是以販運各種貨物。最爲適當。凡合衆資。購備器械。人力既省。製費亦廉。大得勝利。至於小本營生。獨立工業者。無不取敗。今我國倣之。欲設立會社。然集合衆資。洵非易易。且役員從事營業。亦難其人。故立會社。第一在社長得人。社長得人。則事可成。業可興。不得其人。即成亦敗。今初爻居事之始。未可以定欵判吉凶。必俟社長選擧既定。方可卜工業之興廢也。

九二。在師中吉。无咎。王三錫命。

象傳曰。在師中吉。承天寵也。王三錫命。懷萬邦也。

師卦。九二爲五爻正應。以一陽爲衆陰所歸。乃師中之主將。得專主戰伐之權。在師中者。謂居軍陣之中。又得中正之道。王三錫命者。命者恩命。謂邀荷寵遇也。三者。言寵錫之頻也。此爻以陽居陰。在師之中。當互卦震之主爻。爲居將帥之位。坎爲智。震爲勇。以陽爻之德居中。智勇兼備。威信並行。洵足膺元帥之任。即彖辭所稱大人者是也。承六五之君命。統率師衆。且得六三之同僚比親之。初六之衆庶比順之。上下咸相比應。並爲參謀。所謂戰必克。攻必勝者。唯在此九二之師也。六五之君。倚任既專。寵數又厚。九二自得專制其權。所謂閫外之事。一以委卿者。其任既隆。其令必行。故成功也易。古來權臣在內。即有韓岳之將。未能克敵者。皆由信任之不專故也。此爻曰王三錫命。可見任之專。寵之渥也。象曰。承天寵也。天即王也。王而曰天。可知王之明於任賢。象曰。懷萬邦也。謂王之所錫命。不在用威。而在用懷。即懷保萬民之意也。

此爻變則全卦爲坤。去坎險。就坤順。有撥亂反正之象。地水師忽變坤爲地。有拓地開疆之象。此爻爲成卦之主。故以彖辭吉无咎屬之也。

(占)問功名。九二以一陽統率五陰。爻曰。在師中吉。是雞群一鶴。傑出之材也。王三錫命。謂以能授爵。顯膺王命也。○問營商。九二爲一卦之主。必其人謀爲出衆。在商務中。稱爲老成鍊達。可舉爲商社之長者也。吉。○問家宅。曰師中吉。是家必爲一鄉之巨室。即爲一鄉之善士也。○問婚姻。九二變爲坤。坤地道也。妻道也。水土之性相合。故吉。○問疾病。知爲水氣停積中宮。必使水氣流動。中焦寬舒。病無害也。吉。○問六甲生男。

(占例)明治二十五年十二月。占第五議會。筮得師之坤。

爻辭曰。九二在師中吉。无咎。王三錫命。

斷曰。此卦九二以一陽統五陰。以人事擬之。則陽剛之敎師。敎導衆陰之子弟。故名此卦曰師。以國家擬之。九二爲陽剛大臣。入則爲相。出則爲將。國家有事。則受王命以專征伐。權無旁落。威信並行。謂之師衆也。貞正也。能以衆正。可以王矣。易六十四卦。三百八十四爻中。敎導人民。用其威嚴。保有國家。唯此一爻而已。天命所歸。宜上承君命。下順民心。正大人致身報國之時也。今筮議會。得此爻辭。亦當上承君令。下順民心。斯議得其中矣。若其議上不能見信於君。下不能見信於民。議必不能行也。翌二十六年十二月。議會使議長退。是二爻陽變爲陰。再次有停止之命。至三次。遂有解散之命。果符此王三錫命懷萬邦也之占。嗚呼。天命之嚴確如此。可不畏敬乎。

六三。師或輿尸凶。

象傳曰。師或輿尸。大无功也。

輿尸者。謂軍敗而戰死者多。載尸於車而歸也。此爻內卦變則爲巽。巽爲進退。有疑之象。故曰或。古語曰。三軍之災。生于狐疑。疑者行軍之所大戒也。六三以陰居陽。不中不正。進而无所應。退而无所守。居內卦之極。對外卦之敵。正當交鋒按刃之際也。三以柔居剛。如小人之才弱志剛者。竊二之權。而恃强妄進。遂致失律喪師。輿尸而歸。謂之師或輿尸凶。象傳曰。大无功也。猶曰。大敗也。軍旅之事。信任宜專。二爲主帥。三爲偏裨。偏裨擅權致敗。主帥亦不能辭咎。故曰大无功也。如城濮之戰。左師右師敗。子玉不敗。然子玉帥也。故敗師之罪。子玉不免。蓋以全卦言之。六爻皆師徒也。獨以三言。內卦爲先鋒。外卦爲敵。外卦坤爲衆。敵兵衆多也。至四則又以五上爲敵。五君位而非敵。是卦爻之變例也。易之取象。概如此。學者不可不知。

(占)問商業。坎爲輿。輿所以載貨物也。坎又爲陷。爲破。輿而遇陷。則輿破而貨覆矣。人死謂尸。猶車敗物亡也。或者未然之辭。大无功者。大失利也。行商未必遇此凶險。亦不可不防此凶險也。爻象戒之如此。○問功名。君子得輿。得爲德。輿所以載德而行也。君子有德位之稱。或曰輿尸是無德而尸位者也。故凶。○問家宅。陰陽家稱堪輿。堪天也。輿地也。輿尸是地有尸氣。安得不凶。○問婚嫁。三爻居坎之終。得乾氣。乾下巽上爲小畜。小畜三爻曰。輿說輹。夫妻反目。象曰。不能正室。其凶可知。○問六甲。雖生男凶。

(占例)明治三年。橫濱商人三名。搭載船來物品於蒸氣船。販赴箱館。適際船來物品匱乏。獲利三倍。因再購鉅多之物品。將往得大利。其一人某氏來請占損益。筮得師之升。

爻辭曰。六三。師或輿尸。凶。

斷曰。此卦有自水上投土之象。例之商業。其目的未定。混雜不可言也。況今得三爻。足下等以廉價購入目下在京横濱不通銷物品。販賣於邊鄙之地。將待大利。在他商聞之。亦謀置各種物品。多欲爭著先鞭。然此不適時好物品。當衆人競爭販運。轉必抬價。至箱館各自競賣。已爲彼地商人所料。將來貨到不售。勢必跌價極之賤亦不售。則必轉運而歸。往復裝運。費耗殊大。及至售得。不特無利。反致傷本。其齎物而返。恰如載尸而歸也。故不如止。某氏聞之。大感。遂止北地之行。後果如此占。他商人赴箱館者。皆多損失。

六四。師左次。无咎。

象傳曰。左次。无咎。未失常也。

左者右之對。不用之地。人手右爲便。左爲僻。故稱不正之術。曰左道。稱謫官曰左遷。謀策不適。曰左計。左次者。謂退舍也。左氏曰。又不進曰次。又曰凡軍三宿爲次。又易陽爲右。陰爲左。六四以爻位俱陰曰左。此爻陰柔而不中。志弱而不能克敵者也。自知不能克敵。量宜而退。克保全師。愈於三爻之覆敗者遠矣。故无咎也。象傳曰。未失常也。謂不違左次之常道。古語所謂見可而進。知難而退。軍政之善也。若可進而退。何得无咎。易之發此義。爲後世行軍不量力而妄進者戒。

(占)問家宅。四出坎歷坤。坤西南。是宅必朝西南。吉事尚左。是宅逼近東方。青龍主喜。吉无咎也。○問功名。凡官職下降稱左。所謂左遷是也。曰左次不吉。○問營商。右高左下。次亦爲下。占此爻。知其貨財必非高品。然貨雖次。尚可獲利。故曰。未失常也。○問婚姻。男尚右。女尚左。爻曰左次。或者入贅於女家乎。然贅亦无咎。○問疾病。按春生於左。得其生氣。疾必无咎。○問六甲。生女。

(占例)余在熱海。會陸軍中將某。陸軍少將某來遊。爲畝傍艦歸港過遲。占其吉凶如何。筮得師之萃。

爻辭曰。六四。師左次。无咎。

斷曰。師者以一陽統五陰。衆陰從一陽之卦也。故曰師。六四以在陰位。退避戰地而休息。爻曰无咎。象傳曰。未失常也者。謂其如平常而無事也。今占畝傍艦得此爻。師即軍艦。左次者。有暫退航路之外。而休泊之象。无咎者。補過之義。謂修繕艦體。想是此艦。現在碇泊而修理艦體也。不可不速探而謀救助。來月爲第五爻之時。其辭曰長子帥師。弟子輿尸。長子即大夫。可保無事。弟子謂艦中雜役。恐有災害。又此爻外卦變則爲震。坎水之上。見震木之浮。亦可知艦體之無事也。

此占一時流傳于世。其後以不得該艦踪跡。政府定爲沉沒者。徵保險金百三十万弗於佛國保險會社。以救恤金給我海軍士官。及水夫等同艦者之遺族。

余占往往歷數年而經驗。百占百中。未嘗或失。唯易三百八十四爻之活斷中。獨水雷屯之上爻。嘗不用辭。用變而偶誤也。又此爻雖受不中之評。或由探索之未至邪。又兩月間無事。而其後遭遇事變。亦不可知。故此占尚在中不中之間。如此爻。非當今淺學之士所可容喙。後世有篤志易學如余者出。始可判斷其是非矣。

六五。田有禽。利執言。无咎。長子帥師。弟子輿尸。貞凶。

象傳曰。長子帥師。以中行也。弟子輿尸。使不當也。

田者。藝禾之地。禽者。鳥獸之總稱。田有禽者。謂有禽獸來害稼。猶言寇賊來害人民也。故驅逐之。捕獲之。不可以不保持防禦也。此爻五居尊位。其德柔順。見有寇賊來犯。執言下命。委任將帥。以主征伐。故曰利執言。此爻互卦。變則爲艮。艮爲手。又爲執。即執言之象。九二秉剛中之德。上承天寵。奉辭討罪。所謂師出以律。必有功也。故曰无咎。奈何既任長子帥師。復任弟子。以分長子之權。是六五之君。信任不專也。長子指九二。弟子指六三。蓋九二剛中有才。其出師也。紀律嚴明。故吉。六三陰柔不中。無知無謀。是以一敗塗地。輿尸而歸。故曰長子帥師。弟子輿尸。此長子即彖辭所謂大人也。自彖稱之曰大人。自君命之曰長子。纂言曰。凡次子以下。皆長子之弟。曰弟子。此卦九二爲主帥。六三六四分將一軍。舉九二六三。不及六四者。以九二大吉。六三大凶。六四能不失其常。故无咎也。貞凶者。謂命將出師。必宜擇賢而任。所謂貞也。反是則雖貞亦凶。此貞凶二字。包括一章之要。此爻因彼來寇。而我討之。是曲在彼也。是以无咎。象傳以中行也者。謂九二之長子。具中行之才德。能奏征討之功也。使不當也者。謂六三陰柔不中之弟子。失律喪師。是任使之不當其才也。

(占)問營商。爻曰。田有禽。猶言農有穀。商有利也。執言者。謂約證之劵也。在商業一道。總宜以老成鍊達者爲主。則利。否則凶。○問家宅。此宅想是立約新售者。利在長房。不利衆子。○問功名。知其人才能素著。有一朝獲十禽之技。然要在德長於人。若德劣於物。雖正亦凶。○問婚姻。有禽者。奠雁之儀。執言者。媒妁之書。所約之婚。當以長子長女爲吉。○問六甲。生男。是震之長男也。

(占例)明治十八年一月。余以避寒遊浴熱海。時有朝鮮京城之變。政府將對清廷。有所詰責。朝野洶洶。人皆注目使任之誰屬。并論辨之何如。余爲之占其使命之任。筮得師之坎。

爻辭曰。六五田有禽。利執言。无咎。長子帥師。弟子輿尸。貞凶。

斷曰。田有禽者。謂禽來害我禾稼。今朝鮮之事。淸國兵商害我良民。故往而詰責。理無不可。謂之利執言。所謂長子帥師者。或者長州男子任其選乎。一曰長子。一曰弟子。皆簡別中使任之人也。當今廟堂中。稱老練政事家者。莫如伊藤伯。伯者長州之男子也。長子之占。其在此人乎。今回之談。依帥師之言考之。其實際原期平和。然亦不可不預整備。非我有和戰兩備意。到底難講平和。此議實一大關係。若讓却一步。其破裂也必矣。能彌縫之。使兩國不陷于厄難。唯在遣使得其人而已。伊藤伯而當此大任。緩急得宜。必能平和於樽俎之間。毋復疑慮。故曰以中行也。中行者。易之所尙。謂能守中正。得其宜也。即贊美之言。若以他人任之。恐有使不當之虞。一使字。是民命之生死。國家之安危所繫。由其當否。而吉凶成敗。實有霄壤之別。今得此卦如此。知易之垂戒深矣。現却未可詳說。惟推察爻辭。可知其吉凶也。

未幾伊藤伯果膺遣淸大使之命。

上六。大君有命。開國承家。小人勿用。

象傳曰。大君有命。以正功也。小人勿用。必亂邦也。

大君指六五之君。有命。謂論功行賞。開國。謂新封建諸侯也。承家。謂使之爲卿大夫也。此爻外卦變則爲艮。艮爲門闕。有家之象。坤爲土。有國之象。上爻居上卦之極。在師武功之終。即戰定功成。旋凱行賞之時也。九二主帥。首功也。以開國封之。六四左次。與有功也。以承家賞之。六三以柔居陰。輿尸輿北。是小人也。戒勿復用。上六在大君左右。於師無所事。然在內而參贊王命。以盡將將之道。功亦大焉。故賞亦同之。審其功之大小。辨其罪之輕重。賞必公。罰必行。是皆大君之命也。故曰以正功也。若夫夤緣以邀功。遮飾以免罪。則非九五之命。是失其正矣。至於小人在軍旅中。或以馳驅而效力。或以勇敢而獲勝。未始無功也。但當賞以金帛祿位。不可使開國承家。以杜後患。象傳曰小人勿用。以亂邦也。戒之深矣。此爻居下卦坤之極。伏卦爲乾。大君之象。下卦坎爲盜。盜即小人。故以勿用警之。

(占)問家宅。爻曰。大君有命。開國承家。知是家必是閥閱巨室也。小人勿用。爲其後嗣戒也。○問營商。上六辰在巳。得巽氣。巽爲商。近利市三倍。此家必由商業興家。巽又爲命。爻曰。大君有命。又將因富致貴。家道日隆。但因富生驕。比昵小人。所宜戒也。○問功名。上六居卦之終。謂當論功用賞之時。正見功名顯赫。在震之長子。自能克家。惟坎中男爲不可用也。故曰。小人勿用。○問婚姻。師三至六爲坤。坤妻道也。爻曰。開國承家。兩姓俱是巨室。曰。大君有命。媒妁必是貴人吉。○問六甲。生男。主貴。

(占例)某貴顯罹胃癌之病。余訪問之。適有元老院議官三人在坐。議官問余曰。此君維新際與元老諸公。同有偉功。他人俱邀爵位恩典。此君獨未得其榮。今患大病。恐罹不測。我輩以朋友誼。將以此有請于某君。未知得達其願否。請占一卦。筮得師之蒙。

爻辭曰。上六。大君有命。開國承家。小人勿用。

斷曰。此公有功于國家。人之所知。朝廷必有以酬之。固不俟言。今此卦曰。大君有命。知爵位之賜。即在此數日內也。

後果六日。承賜男爵恩典。

(附言)六十四卦中。師比同人大有隨蠱漸歸妹八卦。謂之歸魂。人若占命數。而得此卦。上爻爲命盡之時。歸魂之卦。以五爻之變。爲八純之卦。繫辭傳曰。原始反終。即可知死生之說。由此卦而知其終也。蓋人之生死。有正命非命之別。心魂之依附肉體。譬如人身之寄寓家宅也。心神脫離肉體。猶家宅之借限已滿也。魂去身死。謂之正命。限期未滿。或家宅破壞。遂致疾病。其他非常災眚。肉體已殪。心魂遽絕者。謂之非命。欲救此非命之死。恐良醫亦無可如何也。三百八十四爻中。得正命而死者。唯此八爻而已。嗚呼。人之死生。亦可哀矣。

䷇

水地比

比字篆書作𠤎。二人相比之象。比則親。親則相輔。相輔則樂。又作㚘。以聯屬一體爲義。又作𠤎。弻蔽切。二人反而相竝。有相暱謀私之意。从𠤎者。蓋爲小人之比。从𠤎从㚘者。是爲此卦之比。故吉也。此卦坎水在坤地之上。水得地而流行。地得水而滋潤。故相親輔而和合。因名此卦曰比。彖傳曰。比輔也。序卦傳曰。比者。親也。雜卦傳曰。比樂。皆同義也。以卦象言之。九五一陽位中正。上下五陰皆比而從之。

比吉。原筮。元永貞。无咎。不寧方來。後夫凶。

此卦坎上坤下。惟五爻一陽主全體。五柔皆歸。故曰比。原。推原也。謂原其所始也。筮者。分析辨別之意。或作筮蓍解。然皆所以決疑。意亦相通。不必拘泥。元。即坤元之元。永者長也。有坎水長流之象。貞謂道得其正。上之比下。要必有此三者。下之從上。亦必求此三者。斯无咎矣。原筮者。謂推原諸柔來從。果得此元永貞之道否。坎爲加憂。不寧之象。民有不寧。必從君以求安。君有不寧。必得民而共保。上下相應。則來者自寧。四柔既比。其比在前。六來獨後。故曰後夫。五不受之。其道窮矣。是以凶也。

象傳曰。比吉也。比。輔也。下順從也。原筮元永貞。无咎。以剛中也。不寧方來。上下應也。後夫凶。其道窮也。

輔者。助也。九五一陽居尊位。與五陰親比。有下助上之象。孟子所謂多助之至。天下順之是也。吉莫大焉。故曰。比吉也。比輔也。下順從也。原筮以下七字。主九五而言。九五爲成卦之主。具陽剛之德。居中正之位。故曰以剛中也。不寧方來一句。就初二三四四陰言。九五以剛中施親比之道。則天下衆陰。皆服從而來。故曰上下應也。後夫凶一句。就上六而言。上六處陰之極。剛愎不遜。是爲頑梗之夫。歸附獨後。爲衆所疎。故曰其道窮也。

以此卦擬人事。父子兄弟夫婦。彝倫之中。自然親比。朋友以義合。有貴賤長少親疎賢愚之等差。擇之最宜分明。別其是非。辨其邪正。諺曰近朱者赤。交之不正。相暱而並入岐路。所謂小人比也。故當推原筮決。必其人有元永貞之德。然後相與親比。原筮者。筮之於相親之始。愼之至也。元者。統萬善也。永者。謂能久於其道也。貞者。謂得正道而固守之也。比非其人。後必有咎。故曰原筮元永貞无咎。如孔子所云晏平仲善與人交。久而敬之是也。夫人心莫不欲求友。比得其正。雖疎遠之人。亦感其德義。自求親睦。謂之不寧方來。然君子小人。各異其趨。往往有頑梗之夫。不服德化。雖後亦歸附。其來已遲。是比道之窮也。故謂之後夫凶。

以此卦擬國家。九五之君。施膏澤於下。六四六二。皆奉戴九五君意。盡力於國家。於是億兆之民。感其威德。上下親比。此卦坎上坤下。恰如水土相濟融洽爲一。以上比下。爲一人而撫四海。以下比上。自四海而仰一人。上下相助。君民一體。謂之比吉也。比輔也。下順從也。比輔者。臣親其君也。順從者。民親其上也。然上非有剛中之德。不足當下之親比。下非有元永貞之德。不足當上之親比。是以必當推原而占決之也。謂之原筮元永貞无咎。以剛中也。比之初。上下之情或猶未通。不來者不寧。來者自寧。謂之不寧方來。上下應也。方者。來而不已之辭。取下三陰順從也。當此時有不服風教。不服德義。剛愎負氣。自取困難者。是爲頑夫。其凶可知也。雖窮而後求比。其誰親之。上六居比之極。以不得比。窮无所歸。謂之後夫凶。其道窮也。酈生所謂後服者先亡是也。

通觀此卦初爻爲遠人。二爻爲賢士。三爻爲求進之士。四爻爲在位之宰相。五爻爲君。上爻爲化外之民。此皆莫非王民。而休咎不同者。物情自不能齊也。此卦次師。師比二卦。同是一陽五陰。易中一陽之卦凡六。其最吉者莫如比卦。以其九五一陽居天位。而上下應之也。又師比共爲得位之卦。得君位者爲比。得臣位者爲師。師者。衆也。衆不能無爭。爭則亂。靖亂以武。孚之以德。所以比次於師。師之群陰來而居下。載九五陽剛中正之君。有亂後得明主。各安其堵之象。」

大象曰。地上有水。比。先王以建萬國。親諸侯。

水之性平。地之道順。水在地上。散則爲萬。合則爲一。先王見此象。而分對有功之臣於各地。以爲王室之藩屏。親撫地水師戰後之窮民。輕減其租稅。平均其法律。沛其恩澤。如水之潤物。無不浹洽。夫天下之大。可以一人統之。不可以一人治之。必建國置侯。有朝聘往來之禮。以結其歡。有巡狩述職之典。以通其情。天子猶大海朝宗之衆水。其親諸侯。猶身之使肱。則諸侯服順君德之渥。其於民猶肱之使指。是封建之制。雖與方今群縣之治異其體。君主統治臣民之意。無有差違。謂之先王以建萬國親諸侯。內卦爲坤。萬國之象。初爻變則爲震。建侯之象。

(占)問戰征。玩爻象。其軍威之盛。有如水就下沛然莫禦之勢。一戰平定。即當列土分封。建立屏藩。○問營商。水在地上。無處不流通。商業亦以流通爲利。比親比也。得親比之人以共事。斯商業可垂永遠矣。○問功名。建國封侯爲士生榮顯之極品。比反師。師上六曰。大君有命。開國承家。此之謂也。○問家宅。是宅必低窪近水。亦比近貴人之宅。宅基大吉。○問婚姻。比比好也。地與水。本相親比。

占婚得此。必卜百年好合。且主貴。○問疾病。坤爲地。亦爲腹。坎爲水。亦爲心。恐是心腹水腫之症。諸侯能治國。猶醫能治病。宜親近求治。吉。○問六甲。生女。主貴。

初六。有孚比之。无咎。有孚盈缶。終來有他吉。

象傳曰。比之初六。有他吉也。

有孚比之者。謂誠信充實於中。如物之盈滿於缶中。缶者。上古之土器。鄭云缶。汲器也。此卦以五陰比九五一陽爲義。與他卦應比之例不同。比之道以誠信爲本。若中無信實。雖欲親人。人誰與之。此爻居比之初。與九五猶遠。本非其應。然比之道在初。初能積誠於中。率先三柔而從五。五比由初而始。故无咎也。譬如以誠事神。神必來格。有酒盈缶。神必來享也。缶指六二。中虛能受之象。之字指九五而言。缶者質朴而無文飾。喻人之質朴正直。不事虛飾。以此交人。人亦樂推誠相與。即素未識面者。亦將樂與比助。共得歡心。謂之終來有他吉。終來者。謂將來也。他吉者。謂意外之吉。九五本不相比應。而亦比之。是意外之吉也。象傳一也字。示其心之不可疑。此爻變則爲屯。其辭曰。磐桓利居貞。利建侯。磐與盤通。有缶象。磐桓居貞。有他吉者建侯也。

(占)問戰征。有如禹征有苗。干羽來格之象。故曰。有孚比之无咎。○問營商。商業專以信實爲主。斯遠近商客皆親比而來。貿易廣。而獲利亦厚矣。吉。○問功名。有孚比之。即中孚卦所云信及豚魚之謂也。中孚九二曰。我有好爵。吾與爾靡之。靡共也。言我與爾願親比而共升榮也。故曰。比之初六有他吉也。○問婚姻。玩爻辭。謂既得相孚。又復相比。親之至也。以是訂婚。吉无咎也。○問家宅。比比隣也。近者既信義相孚。往來親密。遠者亦聞風願來卜隣。故曰。終來有他吉。○問六甲。生女。

(占例)某氏之子。多年留學英國。歸朝之後。奉職某省。一日來訪。請占氣運。筮得比之屯。

爻辭曰。初六有孚比之无咎。有孚盈缶。終來有他吉。

斷曰此卦地上有水。水土和合。故曰比。比者親也。占得此卦。可知足下家庭完好。和樂無間。且天性温和。久游英國。而熟諳外交之道。比之爲卦。可謂適合足下焉。所謂比者。以親好爲立身之本。持躬以誠而無僞。交友以信而無虞。則人亦將推心指腹。和好無尤。故曰有孚比之。无咎。蓋人必眞誠積於中。而後光輝發於外。猶缶之必有酒醲盈於中。而後芬香達於外。此謂之有孚盈缶。終來有它吉者。謂足下以孚信待人。斯上信下效。他日祿位升遷。不特得意中之吉。且更有望外之喜也。可爲足下預賀之。

六二。比之自內。貞吉。

象傳曰。比之自內。不自失也。

自內者。自心也。古稱中心曰內。書多其例。如大學誠於內必形乎外之類是也此爻爲內卦之主。柔順中正。與五爲正應。能以中正之道相比者也。蓋其抱道在躬。而不願夫外。故曰比之自內。貞吉。若急於用世。出而求君。雖有其道。已自失矣。必其秉中正之德。貞固自守。以待上之下求。而斯出而相輔。如商湯之王聘伊尹。劉先主之三顧諸葛。斯謂不自失也。此爻之辭爲士之抱道者勸。即爲士之失身者戒。

(占)問戰征。士卒同心。上下一體。戰無不克。故曰。比之自內。貞吉。○問功名。內我也。以我有實學。足以感孚於人。所謂實至而名歸也。吉。○問營商。一店夥友。性情比洽。自然百爲順從。以此出而貿易。人皆信服。無不獲利。故象曰。比之自內。不自失也。○問疾病。內謂心腹也。凡病總宜心平氣和。中藏通利。外邪自消。故吉。○問六甲。生女。○問婚姻。必是內親重聯姻。吉。

(占例)某縣知事。將榮轉某省。請占其氣運。及升遷。筮得比之坎。

爻辭曰。六二比之自內。貞吉。

斷曰。此爻以柔順中正之德。應九五剛健中正之主。陰陽相應。其吉可知。足下爲某省次官。負任省中鉅細之政務。與某大臣相輔爲理者也。是足下爲某大臣素所親信。今又將轉任某省。可期而俟也。故爻辭曰。比之自內。貞吉。未幾某知事果榮轉某省次官。

六三。比之匪人。

象傳曰。比之匪人。不亦傷乎。

此爻陰柔居坤之終。不中不正。承乘應皆陰。有遠君子而比小人之象。所交非其友。所事非其君。不以正道相助。而以私誼相親。是巧言孔壬之小人也。初應四爲比。比得其人。二應五爲比。比得其人。皆正人也。三乃應上。上處卦之終。是爲後夫。即匪人也。上比无首。无首。有傷之象。例如范增之從項羽。不能展其才力。憂辱而死。故象傳曰。不亦傷乎。謂其意之可憫也。此爻變則爲蹇。蹇九三辭曰。往蹇來反。可以知比之匪人之凶也。

(占)問戰征。觀軍而任用奄寺。參謀而偏聽佞人。爻辭所云比之匪人。是也。安得不敗。○問營商。商業之盛衰。惟在其人。其人而日與市井無賴之輩。徵逐往來。匪人日親。正人日遠。不特其業立敗。其人亦不堪問矣。○問功名。交道不正。士品日下。不特聲名破裂。禍亦隨至。○問婚姻。女貴貞潔。男效才良。人倫正道。苟非其偶。致誤終身。不亦傷乎。

(占例)友人某來告曰。僕近與友某相謀。興一大商業。請占其成否。筮得比之蹇。

爻辭曰。六三比之匪人。

斷曰。比者。地上有水。有往來親洽之意也。然依其所親。其中顯分利害。與善人親則吉。與不善人親則凶。此爻曰匪人。顯見匪善人也。今足下共謀之友。余揣不知其人。就爻辭而論。三與上爻既相應。三之所云匪人。即上爻所云无首。友而无首恐難免禍。足下與之。共企商業。凶莫甚焉。謂之比之匪人。故象傳曰。不亦傷乎。友人聞而大驚。未幾而西國亂起。此友果處重罪云。

六四。外比之。貞吉。

象傳曰。外比於賢。以從上也。

四本應初。不內顧初。而外比五。謂之外比。二之應五。在卦之內。故曰比之自內。

四之承五。在卦之外。故曰外比之。內外雖異。而皆得比於五。五剛陽中正。賢也。居尊位。上也。親賢從上。比之正也。故曰貞吉。如夫周公之吐哺握髮。以下天下之士。輔翼君德。下親賢人。此爻之義也。象傳曰。外比於賢。以從上也。此爻於九五。象則爲外。德則爲賢。位則爲上也。變則全卦爲萃。九四之辭曰。大吉无咎。可以見此爻之吉也。

(占)問戰征。爻曰。外比之。得外夷歸服之象。故曰。貞吉。○問營商。想是海外營業。貨物流通。無遠不屆之象。故曰。外比之。貞吉。○問功名。四外比五。五居尊位。有簡在帝心之象。功名之顯赫可知也。○問家宅。二居內卦。四居外卦。皆曰貞吉。自得內外親比。一家和睦。○問婚嫁。玩爻辭。想在外地訂親。吉。○問六甲。生男。

(占例)明治二十一年。占某貴顯之氣運。筮得比之豫。

爻辭曰。六四。外比之。貞吉。

斷曰。比者。地上有水。親和之象。今得四爻。此人在九五君側。以盡精忠。大得君寵。上下親比之占也。某貴顯任宮內大臣之職。其爻辭適合。

九五。顯比。王用三驅。失前禽。邑人不誡。吉。

象傳曰。顯比之吉。位正中也。舍逆取順。失前禽也。邑人不誡。上使中也。

顯比者。明親比和順之道於天下也。三驅者。禮所謂天子不圍。天子之畋。合其三面。開其一面。使之可去。不忍盡傷物命。即好生之德也。失前禽者。以禽之前去者。失之不追也。商湯之祝網。即是此義。邑人不誡者。謂王者田獵。與民同樂。不煩告誡。如歸市不止。耕者不變之意。故吉。諸爻之比。皆以陰比陽。五爻則以陽比陰。以陽故曰顯。且九五陽剛正中。爲比之主。陽剛則光明而不暗。中正則公直而無私。此其所以爲顯比也。比之至中而至正者也。故象傳曰。位中正也。位即九五之位。順逆以去就言。前去之禽。任其失之。不復窮追。來者撫之。去者不追。謂之舍逆取順也。上使中也者。言上之使下。中平不偏。是下民熙皞之象也。比師二卦。五爻皆取困之象。然師喻除憂。比喻同樂。故雜卦傳曰。比樂。師憂也。又師自二至五。比自五至二。師曰三錫。比曰三驅。師比皆禽。師之禽在內害物。爲境內之寇。故執之。王者之義也。比之禽在外而背己。爲化外之民。故失之。王者之仁也。

按六十四卦中。有坎者十五。屯蒙需訟師比坎蹇解困井渙節既濟未濟是也。其中雖有輕重大小之別。皆不免艱難勞苦。以坎有險難之義。唯比之一卦。獨無艱難勞苦之象。得爲最上之吉。卦全由九五爲主。爻具陽剛之盛德。讀者玩索其義。可自得也。

(占)問戰征。有降者不殺。奔者不禁之恩威。故曰。王用三驅失前禽也。有耕者不變。歸市不止之德化。故曰。邑人不誡。吉。○問營商。玩爻辭。不貪目前小利。不圖意外貲財。舍逆取順。雖前有耗。後自得盈餘也。○問疾病。症象已顯。前服驅邪之劑。邪已若失。不必警戒。病自愈也。吉。○問功名。馳驅生事。前功雖失。後效自必顯著。吉。○問六甲。生男。

(占例)明治二十四年三月十四日。衆議院議長中島信行。前長崎縣知事。日下義雄兩氏來訪。談及橫濱每日新聞。所譯美國勃斯頓府新聞所載。美國獵船一事。言所雇美國人四人。與日本人二十四人。在亞細亞俄領海岸。爲俄國人所捕。充當苦役。數年內死幾人未明。唯有美國二名。最耐苦役。已得無事歸國。俄國者目下宇內强國也。美爲民主之國。亦稱强大。本邦介立兩國之間。政府不知將如何處置。請占之。筮得比之坤。

爻辭曰。九五顯比。王用三驅。失前禽。邑人不誡。吉。

斷曰。此卦地上有水之象。水與土兩相比輔。故曰比也。維新以來。我國與歐美各國。訂盟聯約。通商往來。正兩相親比之時。今爲美國獵船被捕之事。占得此卦。曰王用三驅。失前禽。見俄國政府。未嘗有捕之之令。邑人不誡。或者出於俄國土人所爲也。考俄國西比利亞地方曠遠。萬里只有督統御之。爲政府政令所不及。前歐美各邦人民。每每滋事。雖各國政府。責問俄國。俄政府答曰。彼地有總督統理。我當諭令總督查覈。終至遷延幾月。迄無結局。今回之事。不過北方邊陲之一瑣務。即令責問俄國。彼之所答。亦必如前所云。諭令該地總督查叕而已。況此卦曰顯比。是明言光明正大。與萬國相親比。我國亦何必以此一小事。傷國家大體之親睦也。唯今後須議定西比利亞海。兩國人民互漁之規則。凡兩國人民。非得其國政府免許。勿論港內。連絡其國所屬兩岬線內。禁漁業。在線外。無論何國人。任其漁獵。亦可謂之王用三驅。失前禽也。中島氏等爲之感服易理之妙。

○占明治三十一年內務省之氣運。筮得比之坤。

爻辭曰。九五顯比。王用三驅。失前禽。邑人不誡。吉。

斷曰。比者。地上有水之象。水得地而流行。地得水而滋潤。是兩相親比。故名此卦曰比。比者親也。今占得五爻。以奉戴九五之君意。撫育萬民。行公平之政。五陰之臣民。順從陽剛之君也。謂之顯比。在衆民中或有不從敎化者。宜舉直錯枉。使之自化。謂之王用三驅。失前禽。邑人不誡。吉。本年內務省之措置。必得善良之結果也。時板垣伯爲內務大臣。旣而辭職。西鄉侯代之。當時內閣。頗爲政黨紛擾。內務省之施政。獨無一毫之障碍。

上六。比之无首。凶。

象傳曰。比之无首。无所終也。

此爻陰柔不才。居比之終。陰以陽爲首。諸陰皆比五。上居五上。不下從五。是无陽也。无陽。即无首。胡氏云。无首者。无君。是所謂後夫凶。至衆陰皆比。比道已成。於是欲比於五。不可得矣。故曰无所終也。天下有其始而无其終者。往往有之。无其始而有其終者。未之有也。是以比之无首。至終則凶也。

(占)問戰征。首。軍中之首領。謂元帥也。无首者。亡其主帥也。凶。○問營商。五爲卦主。上不與比。猶營商之夥。不與店主相親比。是无首也。凡有所謀。必无所終也。凶。○問功名。凡求名以高等者爲首。曰榜首。曰魁首。无首則名於何有。凶。○問家宅。恐喪家主。凶。○問婚姻。不知何以無主婚之人。婚家來歷。不甚明白。凶。○問六甲。生女。恐有奇疾。

(占例)某縣人。攜友人某氏紹介狀。來告曰。生今有志上京。某貴顯者。爲生同縣人。素所相知。欲往求引援。請占諸否如何。筮得比之觀。
爻辭曰。上六。比之无首。凶。
斷曰。比者地上有水。水土相親。顯見有同鄉之誼。今得上爻。曰比之无首。想是未嘗謀面也。足下雖云與貴顯有舊誼。平生之交際。恐不信實。或疎濶已久。今往請託。未必見許。故爻辭曰。比之无首。凶。後聞往見。果如此占。
〇明治三十二年。占我國與德國之交際。筮得比之觀。
爻辭曰。上六。比之无首。凶。
斷曰。比者地上有水。水之在地。遍處流行。無遠不屆。有萬邦親睦之象。德國財力。並臻富强。與各國素敦親好。此爻爻辭曰。比之无首。凶。殊爲可疑。既而思之。我國與德國交際。所稱首領者。唯在該國駐在公使。或者此人近將易任乎。故曰无首。

風天小畜

畜字从玄。从田。玄者。水也。田中蓄水以養禾。兼有蘊藏含養等義。小者大之反。謂物之微細者也。此卦六爻中。唯六四一陰。能畜五陽。爲成卦之義。陽大陰小。以陰畜陽。故謂小。卦體下乾上巽。乾者剛健。巽者柔順。乾下三剛。巽一柔二剛。巽以一柔爲主。蓄藏群剛。故謂之小畜。序卦傳曰。比必有所畜。故受之以小畜。凡物相比附。則必聚積。是卦之所以次比也。

小畜亨。密雲不雨。自我西郊。

畜者。止也。亨者。通也。其義相反。然此卦二五皆陽而得中。有健行之象。雖一時爲六四所止。終得亨通也。故曰小畜亨。猶屯曰元亨。密雲不雨。自我西郊。此二句專就六四成卦之主而言。乾者天也。巽者風也。內卦爲天。大陽熱氣。照射大地。水氣感觸。陽氣蒸騰爲雲。乾爲密。故曰密雲。天上有風。雲欲爲雨。爲風吹散。

故不雨。凡雲氣自東而西則雨。自西而東則不雨。今雲氣雖密。不自東而自西。故不成雨。雲。陰氣。西。陰方。陰唱而陽不和。且自二至四。互卦有兌。兌爲西。乾爲郊。故曰密雲不雨。自我西郊。當時文王囚於羑里。岐周在其西。故稱我西郊。是小畜之象也。

彖傳曰。小畜柔得位而上下應之。曰小畜。健而巽。剛中而志行。乃亨。密雲不雨。尙往也。自我西郊。施未行也。

六四者陰柔之正位。即爲陽爻之正應。此卦六四爲主。上下五陽皆應之。以一柔而畜五剛。故曰柔得位而上下應之。曰小畜。是所以釋卦名也。內爻雖健。外爻居巽。是以健而能巽。且二與五居內外卦之中。其志能行。故謂之剛中而志行。乃亨。剛健者。內卦之象。巽者。外卦之象。五陽爲一陰所畜。故不成雨。然其前進之氣。豈能終已。至上九變爲坎水之雨。故曰密雲不雨。尙往也。此時密雲自西而起。是陰先唱而陽不和。不能成雨。故曰自我西郊。施未行也。往行施三者。皆得陽剛之氣。乾之象也。未者。陰柔之氣。巽之象也。蓋陰之畜陽。以柔剋剛。其畜雖小。而牽制殊巨。譬如三寸之鍵。可以閉阨險之關。一絲之綸。可以掣呑舟之魚。不可以其小而忽諸。且巽爲長女。象婦。九三曰。妻反目。上九曰。婦貞厲。皆以陽受制於陰。歷觀夏桀以妹喜亡。殷紂以妲己誅。幽王以褒姒滅。一婦爲累。禍延宗社。陰之累陽。夫豈在多哉。

以此卦擬國家。六四居輔相之位。仰膺君寵。然秉性陰柔。器識不大。不能任用賢才。唯以巽順畜陽。以致膏澤不下於民。謂之密雲不雨。小畜之象。國運如此。然以一陰止五陽。畢竟不能持久。至上爻陽極則亢。雨變爲風。遂有既雨既處之象。若其時猶未至。而强欲施行不能也。謂之自我西郊。施未行也。蓋九二之大臣。與九五之尊位。兩陽不相應。上九與九五。兩陽亦不相比。故意見不和。是氣運使然。不復如之何。是以五陽並爲一陰所畜。謂之柔得位而上下應之。曰小畜。凡君子之行事。小人得以擾之。大事之將成。小物得以阻之。皆小畜之義也。國家然。即擬之人事。亦無不然。

通觀此卦。六四以柔虛孚於九五。專以優柔抑制羣陽。初九與六四。陰陽相應。陽爲陰所畜。不宜躁動。是以自復於道。潛伏下位。故无咎而又吉也。九二以陽居下體之中。能與初九牽連而復。亦吉道也。九三與六四相比。剛而不中。止於陰而不得進。如車之說輻。而不可行也。始則相比。而終則相爭。則不和。如夫妻反目。而不安於室也。六四處近君之位。以信實相孚。是能畜君者也。而衆陽亦並受其畜。然以一陰敵衆陽。因循姑息。勢或攻擊致傷。於是六四逃避而去。故有血去惕出之辭。九五在君位。任用六四。今見六四之去。憐其誠孚。有所賜與。故有有孚攣如富以其隣之辭。至上九之時。處畜之終。六四之一陰已退。巽風變爲坎雨。是爲畜道之成也。

大象曰。風行天上。小畜。君子以懿文德。

宇宙之間。大陽熱氣。彭薄欝塞。充滿太虛不能復行。冷氣來而塡其後。其氣之流動。謂之風。此卦風在上而得位。故在下之氣。亦受大陽之熱。而欲上升。然爲上卦之風所畜止。不能復進。謂之風行天上。小畜。君子見此象。能於潛伏之時。修文學。勉德行。以竢時命。懿者修飾而示章美之意。容儀之温恭。言辭之和婉。皆德之文飾也。君子言語有章。威儀有度。以風動天下。猶風之鼓動萬物。無所遠而不屆。蓋文德之所化。無有窮極也。

(占)問時運。目下平平。有動作被人牽阻之患。○問商業。有外觀完美。內多耗失之象。○問出行。主有風波之患。○問家宅。主小康之家。防有口舌之禍。○問戰征。雖有雷厲風行之勢。而恩澤不孚。只可小捷。難獲大勝。○問六甲。主女。又防小產。○問行人。恐舟行阻風。遲日可歸。无咎。○問婚姻。主得懿美淑女。吉。○問年成。主多風少雨。收成平平。○問疾病。主風火之症。小兒吉。大人凶。

初九。復自道。何其咎。吉。

象傳曰。復自道。其義吉也。

復自道者。謂知時之不可退。而自復於道。此爻居乾卦之初。是君子隱於下位者也。以陽居陽。位得其正。才力俱强。志欲上行。爲六四之正應所畜。故返於本位。而復守其正。雖爲彼所畜。而終不失其道。是不降其志。不辱其身。乃吉之道也。故曰復自道。何其咎。吉。何者。謂不復容疑之辭。歎美初九之能明道義。不吝改過。中途而復也。曰何其咎。而後言吉者。謂不待其事之吉而其義自吉也。

(占)問時運。目下平常。宜退守无咎。○問商業。宜穩守舊業。不宜創立新基。○問家宅。所謂士食舊德。農服先疇。反而求己。不願夫外。家道自亨。○問疾病。宜靜心自養。自可復元。○問六甲。生男。○問行人。即歸。○問年成。佳。

(占例)某縣學務課長。常談論國事。意氣慷慨。以志士自任。頃日懷一書來告曰。僕近日將面謁貴顯。爲國家述一意見。請占其成否。如何。筮得小畜之巽。

爻辭曰。初九。復自道。何其咎。吉。

斷曰。小畜之卦。猶利刀切風。腕力雖强。無所見其効也。知足下往告。必不能達其意趣。故不若止。何則。上卦爲政府。當維新之際。執兵戎以定亂。其後事務多端。各守職任。斷不容下僚妄參末議。且上卦爲風。有進退不定之象。足下以剛健之意氣。欲達其素志。風主散。散則不成。若强行之。不啻不得面謁貴顯。恐爲門衛巡查所拒。激昂之餘。或反受警察之誡諭。至此而悔其事之不成。不若中止。謂之復自道。何其咎。吉。

某不信余占。乘氣往叩某大臣之門。强請不已。果受其辱。悉如此占。

九二。牽復吉。

象傳曰。牽復在中。亦不自失也。

牽復者。謂與初九牽連而復也。此爻亦秉乾體。具陽剛之性。上進而爲六四所止。然以陽居陰。位不得正。故欲進而有障。見初九之復。亦即牽連而復本位。故曰牽復。蓋以剛中從容之德。自審進退。不失其宜。是以吉也。象傳曰。牽復在中。亦不自失也。謂其有中正之德。能適進退出處之宜。自不失其節操也。亦字。承初爻象傳而言。

(占)問時運。因人成事。自得獲利。大吉。○問商業。宜創立公司社業。或舊業重振。皆得吉也。○問家宅。主兄弟和睦。恢復先業。必致家道興隆。大吉之象。○問疾病。必主夙疾復發。小心調治。無妨。○問行人。即日偕件同歸。○問戰征。主連日得勝。○問六甲。生女。○問年成。豐收。

(占例)余有熟知商人某氏。以某局有購售羅紗之命。乃至橫濱外國商館。先取樣品進呈某局。時適有他商二名。亦進呈樣品。某局員。以某氏所進爲良品。以他二名所進爲劣等。二商人憤憤不平。來告曰。同一物品。而局員妄以一心之愛憎。漫評貨品之高低。其中不無賄囑。余將告發於長官。請占前途得失。筮得小畜之家人。

爻辭曰。九二牽復吉。

斷曰。此卦君子爲小人所止。有屈而不伸之象。今二爻與五爻。雖同兼陽剛。本非正應。恐告於長官。未必能達。以止爲可。夫商人販售貨物。同業相妬。亦事之常。在該局員以買主妄評貨品。與之爭論。究亦無益。足下即使議論得直。貨物未必得售。不如中止。勸二商牽連而歸復其本業。謂之牽復在中。亦不自失也。
不自失者。謂思後日之利益。忍而歸也。
○明治二十四年郵船會社汽船東京丸。値朝霧昏迷。誤閣房州洋之淺洲。以
軍艦。并他汽船。極力牽引。毫不能動。或來請占。是船之利害。筮得小畜之家人。」
爻辭曰。九二。牽復吉。
斷曰。依此占。今東京丸。已得他汽船引出。其船體無所損。可安全而還也。象傳
曰。不自失也者。即無所損之謂也。
後果如此占。

九三。輿說輻。夫妻反目。

象傳曰。夫妻反目。不能正室也。

輿者人所乘以行遠也。輻者。輪中之直木。或作輹。說者。脫也。夫妻反目者。謂妻
瞋目而視夫。夫亦瞋目而視妻。故曰反目。此爻以陽居陽。剛而不中。才強而志

剛。其性躁妄而不能自守。先衆陽而銳進。爲六四所止。故比之車之運行。脫輻而不能進。曰輿說輻。九三之陽。比六四之陰。有夫妻之象。但夫爲妻所制。陰陽不和。致夫妻不睦。則其妻之不順不敬。固不竢論。其夫亦不爲無罪也。何則。夫之素行。苟能莊重篤實。閨門之內。相敬如賓。夫何反目之有。反目之來。實由於夫之素行有缺。始則溺於私愛。繼則疎於自防。終則爲妻所制。陰教漸長。而陽剛無權。此家之所以不齊也。故象傳曰。不能正室也。蓋妻正位夫內。夫正位夫外。今以妻制夫。出而在外。是閨門之不正也。九三至九五。互卦爲離。離爲目。巽爲多白眼。皆反目之象。

(占)問時運。陰盛陽衰。內外不安。最宜愼守。○問商業。有積貨。急宜脫售。凡衆所爭售者。切勿售。衆所不售者。急進售之。此謂反其道而行之。得利。○問家業。陰陽顚倒。家室不和。○問疾病。防醫士不察。以寒作熱。以虛作實。藥不對症。是陰陽相反也。宜急別覓良醫。病必脫體。吉。○問戰征。軍心不和。防有轍亂旗靡。倒戈相向之慮。○問行人。即日可返。○問出行。恐中途有險。○問六甲。生男。主有目疾。○問年成。不佳。○問婚姻。不利。
(占例)明治六年。岩倉右大臣。及木戸大久保。伊藤山口諸君。奉命使歐米各邦。當派遣之初。使臣不得與各邦擅訂條約。在朝者。爲三條太政大臣。西鄉副島後藤板垣大隈江藤大木諸君。使臣未歸之先。不得創議新政。後因海軍省所轄雲揚艦。會測量朝鮮仁川海岸。彼國砲臺。突然砲擊我艦。廟議將發問罪之師。以雪國辱。歐米派遣諸君。亦遽相繼歸朝。共參朝議。遂分爲征韓非征韓二派。某貴顯來請占朝議歸結。筮得小畜之中孚。

爻辭曰。九三。輿說輻。夫妻反目。

斷曰。此卦下卦三陽。欲牽連而進。爲六四一陰所止而不能進。乃以大爲小所畜。故名曰小畜。下卦三陽。有銳進之性。在主征韓者。謂我國三百年來。以鎖國爲國是。故致文化後于歐米各邦。今模倣歐米之進化。非力圖進取。恐難獨立于東洋。其奮激銳進。殆有不可遏之勢。在主非征韓者。目擊歐米之文化。與夫陸海軍之全備。專畫遠大之策。戒輕擧之生事。辨征韓之不可。大反其議。蓋謂征韓之舉。雖一旦遂志。在朝鮮人。或逃赴清國。與清國政府謀恢復。或脫走于露領浦潮斯德。乞露國之救援。又清露兩政府。受朝鮮再興之依賴。不無責問我政府。至英法德各邦。坐視我東洋有事。亦將藉生口實。皆可豫料也。此番出使諸臣。歸而作是議者。洵有見而言之。後朝旨一從罷征之議。主征韓者慍其言之不用。群相辭職。謂之與說輻也。征韓非征韓二派。至相仇視。恰如夫妻不睦。謂之夫妻反目。後果主征韓者。悉辭其職。

六四。有孚。血去惕出。无咎。

象傳曰。有孚惕出。上合志也。

血者。恤也。恤字古文作血。曰恤曰惕。皆憂懼之甚也。血去者。遠傷害也。惕出者。免危懼也。皆所以解脫憂患。此爻成卦之主。以一陰之微弱。止五陽之剛强。蓋畜得其時。又得其位。故能畜止衆陽。自全卦言。爲以小人畜君子。以一爻言。爲以孤柔敵群剛。五爲君位。四與五相比。是以臣而畜君者也。始如不足。終乃有濟。有因人之功。無償事之失。但在下三陽。爲柔所制。欲銳進以害柔。亦勢所不免。惟六四陰而中虛。能以中孚感君。君臣契合。以至誠相畜。故五陽亦終服六四之制。非其力能止之。實本孚信有以感之也。且六四不以獲君爲榮。轉以位高爲惕。退避三陽。而不妨賢路。如六四者誠輔相之賢者也。謂之有孚。血去惕出。无咎。象傳曰。上合志也者。以六四之大臣。比於九五之君。盡心謀國。上下交孚。又以九五之君。愛庇六四之臣。恩遇優渥。始終無間。故曰上合志也。

(占)問時運。目下不免憂慮。切忌與人爭鬭。防有損傷。宜出門遠避。斯无咎也。○問仕途。必得上官契合。即有升遷。大吉。○問戰征。利於出軍進攻。可以獲勝。○問家業。姬妾僕從。御之宜得其道。否則防反受其制。○問行商。利西北。不利東南。○問疾病。是寒裏熱之症。治之宜寬解。不宜燥烈藥品。○問謀事。有得鄰里相助之力。○占行人。恐中途遇險。宜微服潛行。忍而避難。○占六甲。此胎生女。後胎可連舉五男。

(占例)明治五年。占某貴顯氣運。筮得小畜之中孚。

爻辭曰。六四。有孚。血去惕出。无咎。

斷曰。此卦六四一陰。在九五之下。奉戴君德。制伏上下四陽之銳進。一陰之勢力本孤。惟以眞誠相孚。能使群陽受畜。然陽亢則變生。不無可慮。曰血去惕出。其慮患也深矣。故无咎。因呈此占於貴顯。貴顯唯首肯而已。後聞某貴顯駕過赤坂。果罹暴徒之難。被輕傷而免。血去惕出之占。可謂先示其兆也已。

九五。有孚攣如。富以其隣。

象傳曰。有孚攣如。不獨富也。

攣與戀通。攣如者。相連之意。富以其隣者。鄰指六四。謂九五之君。能信任六四。與之合志而畜乾。六四之臣。積誠以格其君。九五之君。推誠以待其下。上下相孚。而畜道成。九五之富。皆六四之功也。此爻中正。以陽居尊位。而密比六四之宰相。唯其有孚。則群陽亦牽連以相從也。九五居尊。所謂貴爲天子。富有四海。與上爻四爻。同居巽體。并力畜乾。以禦衆陽銳進之鋒。方張之勢。曰富以其隣。

是以同爻爲隣也。然九五之君。當以大賚天下。澤被羣生。若第攣如。六四之宰相。其富厚之澤。未免偏而不公。故曰有孚攣如。富以其鄰。指臣位而稱鄰者。可見君德之不滿。又爻辭不係吉凶者。亦以君德之未美也。象傳曰。不獨富也者。以爻辭以孚讀爲助之義也。

此卦初九九二二爻。雖復道。不過獨善其身。九三與六四爲敵。遂至反目。獨九五終始信任六四。以共天下之富。是小畜之所以亨也。

(占)問商業。有百貨輻湊。羣商悅服之象。大利也。○問時運。一生氣運亨通。無往不利。○問仕途。主連得升遷。祿位双全。○問家業。主累代忠厚。惠及鄰里。不獨富有。且得貴顯。○問戰征。主軍士同心。有國境日闢之象。○問六甲。有攣生之象。○問疾病。主痲痺不仁。手足攣拘之症。○問失物。宜從隣近尋覓自得。○問出行。宜結伴而行。不宜獨往。

(占例)明治四年。三月。友人岡田平藏氏來曰。余今將創一業。請占其成否。筮得小畜之大畜。

爻辭曰。九五有孚攣如。富以其隣。

斷曰。此卦有畜積貨財之象。定可得商利之滿足也。但必得一信實夥友。以主其事。獲利之後。當分肥及之。庶幾相與有成也。後果如此占。

上九。旣雨旣處。尙德載。婦貞厲。月幾望。君子征凶。

象傳曰。旣雨旣處。德積載也。君子征凶。有所疑也。

旣者。事之旣成也。旣雨者。此爻外卦變坎。前之密雲不雨者。今則旣雨矣。旣處者。止也。謂陰陽相和。各得其所。陰之畜陽。不和則不能止。旣和而止之。畜道成也。尙德載者。尙即論語好仁者無以尙之之謂。美六四之孚信充實。衆陽感孚。明小畜全卦之成功也。九五上九。同屬巽體。知乾難畜。故積德而共載之。望者。滿月也。月幾望者。喻陰德之盛。此爻以陽居陰。小畜之終。畜道已成之時也。彖辭曰亨。即指上爻而言。蓋此卦一陰。以巽順爲性。順者妾婦之道。且巽爲長女。象婦。故以婦爲喻。六四陰象爲女。九五信任不疑。六四之威權已重。恰如月之幾望。滿盈而敵九五之尊。婦貞厲之貞。謂以陰制陽。即以婦止夫。婦宜貞固自守。若以此道爲常則厲。當此時雖有賢人君子。不能復如之何。故曰君子征凶。且陰之既勝。固無可爲之道。方其將盛未盛之間。君子所最宜致戒。此爻月幾望凶者。陰之疑陽也。歸妹之六五。月幾望吉者。陰之應陽也。中孚之六四。月幾望无咎者。陰之從陽也。婦貞厲者。以理言之。戒小人也。月幾望二句。以勢言之。戒君子也。象傳曰。有所疑也者。蓋以陰敵陽。則必消。猶言小人抗君子則有害。君子安得不疑之。一說疑者礙也。謂於道義有所礙塞。義亦通。雨與月皆有坎象。此爻外卦變爲坎。故有此辭也。

(占)問時運。有昔時希望不遂。今得如願之意。○問家業。有前困後亨之象。○問營商。宜得利則止。若貪得無厭。終恐盈滿致凶。○問戰征。既得戰勝。宜即罷軍。若復進攻。不利主帥。○問年成。旱不爲災。○問六甲。生女。○問行人。即歸。○問出行。不利。

(占例)明治二十二年某月。某貴顯來訪談時事。請試占政黨首領某氏之氣運。

筮得小畜之需。應其請而講小畜全卦之義。

爻辭曰。上九既雨既處。尙德載。婦貞厲。月幾望。君子征凶。

斷曰。此卦上爻。乾天天氣上昇。有雲隨之。被風吹散。不得爲雨。謂之密雲不雨。以風之小。止天之大。故名此卦曰小畜。以國家擬之。四爻一陰。得時得位。上下五陽。牽連應之。陽大陰小。以一陰止五陽。是小畜之義也。故曰小畜。柔得位而上下應之。曰小畜。

此占爲政黨首領所關。其所從來者久矣。請推其原而說之。明治之始。某縉紳爲衆所推。奉勅命爲相。奉侍九五之君。盡見信任。一時群僚皆受其畜。誠千載一時之會也。就小畜之卦言之。以某貴顯當六四之位。下卦三陽。牽連被畜。雖衆陽有健行之性。欲進而謀事。六四慮其躁動。悉被抑止。獨以孚信感君。巽順行權。謂之健而巽。剛中而志行也。明治元年三月。雖有萬機公論之勅命。究未施行。謂之密雲不雨。

初九。復自道。何其咎。吉。

此爻以陽居陽。雖有才力。未得信用。與六四之陰相應。見六四專權。難與共事。中途而返者也。

九二。牽復。吉。

此爻亦雖欲進。見初爻既復於道。是以牽連亦復。進退審詳。不失其宜。以中正也。

九三。輿說輻。夫妻反目。

此爻與六四同居重職。先衆陽而銳進。爲六四所抑止。志不能行。辭職去官。謂之輿說輻。夫妻反目者。以九三陽爻爲夫。六四陰爻爲婦。陽爲陰制。猶夫爲妻制。憤懣而爭。故曰反目。

六四。有孚。血去惕出。无咎。

此爻爲全卦之主。以一陰止五陽。獨得權勢。然陰孤陽衆。抑亦可危。唯在六四能以孚信感君。故九五之君。愛護六四。不使羣陽得以相犯。故曰血去惕出。无咎。

九五。有孚攣如。富以其隣。

此爻居尊位。與六四之陰。攣繫而御小畜之世。九五六四。皆曰有孚。是以積誠相感。上下交孚也。下卦三爻。同爲巽體。故曰攣如賞賜之厚。如富人之以財產分賜隣里也。今以某貴顯擬之。朝廷錄維新之功。恩賜優渥。且政府以數萬圓買置其第宅。即是也。

上九。既雨既處。尙德載。婦貞厲。月幾望。君子征凶。

既雨既處者。小畜之終。風變雨爲水。前之密雲不雨者。今既雨也。明治創業以來。某首領有功于國家。人所皆知。但政令隨時更變。惟在積德累仁。勵精圖治。國家大權。不容旁落。亦不可偏任。明治十四年。請開國會。至今二十三年。有衆議院開設之議。謂之尙德載也。在大臣謀畫國計。未免擅權。以臣制君。猶之以妻制夫。謂之婦貞厲。月幾望者。月滿則虧。幾望則將近於虧。是即陰陽消長之機。君子征凶者。謂當戒其滿盈也。

☰☱ 天澤履

履者。冠履之履。篆書作履。从尸。从彳。从舟。从夊。尸者。象人身。夊者。足也。舟者。載也。彳者。行也。即所謂步履而行。可以運動人身者也。故此卦以此取名。彖辭曰。履虎尾者是也。轉而爲禮。禮者。人之所踐行也。故序卦傳曰。物畜然後有禮。故受之以履。大象曰。以辨上下。又轉爲福之義。詩曰福履綏之。是也。人能守禮。則天賜之以福。此卦外乾內兌。乾天。兌澤。天在上。澤居下。上下尊卑之分正。故有禮之象。又乾爲行。兌爲和。語曰。禮之用。和爲貴。彖有履虎尾之辭。故即取其首字以名卦也。

履虎尾。不咥人亨。

彖曰。履柔履剛也。說而應乎乾。是以履虎尾。不咥人。亨。剛中正。履帝位而不疚。光明也。

此卦乾上兌下。乾爲老父。前行。兌爲小女。追隨在後。凡以剛健踐柔弱之後易。以柔弱踐剛健之後難。就卦面觀之。以六三一陰之柔弱。介五陽剛强之中。有欲行難行之象。以至弱之質。躡於至剛之後。猶履虎尾。最是危機。文王就其難行之道。係其辭曰。履虎尾危之也。乾爲虎。虎指剛健者。人者對虎而言。不咥人亨者。謂人能柔順和悅。循理而行。雖遇强暴。不爲所害。故彖傳曰。履柔履剛也。說而應乎乾。是以履虎尾。不咥人亨。此卦二五兩爻。皆得陽剛之中正。九五尊位。居至高至貴。而能不疚于心。必其有光明之德也。謂之剛中正。履帝位而不疚。光明也。彖傳三句。專就五爻而言。此爻上卦變則爲離。離爲火。爲日。爲電。有光明之象。

以此卦擬人事。內卦兌爲我。外卦乾爲彼。我柔弱而彼剛健。例之古人。如上杉謙信織田信長等。剛毅果敢。爲其臣僕者。一不順從。每踏慘禍。諺云。伴君如伴虎。此之謂也。嗟乎世路險阻。無往而非危機。虎之咥人。不獨山林。凡一切利害所關。即爲危機之所伏。皆可作虎觀也。唯以不敢先之心。後天下之人。以不敢犯之心。臨天下之事。以不敢輕進之心。處天下之憂患。敬以持己。和以接人。以此履虎。虎雖剛猛。必不見咥。由是觀之。人能行己卑遜。何往而不亨通哉。行於强暴。則强暴服。行於蠻貊。則蠻貊化。行乎患難。則患難解。皆和悅之效也。以卦體言。初爻爲虎尾。至九五之時。危險既去。身安心泰。自具光明之德也。故履之時。柔能制剛。弱能勝强。雖剛暴難制者。皆可以柔和之道制之。若欲以剛制剛。必有大咎。此履卦所以貴和悅而應上也。

以此卦擬國家。上卦爲政府。下卦爲人民。上剛强。下卑屈。名分懸隔。剛强者進於前。卑屈者隨其後。謂之履柔履剛也。上下之秩序如此。下以和悅愛敬。服從夫上。上亦樂其柔順。不復以强暴相凌。謂之說而應乎乾。是以履虎尾。不咥人亨。九五之君。德稱其位。垂拱而天下治。上不愧祖宗之鑒臨。下不負臣民之瞻仰。何疚之有。於是功業顯著。德性光明。謂之剛中正履帝位而不疚。光明也。

通觀此卦。高者無若天。低者無若澤。上下尊卑之分。昭然若揭。六三以一陰。介在五陽之間。爲全卦之主。才弱而志剛。體暗而用明。不自量力。而敢於前進。致蹈危禍也。初九在下。素位而行。不關榮譽。雖涉危險之世。行其固有之業。而自得其安樂也。九二居內卦之中。不縈情於名利之途。坦然自樂。不陷於危險也。九四上事威猛之君。下接奸佞之侶。處危懼之地。小心翼翼。位尊而主不疑。權重而人不忌。終得遂其志也。九五居尊位。雄才大略。獨斷獨行。以剛猛而御下者也。上爻熟練世故。洞悉人情。建大業。奏偉功。而克享元吉者也。是履之終也。

大象曰。上天下澤履。君子以辨上下。定民志。

此卦上天下澤。尊卑貴賤之等級分明。是不易之定理也。君子見此象。辨上下。定民志。使之各居其所。各安其分。不相紊亂。自無僭越。禮制之要也。夫宇宙間莫低於澤。莫高於天。譬諸在人。莫尊於冠。莫卑於履。上下之分如此。履者禮也。君子體乾之强。莊敬而日彊。所以行禮也。兌之德悅也。悅者和也。禮以退爲讓。履以下爲基。故曰履。德之基也。天而不下交於澤。則江河無潤。澤而不上交於天。則雨露無滋。惟天高而能下。故水土草木之氣。蒸而爲雲雨。而天益高。惟君尊而能卑。故億兆臣民之分辨。而爲禮讓。而君益尊。若上下不辨。民志不定。則等威無別。民情騷動。天下紛然。亂自此起。如之何其能治也。此卦上自天子。下至庶人。安尊卑之分。聯上下之情。君懷明德。民無貳志。天下所由治也。謂之君子以辨上下。定民志。

(占)問家業。有門庭肅穆。僕妾順從之象。○問任官。有品級漸升之象。若攀援干進。反致不利。○問營商。宜辨別貨品。審察商情。待時而集。必得高價。○問出行。利於濱海之邊。○問六甲。得女。○問疾病。宜疏通中焦。○問遺失。一時爲物所掩。久後自出。

初九。素履。往无咎。

象傳曰。素履之往。獨行願也。

素者生帛。取天然之色而無飾也。素履者。謂直行本分之性質。此爻以陽居陽。雖得正位。上無正應。在下位。不援上。中庸所謂君子素其位而行。不願乎其外者也。以居履之初。去虎猶遠。守當然之本業。獨善其身。不求聞達。一旦得位。亦不改其素履之守。所謂窮不失志。達不離道。故曰素履往无咎。象傳曰。獨行願也者。謂己之所願。不願乎外也。此爻無正應。故曰獨也。

(占)問功名。宜安居樂道。待時運亨通。往無不利。○問營商。宜守舊業。久後必獲利。○問謀事。宜緩待。不宜急迫。○問戰征。宜獨行潛往。覘探敵情。无咎。○問家宅。福履綏之。門庭吉祥。○問六甲。生男。

(占例)橫濱商人某氏來告曰。近來商業不振。得不償失。欲移居於東京。別創事業。請占前途吉凶。筮得履之訟。

爻辭曰。初九。素履往。无咎。

斷曰。此卦兌之少女。履乾父之後。明明教人以謹守先業。商務之通塞。未可拘一時而論。物價高低。隨時變換。前失後得。亦事之常。何必遽作改計。不如守舊。久必亨通也。故曰素履往。无咎。某氏聞之。隨絕改圖之念。仍在橫濱。從事舊業。未幾而商機一變。大獲利益。

九二。履道坦坦。幽人貞吉。

象傳曰。幽人貞吉。中不自亂也。

坦坦者。道之平也。幽人者。謂隱居山林之士也。此爻當履之時。得剛中之位。中則不偏。不偏則不危。履行其道。猶行平坦之道路也。故曰履道坦坦。夫行道者。履於旁則危險。履其中則平坦。必其中心淡泊。忘情榮辱。以道自守。斯得幽人之貞也。故曰幽人貞吉。若欲急進而從事。恐履六三之虎而招禍也。蓋此爻雖有才德。以上無應爻之助。故未得出而用世。唯其獨居樂道。遯時養晦。歛藏之象。傳曰。中不自亂也者。謂不降其志。不辱其身。是不以利達亂其心者也。一說幽人爲幽囚之人。如文王之囚羑里而演周易。文天祥之囚土室。而作正氣歌之類。雖在患難。不亂其志也。此爻內卦變爲震。震爲大塗。有道之象。又以兌爲澤。有幽谷之象。故曰幽人。

(占)問功名。有高尚其志之象。○問營商。一時物價平平。雖得微利。○問家宅平穩。獲吉。〇問終身。有恭敬脩身之意。〇問家宅。有分析財產之意。〇問失物。有意外損耗之慮。

(占例)一夕有盜入某貴顯邸宅。竊去衣服若干。貴顯請占盜之就捕與否。筮得履之无妄。

爻辭曰。九二履道坦坦。幽人貞吉。

斷曰。此卦兌之少女。履乾父之後。老父爲盜。少女者改造其贓品。或變其體裁。而轉賣之。是父子共爲盜者也。一時不得顯露者。盜中之最狡者也。然互卦有離火。火之明。即探索吏也。互卦之主爻。即六三之探索吏。象傳所謂眇能視。不足以有明也。故現時不能捕獲。至上爻有視履考祥。其旋元吉之辭。自此爻至上爻。爻數五。必在五月之後。依贓品而暴露。盜賊即可就縛。後五月。此盜就縛。果如此占。

六三。眇能視。跛能履。履虎尾。咥人凶。武人爲于大君。

象傳曰。眇能視。不足以有明也。跛能履。不足以與行也。咥人之凶。位不當也。武人爲于大君。志剛也。

眇者。目之偏視也。跛者。足之偏廢也。武人者。文官之對。大君者。尊貴之稱。此爻以陰居陽。不中不正。無才無德。以剛暴取辱者也。蓋於履爲成卦之主。欲恃其勢而統轄羣剛。不自度才德之微。不足負擔大事。目之眇。自以爲能視。足之跛。自以爲能履。不避危險。勇往直前。自蹈履虎受咥之禍。故曰眇能視。跛能履。履虎尾。咥人凶。曰眇。曰跛者。示六三之柔暗。能視履者。謂恃九五而冒險蹈進。兌二者。虎也。虎之不咥我。以我背後有乾也。六三見虎之畏乾。以爲畏我也。妄驕而自用。遂爲虎所咥。彖曰不咥人。爻曰咥人。其義相反。蓋彖取內卦兌之柔和愛敬而立義。爻主中正。以六三陰柔不中正。獨與上九之一爻相應。近兌虎之首也。履尾而首應。故有咥人之象。六三不自知其量。放肆橫行。武夫而干犯兌五之大君。其强暴而無所忌憚如此。大凶之道也。象傳曰。眇能視。不足以有明也。跛能履。不足以與行也者。謂其識暗。故視不能明。謂其才弱。故行不能遠。位不當也者。謂以陰居陽。志剛也者。謂其陰柔而不中正。志剛而觸禍也。兌爲毀折。互卦離爲目。巽爲股。離目爲兌所毀折。有眇之象。巽股爲兌所毀折。有跛之象。又兌爲口。有咥之象。武人巽之象。巽之初六。利武人之貞可見也。武人。武士也。如詩所咏赳赳武夫是也。其職掌專主軍政。奉王命以討伐不庭。効忠於强埸者也。武人爲于大君。剛强自用。干犯名分。孔子所謂暴虎馮河。死而無悔之徒。其甚者竊弄兵權。不奉朝命。如北條義時足利尊氏者也。我國維新以來。軍政嚴肅。海陸兩軍。類皆桓桓武士。干城之選。好謀而成。固不徒以志剛爲武也。易之垂戒。或不在當時而在後世。其慮遠矣。

(占)問家宅。有暗味不明。以小凌大之象。○問商業。有被人欺弄。急切不能脫售之慮。○問戰征。宜退守。不宜進攻。妄動者凶。○問行人。恐中途遇險。○問失物。就近尋覓。自得。○問六甲。生男。但嬰兒防有殘疾。

(占例)友人副田虎六氏。從佐賀縣來告曰。某所鑛山。工學士。最所稱賞。鑛質極良。余將請政府之認可。着手採掘。請占其利害。筮得履之乾。

爻辭曰。六三。眇能視。跛能履。履虎尾。咥人凶。武人爲于大君。

斷曰。此卦剛健之乾父前進。柔弱之少女隨後。足下繼續先輩所開之鑛脈。令此爻以陰居陽。氣强而知昏。其所計畫。必有與實際相齟齬者也。故謂之眇能視。不足以有明也。凡商辦之業。與官辦之局。大異其趣。如彼鑛山。固鄉關無賴人所集合。能設其規則。而統制得宜。斯衆人服從。且指揮衆役。必用老成諳練之人。乃能成其業。若指揮不得其人。彼鑛夫紛擾。匪易箝制。懶惰虛喝。百弊叢生。足下縱精明强幹。而於鑛業。究屬生手。譬如行路。此程非熟悉之途。故爻辭又曰。跛能履。不足以與行也。足下又謂不入虎穴。焉得虎子。是以決意擔當。僅恐入虎穴而爲虎所咥。其危險實可寒心。爻象如是。足下宜斷念也。氏不信余占。用某學士爲甲幹。使之赴鑛山。爲不熟諳實業。部下不服。終以不克成事而罷。

按古人有言金銀鑛者。政府可直轄而採掘者也。何則。例如每年以五萬圓費用。採掘二萬圓金銀。雖得失不相償。其所費消。即在民間。其所採掘。乃爲新出。是所耗在政府。而獲利在人民也。所謂百姓足。君孰與不足。其益大矣。銅鑛。夫役衆多。指揮更難。非執生殺之權。寬猛兼施不可。故非政府不能開採。

鐵山者。利益平均。鐵價之高下。與米穀之高低相準。凶年而營開採。足使鑛夫藉以糊口。鉛山者。密賣之弊最多。必一村豪農。與村民素相親信者。斯可從事採掘。

外國人某曰。金銀鑛山。百人營業中。九十九人損失。得一人之獲大利。即足償九十九人之損失而有餘矣。故金銀山者。猶富籤也。實可味之言也。

○貴族院議員某。福島縣多額納稅者也。自去年（三十一年）冬。至本年春。蠶絲輸出外國者。時價益騰。本年養蠶之成績。頗好結果。預料他日蠶絲。輻輳橫濱。勢必低價。乃於橫濱四品取引所。期五月與六月。約賣蠶絲若干。與買者同納付保證金數萬圓於取引所。至期。蠶絲之入橫濱者稀少。時價看漲。不能交現買者。

知蠶絲之不足。數人聯合。益唱高價。於是有介賣買兩間。而謀爲仲裁者。某來曰。此仲裁適余意否。請爲一筮。筮得履之乾。[illegible]○間輟征。宜臨危固守。遇敵爻辭曰。六三。眇能視。跛能履。履虎尾。咥人凶。武人爲于大君。述氣平穩之時也。斷曰。此卦以兌之柔。隨乾之剛。猶少女與暴夫同行。其危險如履虎尾。今占得三爻。足下測度蠶絲出產與時價。是誠以管窺天。謂之眇能視。不足以有明也。橫濱商人。自產地販集蠶絲。向以貸金收買。故轉運往往不速。謂之跛能履。不足以有行也。買者乘其虛。而益唱高價。殆將食沒足下之保證金。謂之履虎尾。咥人凶。足下不自揣其不能。不知買家之不良。欲博一時饒高之利。[illegible]。猶以匹夫之勇。望爲武將者也。謂之武人爲于大君。今仲裁難行。[illegible]。可得協商。然大損不免也。

後果如此占。

九四。履虎尾。愬愬終吉。

象傳曰。愬愬終吉。志行也。

愬愬者。畏懼之貌。此爻以陽居陰。逼近九五尊位。才强志弱。以九五爲虎。常懷危懼。故有履虎尾之戒。若以其危懼故。而退身遠引。亦非爲臣之道。此爻處大臣之位。有可未嘗不獻。有否未嘗不替。亦非避其威而不履也。但小心謹懼。嘗若愬愬。故曰履虎尾愬愬。是以位雖高而主不疑。權雖重而上不忌。終免憂危。而得保全之吉。故曰終吉。此卦全卦以柔爲吉。終字對初而言。有始于危。終于不危之義也。繫辭傳曰。四多懼。此爻多懼。唯其防患周密。終得免害。彖辭曰。不咥人亨者。謂此爻也。象傳曰。志行也者。謂履行其道也。志者。爲平日期望之志也。

(占)問時運。以温和接人。以篤實當事。雖臨危險。終得免禍。是運氣平穩之時也。○問商業。不宜急切脫貨。宜謹愼耐守。終獲利益。○問戰征。宜臨危固守。遇敵得捷。可轉敗爲勝。○問甲六。平穩得男。

(占例)明治十七年十二月。朝鮮京城。有政黨紛擾。時國王遣特使來我公使館。請我辨理公使竹添君護衛王宮。公使因率兵前進。淸國將官某氏。亦率部下兵迫王城。遂抗我兵。并屠戮我商民。此報達我國。朝野騷然。朝旨派外務卿井上伯。奉使朝鮮責問。是國家之重事也。某貴顯使余占其動靜。筮得履之中孚。」

爻辭曰。九四履虎尾。愬愬終吉。

斷曰。此卦上卦乾。爲父。下卦兌爲少女。有少女隨父之象也。故名曰履。是我國之於朝鮮。本無他意。以我既行歐米之開化。欲使彼國速從時勢之變遷。藉導其前。彼履其後。以同行改革也。萬一朝鮮爲歐人所占領。不啻爲我國患費焉。實關亞細亞全洲之障碍。奈彼國冥頑不悟。妄以嫌忌外人。遂起今回之亂。殘害我人民。是有目而不能見當前之形勢。有足而不能履奮進之地步也。象傳謂之眇能視。不足以有明也。跛能履。不足以有行也。彼之殺害我國人。猶蹇躄之履虎尾。今外務卿井上伯奉使前往。責問其罪。彼必自知微弱。恐觸我怒。唯有謹懼恭順。唯唯諾諾。惟命是從。四爻變而爲中孚。我悅彼從。結局終歸平和。

謂之履虎尾。愬愬終吉。于時十七年十二月二十五日也。

(附言)是月二十七日。交詢社傳福澤諭吉氏之言。邀余演說朝鮮易占。余因趨其席。社員滿室。幹事諸氏謂余曰。今回朝鮮之事。甲論乙駁。或和或戰。群議紛紛。不知歸的。君玩易象。必獲先機。幸爲開陳爻辭。余曰。易道通天機而知未來者也。與憑空議論者不同也。余憑易占。已豫知結果。在外人或未之信也。遂應其請。詳述前說。在席自福澤氏以下。皆不解易。陰如怪訝。余歸後。福地源一郎氏。寄書請示占象。因更記前說以自送之。翌十八年一月一日揭之於東京日日新聞。當時時事新報。記者痛嘲余說。彼昏昏者不解易理。亦無足怪。彼聞井上大使。與朝鮮政府開論。即在一月二日。易理之定數。不差分毫。余之易占。不失一語。不亦可畏敬哉。

九五。夬履。貞厲。

象傳曰。夬履貞厲。位正當也。

夬者。決也。夬履者。謂其一任剛決以履行也。此爻剛健中正。體乾卦。履尊位。下無應爻。自恃剛明。果於任事。多威武猛斷之政。未免有果敢而窒之弊。故曰夬履。古聖人居天下之尊位。雖明足以照。剛足以決。勢足以專。未甞不博取天下之議。以廣其見識。此聖人之所以爲聖人也。此爻不患不剛明。而患在躁急。一任己見。以剛行剛。不審時機。不察群情。遂致上下不通。內外阻隔。急切之甚。激成禍變。是危殆之道也。故曰貞厲。貞者。貞固也。謂固執而不變也。厲者。危也。謂當常存危懼之心也。易中用厲字之例皆然。噬嗑之九五。貞厲无咎。亦猶是也。蓋履之道。尚柔不尚剛。九五以剛居剛。是決於履也。以其中正之德。又能危厲自惕。斯得動無過舉。書曰。心之憂危。若蹈虎尾。國君能常思蹈虎之危。可謂履帝位而不疚也。爻辭元吉者。固見其厲也。象傳曰。位正當也者。與兌之九五。及中孚之九五。同義。蓋有不滿於君德之旨也。謂剛決之君。似於寬仁溫和之德有闕。所宜反省而加勉也。

(占)問時運。前苦後甘。目下正當披雲見日之時。猶宜毋忘曩時苦境。兢兢業業。

斯能長保其富也。○問商業。宜和衷共濟。有貨不宜急售。久後必得厚利。○問失物。有不待尋而自得之象。○問官途。目下已得昇遷。唯宜謹慎。斯可永保。○問疾病。危而後安。

(占例)某會社社長。來占運命之吉凶。筮得履之睽

爻辭曰。九五。夬履貞厲。

斷曰。此卦以兌之少女。繼乾父之後。今君之學識溫和。而長於交際。由株主選擧而爲社長。地位中正。固無可疑。但既任職權。不能不竭力謀事。一或剛決獨行。凡事難保無失。謂之夬履貞厲。在足下精明果敢。勝任社長。固余所深信也。唯從占筮之意。尙宜時時警戒。勸足下注意而已。

後果如此占。

上九。視履考祥。其旋元吉。

象傳曰。元吉在上。大有慶也。

視履考祥。其旋者。謂自視其履行之跡。能考禍福之祥兆。此爻居履之終。即履行之終。凡人之所踐行。善則得福。不善則得禍。治亂禍福之所歧。悉由於履行。人之所履。亦難保始終皆善。有始不善而終善者。有始善而終不善者。必觀於終。然後見也。若周旋无虧。終始如一。則其吉大矣。故曰視履考祥。其旋元吉。傳曰。元吉在上。大有慶也。謂君上能行此道。則大有吉慶也。元即大。吉即慶也。凡六十四卦之中。上爻係元吉者。不過二三卦。此爻居其一。蓋上爻者極進而多危殆也。

(占)問時運。目下正得安樂之時。其人必素行無虧。晚運亨通。福壽双全。其吉慶。○問商業。往返經營。俱得大利。○問家宅。禍福無門。惟人自召。若能積善。必有餘慶。○問疾病。恐天年有限。○問失物。不尋自得。○問六甲。必產貴子。○問戰征。大獲勝捷。奏凱而旋。

(占例)明治二十三年十月。東京府下第十五區選舉。代議士有候補五名。其一人爲某豪商也。一日友人某氏。來請占其成否。筮得履之兌。

爻辭曰。上九。視履考祥。其旋元吉。

斷曰。此卦以兌柔弱之少女。隨行乾剛之老父。其勢不相匹敵。固不待論。履之上九。履之終也。必其人經履幾多艱難危機。漸奏事功。以至今日之盛運也。然應不中不正之六三。依偏視之眇者。與偏廢之跛者。與剛猛之武人。共相競爭。孫子所謂下駟與上駟。其不能必勝可知矣。上爻處位之極。無可復進。悟前非而鑒既往。翻然回顧。可得大吉也。若謀不出此。欲强遂初志。其凶有不可言也」

後依所聞。某豪商果察機自退。不復與爭云。

○明治三十年。占我國與德國交際。筮得履之兌。彖辭曰。履虎尾。不咥人亨。

爻辭曰。上九。視履考祥。其旋元吉。

斷曰。履者以柔順而履剛健之跡。有周旋无虧之象。故名此卦曰履。曰履虎尾。不咥人亨。以柔躡剛。恭順而不失其正。故不見咥。而反見亨也。見之本年我國與德國交際。彼國誇其武威。非無虎視眈眈之意。然我國當路之重臣。處置得宜。且彼國駐劄公使得人。能兩得平和。故彼此無事。從戰勝清國以來博强國之稱。比之從前交際。自然不同。在彼具猛虎之性。搏噬之志。固未嘗一日忘也。
且因我之强。亦不無嫉妬。在我惟宜以柔剋剛。隨時應變。斯得矣。

增補高島易斷

䷊

地天泰

泰字。篆書作𡗝。从大。从廾。从水。𠂇者左手。又者右手之象形。以兩手決水。取水從中分。流通無滯。水去而民得安居也。自昔中土。大禹治水。疏通九河。則土壤。敎稼穡。奠厥民居。斯地平天成。而萬民得生活於其間。永享泰平之福。是泰之義也。此卦坤上乾下。坤陰也。乾陽也。是天地合氣。陰陽交和。資生資始。而民物咸亨。故名此卦曰泰。

泰。小往大來。吉亨。

彖傳曰。泰。小往大來。吉亨。則是天地交而萬物通也。上下交而其志同也。內陽而外陰。內健而外順。內君子而外小人。君子道長。小人道消也。

此卦乾天在下。坤地在上。就天地之形體言之。上下顚倒。如不得其義。然此卦所取。不在形而在氣。乾爲天之氣。坤爲地之精。天地之形。高卑隔絕。以氣相交。乾氣上騰。坤氣下降。二氣來往。能成雨澤。雨澤成而萬物生育。因名此卦曰泰。泰者。通也。又安也。寬也。故彖傳曰。天地交而萬物通。易例下卦爲內。上卦爲外。乾爲大。坤爲小。此卦在下之坤往上。在上之乾居下。故曰小往大來。其所以吉而亨之理。如彖傳所言也。

以此卦擬人事。乾爲天。坤爲妻。陰陽交和。定然家室和平安樂。乾陽坤陰。陰陽二氣。包括甚廣。天地間一物一事。莫不各有陰陽。就人身體而言。氣爲陽。血爲陰。陰陽齊則血氣自平、就人起居而言。靜爲陰動爲陽。陰陽交則動靜自定。此卦以乾下坤。似乎陰陽倒置。然彖辭曰內陽而外陰。蓋以退陰進陽。重君子而抑小人也。易理於陰陽消長。防維甚嚴。人生涉世。是宜推崇陽剛。抑止陰柔。斯二氣各得其正。而萬事泰然矣。

以此卦擬國家。政府體天地造化之原理。公明正大。以布人民化育之政。乾者。君也。坤者。臣也。君禮其臣。推誠以任之。臣忠其君。盡誠以事之。聖主得賢臣。以弘功業。賢士得明主。以展才猷於是萬民感其德化。和親康樂。一道同風。是誠天地交泰之世也。謂之上下交而其志同也。上下二體言之。陽爲君子。陰爲小人。君子在內。布政施令。小人在外。安分服敎。謂之內君子而外小人。蓋天地之間。有陽即有陰。有君子即有小人。泰和極盛之世。不能無小人。但君子能善化夫小人。小人亦樂從夫君子。兩不相害。而其情相通。自我出去陰之小。自彼入來者陽之大。小人往而各安其生。大人來而樂行其道。是泰道之成也。道有消長。即時有否泰。總括天地陰陽之交。可見世運升降之會。君子道長。小人道消。消長之機。正國家治亂之大防也。此卦下三爻爲天下治平之時。上三爻爲自泰趨否之時。君子當玩味爻辭。深察氣運之變遷。維持泰運於不替也。

聖人之序易也。以乾坤爲始。乾之後凡十有一卦。而後始得泰。蓋君之以屯。敎之以蒙。養之以需。理之以訟。正之以師。和之以比。約之以小畜。禮之以履。而後始泰。故乾以下十卦。奇數之爻。凡三十。坤以下九卦。偶數之爻。亦三十。而後始得乾坤相交。開泰之運。其難如是。聖人之所以垂戒於後者深矣。

通觀此卦。天氣下降。地精上升。天地之氣相交。始開造化之功。初九。君子得位。拔擢同氣之賢者。共立朝廷。以勤勞國事。謂之拔茅茹。以其彙征吉。彙類也。蓋以同類而並進也。九二有剛健中正之德。爲濟泰之大臣。包荒。謂能包容群才。即所謂尊賢而容衆是也。然亦一於包荒。又必濟以果決。用馮河取其勇敢。足以任事。不遐遺。謂其思慮之誠實不唯留心於目前。且遠及僻陋之域。不唯顧慮於方今。且遠圖長久之謀。至爲國家選擇人才。不涉私情。其可進者。雖仇怨而不棄。其不可用者。雖親近而不舉。謂之朋亡。九二之行爲。公明正大。中正以應尊位。宜六五之信任不疑也。謂之得尙于中行。九三居陽之極。其位不中正。且值盛極將衰之時。以卦體見之。天氣不能久居下。地氣不能久居上。有各將復其本位之象。謂之无平不陂。无往不復。夫陰陽之消長。如寒暑之往來。時運使然。無如之何。然天定勝人。人定亦足勝天。將陂而預防其陂。將復而預慮其復。克艱其心。貞固其守。盡其人事。以挽天運。是保泰之道也。如此則可永食其福矣。六四以陽居陰。逼近尊位。上三爻皆以虛謙接下。下三爻皆以剛直事上。

四當上下之交。故翩翩相從。樂與共進。是以不待富而從隣。不持戒而相孚也。志同道合。正彖辭所謂上下交而其志同也。六五温順之君。虛己而信任九二。降其尊而從臣。有帝乙歸妹之象焉。用此道而獲福祉。則大吉而盡善矣。上六。泰之終。泰極而變。有城復于隍之象。當九二九三之時。盡人事之孚。可以維持泰運。然怠其道以至于是。雖天運循環之自然。亦人事之所自招。上六之時。失泰之道。上下睽隔。民情離散。以兵爭之。蓋之亂耳。故曰勿用師。自邑告命焉。蓋將守其城邑。明其政敎。以挽天心。撥亂而反正。亦足以保泰之終也。平陂城隍。其機甚捷。其象甚危。垂戒深哉。

爻辭。初曰茅。地之象。二曰荒。曰河。亦地之象。三曰陂。地之形也。以內卦皆陰。爲主坤而容乾也。四曰富曰實。五曰帝乙。上曰城。皆陽之象。外卦皆陽。爲主乾而客坤也。客還而主常住。其義可見矣。

大象曰。天地交泰。后以裁成天地之道。輔相天地之

宜。以左右民。

此卦天地二氣交通之活象。萬物。即受天地之化育也。聖人見此象以贊天地之化育。爲天地之所不能爲。蓋天地之生萬物。儱侗無別。聖人能歷象日月星辰。分別分至啓閉。成歲功。相度東西南北山川道路。以定城邑。察天之時辨地之利。春夏耕耘。秋冬收穫。無非盡致泰之道也。謂之裁成天地之道。輔相天地之宜。以左右民也。人民之生。必賴君上。斯得遂其生成。裁成所以制其過。輔相所以補其不及也。

(附言)近年衛生之道普及。醫學之研究。日益進步。種痘之法盛行。生民免夭折之患。皆足以爕理陰陽。參贊化育也。歐羅巴諸國。以土地之磽瘠。人口之繁殖。衆民生活之艱難。創舉移民之畧。遷植人民於南北亞米利加。亞弗利加。濠斯太剌利亞及亞細亞諸島。維日不足。即如我國以土地與人口比較。統計前後數年每年得四十萬口之增加。生活不告不足者。抑有故也。我國之土地膏腴。

全國中得米麥兩作之暖地。殆居其半。維新以前。兩作之地。不滿十分之三。今漸增加。旣居十分之七。是以人口雖見增加。而生活有資。故不憂其不足。然由今以往兩作之地。所餘僅居十分之三。人口增加。歲多一歲。朝野賢士。晏然猶未知預籌。不亦可憂。現今開鐵路於北海道。漸次移住。凡一千萬人口。得減內地人民。增加之半數。五十年間。猶可保國家之安泰也。其間當設植民之地於海外各邦。以計國家永遠之策。謂之左右民。

（占）問國家氣運。正當君明臣良。黎民於變。是全盛之時也。然盛之極即衰之漸。否泰在天。回挽在人。所當深慮。家道亦然。〇問謀事。事必可成。後敗須防。〇問婚嫁。陰陽合體。大吉之象。〇問商業。賣買均吉。然賣出利微。買入者利大。其象於小往大來見之。〇問年成。雨水調和。豐登之象。〇問六甲。有男女孿生之象。〇問失物。須就左右近處。尋覓自見。

初九。拔茅茹。以其彙。征吉。

象傳曰。拔茅征吉。志在外也。

茹者。草根牽連之貌。拔茅茹者。謂拔茅之一根。其牽連者與之皆拔也。此爻具剛明之才德。而居下。六四之大臣。陰陽相應。是在野之賢材。爲大臣所薦舉者也以三陽同體。一陽進而衆陽共進。猶拔一茅而其茹連類而起也。故設其象曰拔茅茹。自古君子得位。則賢士萃於朝廷。同心協力。以成天下之泰。小人在位。則不肖者竝進。以啓天下之亂。是各從其類也。今初九之拔茅。能引薦九二九三之賢士。相共竝進。故曰以其彙。彙者類也。初九爲泰之始。得其正位。克履讓德之道。是以吉也。故曰征吉。彖曰來者。謂天氣之下降。爻曰征者。謂君子之上進。卦以氣交。自上而降。爻以位升。自下而升。凡君子之學道也。修之於身。以待其時。居天下之廣居。立天下之正位。行天下之大道。欲使其君爲堯舜之君。使其民爲堯舜之民。是學者之素願也。然天命不祐。不得其志。曲肱飲水。獨居陋巷。是獨善其身也。然其心要未嘗一日忘天下也。象傳志在外也者。謂初九賢士。身雖在下。志在澤民。外者指天下國家也。此爻變則全卦爲升。升初六之辭曰。允升大吉。可以卜賢者之升進也。

（占）問時運。有因人成事之象。○問家宅。有家室團圓。人口平安之吉。○問營商。得主夥合志。貨財彙萃之象。○問功名。有逐漸升遷之喜。○問戰征。以進攻獲勝。○問失物。宜於叢草處尋覓。○問六甲。初胎者生女。三四胎則男。

（占例）明治二年。某藩士某氏來請。占從事商業之可否。筮得泰之升。

爻辭曰。初九。拔茅茹。以其彙。征吉。

斷曰。此卦其象爲天氣透徹地下。地氣升騰天上。以人事言之。是彼我相合。上下相通之會也。故謂之泰。今得初爻。其辭曰。拔茅茹。夫茅之爲物。其莖雖分生。其根則相連。想足下舊交。必有奉職官途者。就其人而謀仕途。事可必成。余觀足下之貌。適於爲官。不適於爲商。余據易理斷之。知足下之人品才力。宜從友人而謀進身也。

後此人果從事仕官。漸得升遷。

九二。包荒。用馮河。不遐遺。朋亡。得尚于中行。

象傳曰。包荒。得尚于中行。以光大也。

荒。如洪荒之荒。又兼荒野之義。包者。容也。馮河者。徒涉也。不遐遺者。不忘遠也。朋亡者。猶坤爲地之喪朋也。中行。猶曰中道也。此爻具剛明之才。秉中正之德。與六五之君。陰陽正應。匡王佐覇。是有猷有爲之藎臣也。蓋其雍容大度。能包容荒遠之細民。撫育教誨。使無一夫不得其所。且有馮河之果斷。不流文弱。故曰包荒。用馮河。自來聖賢之心。無棄物。非包荒不足示天地之慈祥。非馮河不能發天地之威怒。雨露雷霆。寬嚴兼濟。而又不棄幽遐。不私習近。九二能體此剛中之德。光明正大。符合中道。故曰不遐遺。朋亡得尚于中行。治泰之道。有此四者。所謂寬則得衆。信則民任。敏則有功。公則說。誠不失中行之德也。而其要首在於寬。故象傳統舉包荒二字。以括之。謂其得配中行。以光大也。旨深哉。

爲活用占筮。姑就開拓之事而言之。包荒者。謂荒野也。用馮河者。謂開墾荒地。

誘導無業貧民。開道。架橋。以從公役。不遐遺者。謂極至深山幽僻之地。越險犯阻。而開拓之也。朋亡得尙于中行者。謂無朋比之私。率衆而舉事。得天下之愛敬者是也。蓋包荒。仁也。馮河。勇也。不遐遺。智也。朋亡。公也。備此四德治天下。尙有餘力。若夫有包容而無斷制。則非剛柔相濟之才也。不遺遐遠。而或阿私黨類。則偏重而失公正之體。故必包容荒穢。而又果斷剛決。不遺遐遠。而又不私昵朋比。則不忘遠。不狃邇。是合于中道者也。象傳以光大也者。謂胷次寬闊。有容人之量。光則其明足以有照也。大則其器足以有容也。

(占)問時運。目下正當功名顯達之時。可以遠游海外。創興事業。○問仕途。有奉使遠行。或從事軍征之兆。均獲吉也。○問商業。利在行商。販運外物。○問失物。定墮落水中。恐難尋得。○問疾病。不吉。○問家宅。用人宜寬。處事宜決。不可專信僕從。致損家業。○問戰征。有懷柔遠人。征伐不庭。疆宇日闢之勢。○問六甲。生男。

(占例)東京友人某氏。在常陸欲開墾沼地。請占吉凶。筮得泰之明夷。

爻辭曰。九二包荒。用馮河。不遐遺。朋亡。得尙于中行。

斷曰。泰古字夳。象人以左右手決大水之形。凡洲澤之地。由大雨驟降。山岳砂土。沖激崩墮。隨流壅積而成。其中低所。或爲湖水。或爲沼陂。足下今欲開墾沼地。其有利益於社會。以助國家之經濟。可知也。爻辭拔茅茹者。謂芟除蕪草。播種五穀。開墾之好結果也。又包荒。謂買荒地之象。用馮河。謂盡力乎溝洫也。蓋人有鉅多之財產。往往以安樂送世爲的目。使子孫可永享素餐。以爲上策。而不知此眞失策之大者。何則。凡世間富者。不計公益。貧者無由得衣食。貧者不得衣食。必至不顧禮義。敗壞廉耻。其極至犯禁令而罹法網。謂之國家亂民。亂民之起。皆由遊手坐食而來也。足下能包容此輩。奮發而拋貲財。欲爲衆人開墾沼地。藉以賑濟飢寒。其志氣操行。光明正大。誠有超絕於朋儕者也。故謂朋亡。足下之爲此事業。利己利人。謂之尙于中行。必光大也。友人曰。謹奉命。然余年老。不能親至其地。監督工業。目今緊要事務。欲余所信任某氏。爲代理。委以此事。請筮以決之。筮得坤之豫。

爻辭曰。六四。括囊。无咎。无譽。

斷曰。此卦全卦純陰。無一陽爻。易之道。陽爲尊。陰爲賤。今筮得此卦。恐其人爲卑賤之小人也。世之皮相者。皆就人之階級。以別貴賤。余則專論心術。第一不爲己謀而爲人謀。衆人之所喜。己亦喜之。衆人之所惡。己亦無之。其性情之所發。公正而無絲毫之私。是爲上。第二己之所欲。望人亦有之。萬事以和衷相濟。不任己之自由。是爲其次。第三專顧利欲。不顧親戚朋友。苟所得利。遑知廉耻。是爲最下。此余之平素所持論也。自來上智之人。生性完善。不見異而思遷。謂之貴人。下愚之人。其心殘忍卑鄙。偏於不善。謂之賤人。坤之初爻曰。履霜堅冰至。謂爭利而至犯上作亂。上爻曰。龍戰于野。謀利而至相爭相戰。兩家俱傷。如委此人以任事。猶貸盜以鍵也。宜括財囊之口而戒心焉。謂之括囊。无咎。无譽。此事必當自任。未可委人也。

友人乃從予言。

九三。无平不陂。无往不復。艱貞无咎。勿恤其孚。于食

有福。

象傳曰。无往不復。天地際也。

无平不陂。无往不復者。時運變遷之常。猶月滿則虧。花開則落。此爻以全卦見之。正當泰運全盛之時。然玩占爻位。爲陽窮陰逼。泰之時將終。否之將至也。凡物中則平。過中必傾。天數人事皆然。泰至九三。天道復其上。地道歸其下。君子撫泰運之極。唯當盡人事以挽回天運。是以思患預防。常惕艱危。如是則可以无咎。此爻過剛不中。互卦有震。居健動不止之體。健進一步。即爲陂復之象。是乾本上也。坤本下也。下交上。故乾居內而坤在外。乾苟不安於下。必上而迫坤。坤苟不得安於上。必下而奪乾。故曰无平不陂。无往不復。消息盈虛。天地自然之道也。雖非人力所可及。然陂而不任其陂。復而不聽其復。持其平。守其往。防微在漸。用保厥終。凡小人欲乘怠而入者。君子則彌思其難。小人欲伺隙而攻者。君子則必保其貞。其操心之危如此。則舉動措置。必無有過咎也。故曰艱貞无咎。夫天下之事。未有不戒懼而能保其終者也。易之垂戒。於始終消長之機。最爲深切。世運之陂復。猶日月之食也。當食霎時晦冥。過時而復光明。故曰勿恤其孚。于食有福。食即蝕也。以日月之食。喻禍。而以食終而光明。喻福。

按六十四卦中。不拘爻之階級。專以內外卦分時運之轉遷者。四卦。泰否既濟未濟是也。此卦以內卦三陽。爲泰中之泰。以外卦三陰。爲泰中之否。蓋以陽爲有餘。爲實。爲富。陰爲不足。爲虛。爲貧。九三居內卦之極。遇六四而當乾坤二體之會。爲泰中之泰。將終。六四居外卦之始。爲泰中之否將來。故於三四兩爻。示時運之轉變。象傳曰。天地際也者。際即交際之際。是陰陽之兩交接也。

(占)問時運。謹愼者昌。逸欲者敗。最宜留意。○問商業。現雖失意。後必大利。○問戰征。須防敵兵埋伏。宜固守。不宜進攻。○問失物。不久即得。○問生產。雖危無咎。必生福澤之兒。○問家業。宜謹守先業。可以永保富也。○問疾病。少者无咎。老者大限有阻。

(占例)明治十八年。奉故三條相公之命。占公氣運於濱離宮。筮得泰之大壯。此時陪從者。爲武者小路君。福澤重香君兩氏。

爻辭曰。九三。无平不陂。无往不復。艱貞无咎。勿恤其孚。于食有福。

斷曰。此卦大陽之火氣。透徹地下。地精爲之蒸發。天地之精氣相交。萬物發育。國家安泰之象也。擬之國家。政府之恩惠。透徹下民。下民之情志。上達政府。君能信任臣。臣能服從君。故曰泰。然泰之極。變而爲否。是陰陽消長。自然推移之運也。故有自泰赴否之時。又有自否赴泰之時。此卦內卦三陽。泰平最盛。外卦三陰。自泰赴否。今筮得三爻。第三爻內卦之極。泰中之泰既去。將移外卦之陰。將轉入泰中之否也。故爻辭曰。平者無不遂陂。往者無不復返。喻時運變遷之義。在時運使然。原非人力所能爭。然保其固然。防其未然。惕以艱危。矢以貞誠。人定亦可勝天。故謂之艱貞无咎。勿恤其孚。于食有福。閣下聲名顯赫。勳業崇隆。可媲尹周。小心翼翼。持盈保泰。自有鬼神默相呵護也。故象傳曰。天地際也。」

後相公解顯職。就內大臣之間位。永矢藎誠。克光輔翼之業。

六四。翩翩不富以其鄰。不戒以孚。

象傳曰。翩翩不富。皆失實也。不戒以孚。中心願也。

翩翩者。鳥刷羽之貌。隣者。指六五上六而言。此爻在泰之時。上與二。陰在外卦。皆與下應。陰柔之質。宜在下位。今居上體。志不自安。故上三爻相連。同欲下行。是上者以謙虛接下。不待告戒而自信孚。謂之翩翩。不富以其隣。不戒以孚。不富者。陰虛之象。此爻時運過中。泰將轉否。爲小人合志。謀害正道之時。君子所當戒也。五上皆陰。不富識量。故象傳曰翩翩不富。皆失實也。皆者。指坤之三陰。實者。指陽爻。陰之從陽。猶貧之依富。今三陰在外。失所依也。然當泰之時。陰氣上升。陽氣下降。上下不相疑。與國利。植民福。謂之不戒以孚。中心願也。

(占)問時運。喜得朋友同心相孚。諸事可謀。○問商業。外則場面甚好。內實空虛。全賴同業相助。可以成事。○問戰征。糧餉缺乏。當劫掠敵糧。以供軍實。衆心堅固。有勝無敗。○問家業。本一富家。目下外強內弱。幸親戚隣里。皆得有無相通。不憂匱乏。○問失物。主遺落比隣之家。問之即得。

（占例）東京豪商某氏。甲幹某來。告曰。維新以來。商況大變。主家遂赴衰運。欲建維持之策。不得方向。如何而可。請筮一卦。筮得泰之大壯。

爻辭曰。六四翩翩。不富以其隣。不戒以孚。

斷曰。此卦天氣下降。地精上升。上下安泰。共守舊規。耽安樂。希無事之時也。足下今所占問。無論主人及經理夥友。皆唯知株守舊法。依向來之規則。不知隨時而變遷。近今宇內各國通商。商業亦隨而更新。彼家信用舊人。不諳新法。又不雇用能材。於是商業日居人後。將數代之積產。遂至艱于接續。泰之四爻。泰既過半。將漸入衰運。正台彼家之運也。此時欲謀立維持之策。想舊時夥友。不富於經驗。宜代以適任之人。委之事權。使衆人投票推薦。以定其人。悉從其指揮。舊時夥友。亦不宜戀戀舊態。勤勉從事新業也。謂之翩翩不富以其隣。不戒以孚。如此則彼家之衰運。尚可得而維持也。

某氏從余言。奮然改革其家風。至倉監輩。使之投票推薦。果得適任之人。其家至今益致繁盛。

六五。帝乙歸妹。以祉元吉。

象傳曰。以祉元吉。中以行願也。

帝乙者。殷紂之父也。此爻陰柔而居尊位。下與九二之剛。陰陽正應。恭己無爲。虛心下賢。是定位之君。開太平之治者也。九二成卦之主。輔弼六五之君。以成乃治。故引帝乙歸妹。下嫁從夫。以喻聖君虛己。下禮賢臣。開國承家。永保之福祉。故曰帝乙歸妹以祉元吉。元吉者。謂大吉而盡善者。即所以成治泰之功也。夫帝女之歸也。非求勝其夫。將以祉之。坤之復下也。非欲侵乾。將以輔之。彖傳曰。上下交而其志同者是也。又互卦有歸妹。故與歸妹之六五。爻辭相同。象傳曰。中以行願也者。當泰之時。君慮泰極變否。謹愼恐懼。所願保持之終。永享有至治之福。是所謂中以行願也。

(占)問時運。目下亨通。宜謙虛柔順。萬事皆吉。○問商業。宜貿遷海外。吉。○問家宅。得內助之賢。○問婚嫁。宜遠嫁遠娶。吉。○問六甲。主生貴女。○問疾病。必得神佑吉。○問失物。拾者必自來歸還。

(占例)有相識豪富某來。請占家政氣運。筮得泰之需。

爻辭曰。六五。帝乙歸妹。以祉元吉。

斷曰。此卦上下通氣之象。主從相應。家政安泰之時也。今筮得第五爻。尊府之財產。相承舊業。足下性質良善。家教完全。但於方今之時勢。未免碍於通達。今得第二爻爲之經理。能負擔一切事務。忠實可靠。故家政整理。商運益盛。然舊時夥友。不免有陰相嫉妒。潛生讒毀者。好在二爻經理。人能如新婚之婦。柔順相從。讒毀自消。得以十分盡力。克保其家。謂之帝乙歸妹。以祉元吉。

上六。城復于隍。勿用師。自邑告命。貞吝。

象傳曰。城復于隍。其命亂也。

隍者城壕也。無水爲隍。有水爲池。城者築土所成。隍者闢土所成。城復于隍。謂其高城崩而復舊隍也。自邑告命。謂從下邑發命令。而告上國也。此爻泰之終。

將轉而爲否。其象取陰弱之君。不能制陽剛之臣。而以時運之變革爲辭。以示盛衰消長之幾。曰。城復于隍。當時運旣衰。天命將革。君倦於政。臣工於讒。取民無制。賄賂公行。其極必起逆亂。且軍旅之要。以人和爲主。上六之時。世運方否。人心不和。猶冰炭之不相容也。若以兵爭之。成敗難知。且城已壞而不修。豈可據此以戰鬪乎。故戒之曰勿用師。至是而君德旣衰。威權盡廢。武功不可用。惟返而修文。遠略不可圖。惟退而治近。故曰自邑告命。蓋固守城邑。明示政敎。如孟子所謂效死勿去。冀得民心。以挽天運也。貞吝者。聖人謂其不告命於未否之前。而告命於將否之際。惜已晚矣。雖正猶可羞也。故曰貞吝。象傳曰。其命亂也者。是上下俱亂也。彼守成之君。生長深宮之中。與婦寺爲伍。雖有師傅。多非正士。君則驕泰淫佚。臣則阿諛逢迎。無所不至。於是下情抑欝。不通于上。君澤涸滯。不流于下。鬼蜮姦賊。惑亂其間。終至人心離散。國家傾覆。是之謂其命亂也。

(占)問時運。目下氣運顚倒。宜謹愼自守。須防小人播弄。○問商業。宜就小做。以待時運。〇問戰征。攻奪城地。必勝。〇問家宅。防有顚覆破敗。宜牢穩守舊。〇問生產。生女。〇問失物。恐難復得。

䷋ 天地否

否字篆書作吾。从不。从口。不者弗也。弗與茀通。茀者車後之蔽障。以茀蔽口。呼吸蔽塞之會意。醫書心下痞硬之痞亦同。即取此義也。

否之匪人。不利君子貞。大往小來。

彖傳曰。否之匪人。不利君子貞。大往小來。則是天地不交而萬物不通也。上下不交而天下无邦也。內陰而外陽。內柔而外剛。內小人而外君子。小人道長。君子道消也。

此卦乾天在上。坤地在下。自天地實體見之。在上在下。位置自然得宜。然此卦所取。不在形而在氣。謂天氣不降。地精不升。陰陽呼吸。否塞不通之象。名之曰否。蓋天地陰陽之氣。不相交通。雖造化亦無能作用。其交通不正。以致上下否塞。數十百年中時或有之。嘗聞天明年中。夏大旱。大陽之色。赤如丹砂。五穀不登。天下飢饉。即天氣不降。地精不升。否之時也。否字分之爲不口。即謂凶荒。萬民不得口食也。彖傳曰。天地不交。而萬物不通也。泰否二卦。彖傳始用則是二字。猶曰其故不過如是。非有他故也。

以此卦擬人事。凡一家之中。上卦爲父兄。下卦爲子弟。父兄過於剛猛。子弟過於愚柔。上下性情不合。以致動輒相左。百事乖張。往來悉是奸邪。僕妾敢形背逆。或憑空而啓獄訟。或無故而陷飛災。錢財耗損。聲名破裂。家道之日替。實由時運之否而來也。推否運之極。年時則風雨不調。疾病則胸膈不通。經商則有貨難消。求名則歷試被黜。雖有善者。亦無如何也。故曰不利君子貞。君子亦唯順守其變。以避患而已。故當初爻。君子唯連類而退。彙守其貞。二爻唯以道自處。不肯屈己從人。三爻則以尸位素餐爲羞。四爻則否極泰來。方可乘時而動。五爻否已將止。又惕其亡之戒。上爻則否傾矣。故曰後喜。處否之難如此。苟一不慎。禍必隨之。是所謂小人道長。君子道消之時也。凡人值此否運。務當守道安命。以俟時運之亨。斯不失爲君子也。

以此卦擬國家。乾在上。坤在下。陽氣上浮而不降。陰氣下沈而不升。上下二氣隔絕。是君臣之志不通也。小人柄政而在內。君子退居而在外。一時乘時得勢者。皆非君子人也。故曰匪人。國家值此否運。君驕臣諂。國事日非。正道日壞。內則權臣擅政。外則强敵壓境。歲時不登。而饑饉荐臻。兵役不息。而疆土日蹙。故曰天地不交。而萬物不通。上下不交。而天下无邦。國家將奚由得治哉。此時君子唯居易俟命。獨善其身。所謂邦無道則隱。故曰不利君子貞。小人則洋洋得意。猶計百出。其巧者或將內挾姦邪。外託正眞。掩其不善。以著其善。謂之內陰而外陽。內柔而外剛。又或收羅君子。以張羽翼。如王莽之禮賢下士。藉以文奸。即初爻之包承是也。是以小人日進。君子日退。謂之小人道長。君子道消也。道字中。包括天之陰陽。地之剛柔。國家之治亂。內外之處置。進退得失。其義甚廣。所以明否之運。皆由陰陽不交和而來。易之繫辭。泰則歸之於天。否則責之於人。故泰之大象曰。財成輔相。不敢貪天功。否之大象曰。君子以險德辟難。不可榮以祿。聖人垂誡之意。可謂深也。

通觀此卦。下三爻者否之時。爲小人用事。上三爻者否運已極。爲趨泰之漸。初六雖小人並進之時。亦未嘗無君子。君上亦未嘗不求士也。在下之君子。不忍忘君。見可進而進。故曰貞吉。六二。當否之時。君子固當退避。然或有枉道行權。屈身濟世。如漢陳平之於諸呂。唐狄仁傑之於諸武。亦足以救否也。故曰包承。又包者。苞也。包承者。受苞苴也。君子處濁世。往往獨立廉介之節。爲小人所畏忌。不啻不能保身。且不利于國家。故有姑受小人之苞苴。以晦淸節也。是隨流揚波之士。謂之包承。又有痛恨小人。而欲去之。因勢有不可。姑以利啗之。有潛銷其凶燄。即枉道行權之計。亦謂之包承。在小人而能包承君子。是小人中之君子也。君子受小人所包承。是君子中之小人也。大人當否。必不受其包。故亨。六三。小人之尤者。本欲傷害君子。尙蓄而未發。今感君子之德。內省而羞恥。故曰包羞。蓋君子遇凶頑。使之畏。不如使之恥。九四。當陽來之初。爲轉泰之漸。上近九五。君子見泰機之已動。方將出而濟否。故曰有命无咎。志行也。九五。明君在上。從容而休否。即中興之君也。故曰休否。上九。否運傾銷。已及泰來之時。故曰傾否。休否之後。又恐其正之復陷於邪。治之復入於亂。故有繫于苞桑之戒。夫天地以好生爲德。聖人以思治爲心。人君而知此。必思所以杜禍患之端。人臣而知此。必思所以嚴邪正之辨。小人而知此。當亦知所以變也。

此卦泰之反。而次於泰。蓋人情安樂。則生驕惰。驕惰則生凶咎。是自然之勢也。故序卦傳曰。泰者通也。物不可以終通。故受之以否。然人能畏天命。應時而守中庸之道。縱令時運之否。可使轉而赴泰。故否而泰。保泰而期其不否者。君子之心也。泰而否。任否而不期復泰者。小人之心也。此卦天氣歸天。地氣歸地。隔塞而爲否。否運之來。雖爲天運之使然。而君子不敢委之於天。必欲盡其道以濟其否。蓋泰卦先言往來。以時而言。否卦先言匪人。屬人而言。泰者時爲之。否者人爲之。益知天道未嘗不欲長泰。人實爲之。謂之何哉。唯君子爲能以人定勝天。故天與人常相因者也。

大象曰。天地不交。否。君子以儉德辟難。不可榮以祿。

天地不交。即陰陽二氣閉息之會也。此時君臣乖睽。上下離畔。內政不脩。外亂交迫。是无道之極也。所謂天地閉而賢人隱。君子於此。惟當潛身修德。隱居避禍而已。若猶縈情利祿。恐祿之所在。禍即隨之。至此而始欲避難。已不及也。是以君子必韜光匿彩。窮約自守。避之維恐不遠。即有以祿來包承者。君子亦不受其包。蓋唯知以德爲榮。而不知以祿爲榮也。

(占)問時運。目下諸事不利。宜慎守。不宜妄動。○問營商。宜買入。不宜賣出。韞藏待價。後可獲利。○問戰征。不利攻。宜退守。○問家業。惟宜克儉克勤。方可免禍。○問疾病。是痞隔之症。宜節飲食。○問生產。恐生男。不育。○問失物。恐不可復得。○問婚嫁。有分離之象。○問謀事。不成。

初六。拔茅茹。以其彙貞吉。亨。

象傳曰。拔茅貞吉。志在君也。

拔茅茹其彙。解見泰初九下。此卦與泰卦雖同。而別分內外以氣運變遷言之。下卦坤。爲否中之否。上卦乾。爲否中之泰。此內卦之三陰相連。猶泰內卦之三陽相連。故初爻之辭。與泰初爻同。唯此爻以陰柔之小人。三陰相連。一陰起則衆陰竝起。例如大奸得志。群奸競進。謂之拔茅茹以其彙。初之時。小人惡跡未形。且與四相應。尙有改而爲君子之意。故聖人不遽絕之。而敎之以貞。如能祛邪從正。以道匡時。固可得吉而亨也。象傳曰。拔茅貞吉。志在君也。謂小人初時得位。亦未嘗無忠君愛國之心。苟與君子竝進。能從君子之道。卽可爲君子也較之祗知有身。而不知有君異矣。

(占)問時運吉。宜以合夥謀事。○問營商。於新立商業。用人宜愼。○問戰征。當率左右營。合隊竝進。吉。○問家宅。主有親戚同居。吉。○問疾病。恐患傳染之症。然無害也。○問六甲。生女。○問失物。可得。

六二。包承。小人吉。大人否。亨。

象傳曰。大人否亨。不亂群也。

包承者。謂承順于上。下順上。臣承君。陰爲陽所包之義。小人大人。皆指占者德位。及事之大小而言。夫爲臣者不一。有事君人者。有安社稷臣者。有天民者。有大人者。如六二則事其君而爲容悅者也。此爻柔順中正。上應九五。小人之巧者。包承容悅。以得其君之寵幸。爵祿之崇。賜予之豐。可爲吉矣。然陰柔不才。當否之時。無開通閉塞。撥除騷亂之力。但與上下二陰。爲陽所包。以其能包容君子。禮賢下士。藉作攀援。較與嫉正妬賢。殘害君子者。固有間焉。故曰包承。小人吉。而在大人。則唯固守其否。窮居樂道。必不肯委曲以效其承。其身雖否。道自亨也。蓋志高品潔。斷不隨流揚波。混入於小人之群。故象傳曰。不亂群也。蓋可見君子處否。不失其道也。

(占)問時運。目下順適。能以寬容待人。萬事皆吉。○問商業。賣買皆利。○問訟事。防有賄賂僞造等弊。始審或不利。上控則吉。○問家宅。家口平安。年老家長。或恐有疾。亦無害也。○問戰征。必可獲勝。主將或有小災。○問失物。須就包裹內覓之。必得。○問生產。得女。產母有疾。無妨。

(占例)明治二十二年春。親友某氏。訪余山莊。某氏係賣繭絲爲業。曰今年橫濱絲價大昂。勢必逐日騰貴。欲歸吾鄉奥州。多購辦之。占一大利。請占其得失。筮得否之訟。

爻辭曰。六二包承。小人吉。大人否。亨。

斷曰。此卦天昇而在上。地降而在下。擬之物價。有高低懸隔之象。彖辭曰。大往小來。明明言支出之金大。而收入之利小也。據此占。則有損無利。必矣。在足下以生絲爲商業。際此時機。固未可袖手傍觀。當籌一有盈無虧之計。爻辭曰。包承。小人吉。大人否。亨。吾勸足下歸于奧州。賣買生絲。可效牙保之行。今日所買。即今日賣之。獲利雖微。保無虧耗。萬不可作一擲萬金之想。所謂包承。小人吉者。蓋明言小利則吉也。若必以鉅萬購買。恐貨方買入。而時價低落。且各處蠶絲販集。貨多價跌。恐後日價亦未必再騰也。謂之大人否。後某氏趨福島地方。從事生絲賣買。一時絲市騰貴。人皆爭購。未幾。價忽低落。買者均多損失。氏獨信此占。斯不虧本。且得微利。

六三。包羞。

象傳曰。包羞。位不當也。

羞者。恥其非之謂也。包羞者。掩蔽羞辱也。此爻居內卦陰之極。爲惡既深。既昧于審時。又短于量己。今否中之否既去。否中之泰將來。有爲之士。出而圖治。施其才力。正宜撥亂反正。以濟國家之否也。乃六三陰柔無才。不中正而在陽位。較六二更爲凶險。六二尚欲包承君子。六三則已有傷害善人之意。但當否運當轉。惡勢已衰。欲傷不能。見得君子。反覺自形羞恥。是以曲意掩飾。謂之包羞。內羞而外包。其中心之凶險。未可測矣。不言凶者。其既知羞。當必自知其凶也。

象傳曰。位不當也者。謂其不中不正。柔居陽位。不得其當也。

(占)問時運。目下正當好運將來之際。宜謹慎自守。以避羞辱。○問商業。防內中暗有耗失。外面仍然瞞蓋。以用人不當也。○問家室。恐內行不修。有牆茨之羞。又不宜以妾作妻。○問戰征。防爲敵軍所困。○問疾病。防以寒包熱之症。恐藥不對症。宜急覓良醫。○問訟事。恐辯護士。不得其當。○問失物。防竊者含羞自盡。反致多事。○問行人。防其人貪戀女色。一時未歸。

(占例)明治中興以來。迄今二十有餘年矣。文運大興。學者彬彬輩出。而其學貫漢歐。識徹古今。受博士之寵稱。爲一世士君子之模楷者。獨有我敬宇先生而已。先生諱正直。幼字曰敬助。姓中村。父某豆州宇佐美村人。以農爲業。弱冠好學。來江戶。其後納貨。得列根來同心組。娶武州幸手驛農某之女。居數年。患無子。祈小石川牛天神祠。遂舉一男。即先生也。先生天資慧敏。甫三歲。能作字。七歲善賦詩。當時賢太守德川齊昭。(水戶藩主)島津齊彬。(鹿島藩主)鍋島齊正。(佐賀藩主)皆聞其早慧奇之。召見。使之賦詩。詩成。聲律整齊。句意俱佳。三侯感歎不措。或疑其父豫所教。留之旬日。復試以他題。愈出愈佳。三侯益奇之。稱以神童。稍長。入昌平黌。勤勉超越儕輩。學業益進。未幾爲助教。年二十二。幕府命列布衣格。諸老輩無不欽羨者。及幕府與外國締結條約。置蕃書調所。以先生爲其頭取。既而先生奉命。率生徒雋秀者數十人。趣歐洲。未及歸。國勢一變。王室中興。先生既歸。卜居於靜岡縣下。著西國立志編。公之于世。蓋先生口自翻譯。夫人某氏。筆之云。凡先生所翻譯之書。世人爭購讀之。紙價爲貴。先生因是得巨利。先生謂此貲。由學而所獲。復宜用之於學事。乃設同人社。大聚後進。延師教授。受其薰陶而輩出者。不可指數。初余聞先生名。渴思一見。明治十二年。由栗本鋤雲。向山黃村兩氏。爲介。始得相識先生溫粹端嚴。一見而知爲德行之君子也。余既締交先生。意氣投合。恍如舊識。與之談易。數日不倦。余竊重先生以爲益友。每相見。歡然莫逆。十數年如一日。明治二十四年。余漫遊京攝。留數十日而歸。時既夜。有忽齎急信者。受而見之。爲先生之息一吉氏書翰。報先生之疾篤。余驚歎心動。一夕不能寐。翌日早起。直訪其廬。時先生患中風。困臥蓐中。見余之至。欣然目迎。如有欲言。然舌端澁縮。不能出口。仰出右手。書卜字而示。余知其意。筮得否之遯。

爻辭曰。六三。包羞。

斷曰。此卦內卦爲地沈下。外卦爲天騰上。是心魂歸天。形體歸地。即心身相離之象。且否之爲字。从不从口。爲口不能言。是氣息將絕之時也。今六三在上下之境。變則爲逝。是先生逝將避俗世而超升仙界也。九四爲翌日之未來者。其辭曰。有命无咎。疇離祉。有命者。即所謂死生有命也。曰无咎。疇離祉者。行將逍遙極樂。永享天神之福祉矣。變而爲觀。觀者祭祀之卦也。先生沒後。世人追慕其德而祭祀之。據占已知先生翌日將沒。

乃書否之六三示之。先生固知易理。一見首肯而瞑目。其狀蓋自知天命。愼受其正。翌日果溘然仙逝。乃以神祭葬之云。嗚呼。君子視死如歸。余於先生見之。」

九四。有命无咎。疇離祉。

象傳曰。有命无咎。志行也。

命者。天命也。疇者。類也。疇離祉者。謂三陽同類而共受福也。此爻上近至尊。有濟否之才。居濟否之位。若不待君命。乘釁舉事。急於圖功。雖濟亦不能无咎。要必奉五之命令。斯名正言順。才力足以除奸。威權一歸於上。故曰有命。无咎。迨事平論賞。固不獨爲一己之功。凡與謀諸賢。皆得並受福祉。故曰疇離祉。離者。

麗也。疇者。謂同類濟否之三陽也。夙具濟否之志。向以未得其時。故未行也。今則上奉君命。進而舉事。乃得行其夙志。而克奏濟否之功也。

(占)問時運。目下已得盛運。隨意謀事。必獲利益。○問商業。大得轉機。但須立定志意。審度市面。從前所失。今可復得。且獲盈餘。○問家宅。宅運已轉吉。○問戰征。命將出征。大吉。○問疾病。命根牢固。無害。○問失物。必夾入在用品物中。尋之即得。

(占例)秋田縣人根本通明氏。近世之鴻儒。長於經學。尤精易義。博學洽聞。有名當世。余素相親密。曩者余欲著易斷。相與商確。曰君邃古易。於先聖古哲之說。無不究其精奧。請君著易義。余述自得之活斷。共公示世。氏大喜。奈氏雖有此意。懶於執筆。余屢促之。未嘗從事。余乃轉計曰。君精易學。世人所共知。好易者必叩君之門。當今有精易學而長文才者。請紹介之。氏乃以齋藤眞男告。此人舊佐倉藩士。久奉職於滋賀縣。後轉任元老院書記官。近時閑散。余擬延請齋藤氏。先占其編述可否。筮得否之觀。

爻辭曰。九四有命无咎。疇離祉。

斷曰。否者塞也。故夙無面之識。今得友人介命。得以相晤。共事著作。余雖通易理。長活斷。文章非吾所能。幸逢齋藤氏。得以成余素志。齋藤氏得亦藉顯其長技。則疇離祉之占也。

因訪齋藤氏。告以余之意中。氏欣然應諾。遂得從事易斷之編纂。易斷十卷。脫稿之後。氏任島根縣某郡長。頗有良宰之稱。不幸罹肺患。以二十二年五月。沒于神戶。今余不堪悲愴。余永訣良友。追懷往事。特記之。

九五。休否。大人吉。其亡其亡。繫于苞桑。

象傳曰。大人之吉。位正當也。

休否者。謂能休止其否運。苞桑者。謂桑之叢生者也。繫。維繫也。謂繫之而堅牢也。此爻剛健中正。而居尊位。其才德威望。足以休否而開泰。是有德有位之大人也。故曰休否。大人吉。六二。大人否。以六二之時。大人有德無位。時會未來。祗得守其否。至居九五。則德位兼備。適當休否之會也。然否之方休。而泰未全復。譬如病之新愈。痛痒雖除。元氣未充。苟不愼起居。不節飲食。則舊患再作。其禍更烈。危亡立見。是以休否之後。內懷敬畏之心。外盡保護之計。常恐天命之難諶。人心之難保。夙夜深慮。凜凜滅亡。其慮患深。操心危。正不容一刻偸安也。庶幾長治久安。可得保也。故形容其危曰。其亡其亡。不嫌反復重述。垂戒深矣。曰繫于苞桑。象旨以二在巽下爲桑。初三與二。同類繫之。令桑止於其下。无復向上而長。則根本不搖。三陽得併力休否。而啓泰運也。无道之君。自謂不亡。故必亡。有道之君。常懼其亡。故不亡。係辭傳引伸其辭曰。安而不忘危。存而不忘亡。治而不忘亂。是以身安而國家可保也。象傳曰。位正當也。六二曰。位不當。屬之匪人。九五曰。位正當。謂之大人。故六二曰。大人否。此則曰大人吉也。

(占)問時運。目下漸入佳境。惟安而不忘危。百事皆吉。○問商業。恰當絕好機會。但須改用夥友。謹愼做去。必獲利益。○問家宅。祖業深厚。吉。○問戰征。暫宜休戰。○問疾病。有碍。○問訟事。和。○問失物。防難復得。○問行人。不利。○問生產。

大人無碍。小人難保。

(占例)明治十八年五月。出雲大社敎正千家尊福君。枉過余莊。叙寒暄。既而曰。頃日傳聞政府爲籌人民之歸嚮。有定國敎之議。所謂國敎者。我國固有之神敎乎。或佛敎乎。抑耶蘇敎乎。未悉廟議何屬。是雖非我儕所敢議。然欲豫知其歸着。請勞一筮。余乃先筮神道之氣運。筮得否之晋。

爻辭曰。九五。休否。大人吉。其亡其亡。繫于苞桑。

斷曰。此卦陰進陽退。智術盛行。道德漸衰之象。又泰爲通。否爲塞。占神道氣運。得此卦。即爲神道閉塞之時也。卦象陽在上。陰在下。顯見上下隔絶。威靈不通之象。陰陽消長之理。非人所能爲力。序卦傳曰。物不可以終否。且否自遯來。一陰進則爲觀。爻辭曰。觀國之光。可知觀神靈顯赫。大觀在上。將復光大我國敎也。爻辭所云。能繫神道氣運於將亡者。唯有苞桑一縷而已。苞桑叢生。一根數莖。殆可充揲蓍之神草乎。復與我國上古卜部所掌太卜之道。有事占問神意。以感動天神地祇。守護國家。其靈妙有不可思議者。以此神卜。可傳神道於悠久。使人民永仰神威也。是我國諸神靈。特假卦象以示世。且我國古稱扶桑。維繫扶桑之神敎而永存也。故謂之神道。近時各國創興理學。獨吾國崇奉太卜神事。使彼理學者驚服。因更示實驗。俾世人敬畏神明。知神敎繫留而不亡者有在也。

敎正大感此言。

○明治十五年某月日。某貴顯來談曰。方今我國有四十萬之士族。皆以解舊祿。陷貧困。夫衣食足而知禮義。古今之常則。今此輩。遭此窮厄。或轉而起不良之事。未可知也。欲代謀安置之策。請爲一筮。予曰。予亦向爲此輩憂之。謹筮之。

筮得否之晉。

爻辭曰。九五。休否。大人吉。其亡其亡。繫于苞桑。

斷曰。方今我國士族貧寠。甚于都鄙窮民之慘者。無地無之。昔者乞丐之徒。其生來本貧。貧固其常。至於士族。本非貧者也。襲祖先之功績。得膺俸祿。生平不知經營爲何事。衣租食稅。習慣爲常。維新一變。俄解世祿。於是百方計畫。或從事商業。或勞力農務。雙刀執穡之餘習未去。諸務向不習諳。凡所謀畫。有耗無贏。衣食乏資。室家交謫。其困苦殆不可言狀。天下四十萬之士族。陷此窮厄者居多。在往時守世祿之常。以一死報君爲本分。其臨事也。以有進無退爲榮譽。零落至今。猶凜凜乎不失其勇氣。其從來行爲。固與農商輩大異。是以不能爲農商之事也。惟當與應分產業。使之盡其所長。是當道之責也。此爻辭曰。其亡其亡者。蓋謂士族生計之困難。殆將瀕死。繫于苞桑者。謂足維繫其將亡。唯有苞桑而已。爻象將令此輩士族。開墾新地。種藝桑樹。使之專營養蠶製絲之術。維持其家計也。今試論其方法。關東地方。多荒蕪之原野。關西地方。多坦夷之山郊。其原野之雜草。可供肥料。山郊之荆榛。可供薪柴。例如其肥料。南亞米利加有鳥糞。其價甚廉。今政府貸與資本及一艦。輸載我國產。交換彼鳥糞。沽買之於各士人民。購入雜草叢出之原野。使舊士族開拓之。可種之以桑也。爲此舉也。布設鐵道於全國。使兵士實地演習。爲兵營多造設家屋。如一村落。使彼士族移住於此。以男子依常備兵之年限。爲屯田兵。以練習軍事。使女子勤收畜養蠶之業。是其大略也。若夫詳細處置。一任當局畫策而已。如是施政。今日貧苦士族。得以安居樂業。國家之盛業。無復加於此者也。

上九。傾否。先否後喜。

象傳曰。否終則傾。何可長也。

傾否者。謂傾毀否運。而漸復泰運也。此爻以陽剛之才。居否之極。能傾毀其否者也。九五之君。既有休否之力。上九居其後而輔佐之。鞠躬盡瘁。能恢復既墮之國運。故曰傾否。蓋否泰本有循環之機。處否之極。其勢必傾。否塞已盡。泰運將至。然當否之時。要不可委之天運。終當盡其人事。故九五不曰否休。而曰休否。此爻不曰否傾。而曰傾否。見運會之轉。人力居多。夫天道開導人事。人事贊輔天道。撥亂者貴夫德。成治者在夫時。上九陽剛。而具有爲之才。居否之極。又値可爲之機。故能撥亂反正。從前憂苦于否塞之亂。今乃復遇康泰之盛。安寧喜樂。謂之先否後喜。蓋往者無不還。終者無不始。是天運循環之定理。假令否之時。天地閉塞。陰陽不交。天下無道。而小人得時。一旦否傾則泰來。即天地生生之道也。象傳曰。何可長也。是之謂也。

(占)問時運。亨通。○問商業。上春不利。秋冬大吉。○問家宅。遷居大吉。老宅不利。○問訟事。即日可結。○問戰征。小敗大勝。○問六甲。生男。○問失物。即得。○問疾病。即愈。但防復發可慮。

(占例)橫濱商人某來告曰。目下商業上。有一大事。欲謀之於東京友人。請占其成否如何。筮得否之萃。

爻辭曰。上九。傾否。先否後喜。

斷曰。此卦天地之氣。塞而不通之時也。足下欲與人謀事。其人必因事疎遠。心氣不通。非知己之友也。今得上爻否之終。是將釋其前嫌。重尋舊好。傾談之下。彼此懽悅。謀必可就。謂之傾否。先否後喜。

其後某來謝曰。東京之談。果如貴占。

增補高島易斷

䷌ 天火同人

同人、一卦。離下乾上。離☲改作火。乾☰改作天。故合爲⿱天火字。有光明上際溥見之象。乾天也。離火也。天氣上升。火性炎上。與天同也。故爲同人。按同人之卦。上承否。天地不交爲否。上下相同爲同人。蓋與否相反。而足以相濟。故雖同道相與。乃能濟否也。是卦之所以次否也。

同人于野。亨。利涉大川。利君子貞。

同人之道。要在廣遠無間。中外如一。斯謂之大同。野謂曠野。取遠與外之義。于野。則上天下地。空闊無際。無所容其私心。斯物無不應。人無不助。故亨。心無私欲。則地無險阻。無往不利。雖大川亦可涉。但同亦分公私。合我者同。不合者異。是小人之黨也。非同也。要必公正無私。渾然天心。雖千里之遙。千載之後。志無不合。道無不同。故曰利君子貞。

彖傳曰。同人柔得位。得中而應乎乾。曰同人。同人于野亨。利涉大川。乾行也。文明以健。中正而應。君子正也。惟君子爲能通天下之志。

彖以卦體釋卦義。柔謂六二。乾爲九五。六二以柔居柔。得位得中。以應九五。故曰應乎乾。乾者健也。健而能行。足以濟險。故曰利涉大川。乾行也。文明者。離之象。剛健者。乾之德。二五皆中正。得以相應。君子之道也。故曰君子正也。君子心公。公則天下感之。君子道正。正則天下化之。遐邇一體。上下同德。則天下之志皆通矣。唯君子能之。故曰唯君子爲能通天下之志。

以此卦擬人事。全卦五陽一陰。六二一爻。以陰居陰。得位中正。爲內卦之主。應上九五。全卦之象。恰如以一女居五男之中。以一女對五男。寬裕温柔。周而不比。衆陽和悅。而同心合意。天下皆通。曰同人。柔得位得中而應乎乾。不曰應九五。而曰應乾。可知不專應九五一爻。而徧應衆陽。爲能通天下之志也。凡天下之事。以一人獨成則難。與人共成則易。而與人之道。有公有私。公則道合。私則道離。且以私同者其道小。以公同者其道大。譬如平原。一望無垠。絕無隱蔽。是即同人于野之象也。內卦離爲明。爲智。外卦乾爲正。爲健。人能得夫離之明。離之智。以應乎乾之爲正爲健。以此而謀事。則事無不利。以此而涉險。則險皆可涉。即以此而交天下之人。則天下之人志無不通。是率天下而大同也。

以此卦擬國家。上卦爲君。至剛至健。威權赫赫。卦中之九五也。下卦爲臣。得位得中。文明有象。卦中之六二也。二與五爲正應。君臣合志。正明良際會之時也。同人之卦。次於否後。否則天地不交。萬物不通。其要在於不能通天下之志。惟同人爲能通之。通則爲泰。是國家所以濟否開泰者。實賴同人之力也。序卦曰。物不可以終否。故受之以同人。可知天地不交爲否。上下相通爲同人。是故有國家者。君得其位。又當得其剛之中。臣得其位。又當得其柔之中。庶幾剛柔相應。上下合志。雖大川之險而可涉。天下之志而能通。且六二之臣。不特上應九五。又必比合初三四上諸陽。一心一德。同朝共濟。體離之明。法乾之行。出以至正。不涉偏私。斯天下之人。正者感而通。不正者亦化而通。安往而不通。即安往而不同哉。

通觀此卦。上卦爲乾。下卦爲離。離本乾也。坤交于中而生離。其象爲火。蓋乾本元陽。火者陽之眞氣。與乾同體。故曰同。天之生人。耳同聽。目同視。口同味。心同覺。一人之所是。萬人同以爲是。一人之所非。萬人同以爲非。親者同愛。長者同敬。人雖至愚。此心此志。無不同也。故孟子曰。聖人先得我心之所同然者也。天之所與于我者。不異也。蓋公則無不同。一涉私欲。遂致支離乖僻。不可復同。然其秉彝之良。卒不可昧也。是天之所與于我。而其不可昧者。離也。不可異者。乾也。故人秉離之明。行乾之健。至公無私。自然亨通。險阻化而爲平地。雖涉大川。亦無不利。是同人之所以亨也。觀諸爻無同之象。蓋凡人有意求同。便涉於私。私則不同。蓋同者不言同而自同也。初九曰于門。謂出外无所私昵也。故无咎。六二曰于宗。雖中且正。未免涉宗黨之私。爲可吝也。九三以剛强居二五之間。强欲求同。雖伏藏三年。終不敢興。知懼。故不凶也。九四近五。如隔墉耳。知義弗直。弗敢强攻。則爲吉也。九五剛健。應二爻明。當其未通。不勝憤懣。一旦貫通。自覺喜悅。故曰先號咷而後笑也。上九遯居郊外。无意求同。故无悔。合而言之。同人一卦。初上二爻。于門于郊。皆在外也。故无咎悔。二有于宗之吝。三有戎莽之禍。五有大師之患。是皆同於內。故无吉者。蓋于宗不若于門。于門不若于郊。于郊不若于野。總之出外則無黨援。亦無阿好。地愈遠而心愈公。公則平。平則通。故聖人以四海一家中國一人爲心。斯謂之大同矣。若求同於近。雖同亦私。是以象辭首曰。于野。可知同人之道。當以天下爲量者也。

大象曰。天與火同人。君子以類族辨物。

此卦乾上離下。象傳不曰火在天下。而曰天與火。蓋以乾爲日。離亦爲日。象相同也。故曰天與火。取其同也。乾陽上升。離火上炎。性相同也。猶人生性無不相同。故曰同人。君子法乾之健。以類其族。用離之明。以辨其物。於異中求同。故族必類之。於同中求異。故物必辨之。凡異之不可不明辨。猶知同之不容以相混也。即此而推之。知人有善惡邪正之分。心有是非公私之判。君子亦必當類而觀之。辨而別之。如周之與比。黨之與羣。其貌若相似。其心則自別。要必明析嚴辨。不稍假借。是異其所不得不異。乃能同其所不得不同。此所以爲同之大有也。

(占)問時運。目下大有升騰之象。且得朋友扶助。大吉。○問商業。宜於合資會社等業。大利。○問家宅。得合家和悅之象。吉。○問戰征。主軍士同心。即宜調兵進攻。大利。○問疾病。是火症也。恐醫藥有誤。宜別求良醫。○問訟事。防有同黨私庇。一時未可審結了案。○問六甲。生女。○問失物。須細細於物類中尋覓。乃得。○問行人。即日可歸。必與友偕來。

初九。同人于門。无咎。

象傳曰。出門同人。又誰咎也。

初九。居一卦之始。爲同人之首也。此卦以二爻爲主。初與二相近。則相同。二居上爻之中。象門。初爻曰于門。亦不願獨同于二。故欲出門以廣交也。門以外無所私昵。故无咎。象傳則顚倒其辭曰。出門同人。顯言一出門外。天地萬物。孰不吾同。不曰无咎。而曰又誰咎也。蓋无咎。第屬已言。又誰咎。則見門外之人。皆樂與之同。誰復得咎之者。易以人名卦者。家人同人兩卦。家人者。一家之人。宜位正夫內。同人者。天下之人也。宜志通夫外。易言出門者。隨與同人兩卦。隨曰出門有功。同人曰出門无咎。皆以門內爲易溺於私。門外則廓然大公矣。

(占)問時運。目下平順。宜經營出外。利。○問家宅。一門之內。雍雍和睦。无咎。○問商業。利行商。不利坐賈。○問疾病。宜避地調養。無碍。○問訟事。防有徵役之患。宜豫出躱避。可以免咎。○問失物。須於門外尋覓。○問六甲。即時可產。得男。

(占例)一日友人某氏來請占運氣。筮得同人之遯。

爻辭曰。初九。同人于門。无咎

斷曰。此卦爲出門求友之象也。交際之道。宜與善人同。不宜與不善人同。爻辭曰于門。象傳曰。出門。言出外自得同人之助。蓋在內則相與者皆親好。不能无私。私則有咎。出門則往來者皆同胞同與。故无咎也。今占得同人初爻。知君必初次出門者也。君可放膽做去。他日必得高位。博衆望。可預決也。某用之。後果大得人望。如占所云。

六二。同人于宗。吝。

象傳曰。同人于宗。吝道也。

此爻以陰居陰。文明中正。而爲全卦之主。卦中諸陽。皆求應二。二與九五爲正應。九五爲君。居一卦之尊位。二爻曰同人于宗。宗尊也。言二得同於至尊。在二與五。剛柔中正。時位相應。可謂盡善。但兩相款密。未免偏私。有失至公大同之量。且三四兩爻。求同不得。見二與五。同意親密。致生嫉妒。即所以取吝也。故曰同人于宗。吝。象傳曰。吝道也。道字最宜玩味。謂一時即未見吝。而已有取吝之道也。彖辭以六二得位得中。曰亨。爻義以同人于宗。曰吝。蓋卦體主大同。爻義戒阿黨也。

(占)問時運。目下未佳。雖有相助。而相忌者多。未能百事遂意。○問商業。利于大宗買賣。惟出納宜留意。得利。○問訟事。不利。○問家宅。以勤儉起家。得長子之力。○問疾病。有魂歸宗廟之象。凶。○問行人。即返。○問六甲。生女。○問失物。被拾者藏匿。不見還也。

(占例)明治三年。占自氣運。與將來之方向如何。

我國維新之初。明治元年。有奧羽北越之役。二年有箱館之征討。天下之形勢未寧。三年干戈既熄。天下拭目。以望昇平。當是時余大有所感。自以生長商家。唯汲汲謀興家業。未遑計及國事。玆幸遭遇聖代。得與貴顯諸公。朝夕面晤。深荷欵遇。在諸公毀家紓難。勤勞王事。皆維新之功臣也。如余者得生長今日。際盛運。而於國家毫無建樹。實可恥之甚也。玆願稍展寸長。勉力從公。冀圖深厚之報。爲此自占現時氣運。與進步之方向。筮得同人。

斷曰。幕府末路。昇平日久。政綱廢弛。加以外交事起。當時君子不得其位。小人得逞其奸。上下閉塞。秩序紊亂。於是豪傑之士。所在興起。天下翕然應之。撥亂反正。一變否極之世。得啓今日泰平之盛。是即同人之卦也。今筮得此卦。彖辭曰。同人柔得位得中。而應乎乾。曰同人。以六二一柔得位中正。應上卦九五之中正。是余居民間中正之地位。上與政府之政略相應。同其目的。柔者。謂余本無爵位。才力柔弱。曰同人于野。謂余本是野草莽之臣也。亨者。謂余之氣運與天下之大勢。悉當亨通。凡爲國家創興事業。無不成功也。按同人一卦。卦體則主大同。爻義則戒偏私。獨于野曰亨。蓋宜遠取於外。不宜近取於內也。且彖辭曰。乾行。乾行者。自強也。曰利涉大川。利涉者。興造舟楫也。曰文明以健。文明者。創修文學也。卦象所言。皆一一示余著手之方向。且教余取法海外之造作。通行於天下。故曰爲能通天下之志。余既得此卦象。唯冀有補政府劇務之萬一。區區家資。遑足惜乎。明治三年。決志拋資産。先設飛脚船。便內國之運輸。次創謀鐵道。次建設洋學校。聘教師於外國。以振起教育之業。布設瓦斯燈於橫濱港內。至七年之冬。得成此四大創始工業。此四大工業。當時邦人。實未嘗著手。余爲之嚆矢也。明治七年。瓦斯燈建成之日。榮邀

天皇陛下臨幸。蒙
賜謁見。余當時懷藏先考靈牌。冀得同觀
天顏。又荷
寵頒進步首唱
勅語。拜受之下。榮何如之。
此卦以第五爻爲同人之主。以年計之。初爻至五爻。恰是五年。今自明治三年。至七年。其間九三之伏莽。九四之乘墉。多有障礙余之事業者。然余公平無私。百折不屈。果得奏効。然物盛必衰。勢極必變。是天理之常。余雖乘同人之運。得成厥事。若昧人事窮通之理。知進而不知退。恐有亢龍之悔。即同人上九。戒之曰同人于郊无悔。是易理之妙用也。其旨深矣。迨八年。余居神奈川郊外望欣臺。優游逍遙。間玩易理。以至今日。爰述同人之卦義。追懷往事。附記數語。

九三。伏戎于莽。升其高陵。三歲不興。

象傳曰。伏戎于莽。敵剛也。三歲不興。安行也。

戎者。兵戎也。莽者。草深處也。此卦六二。一陰居中。卦中諸陽。皆欲與同。三爻接二最近。欲同之意尤切。然二爻中正。爲九五正應。不與三同。三爻過剛不中。性情剛暴。位居二五之間。欲用强而同之。然懼二之中正。畏五之剛健。不敢顯發。伏戎於莽。以俟其機。上升高陵。以窺其隙。至三歲之久。終不敢興。亦可見小人之情狀矣。其不言凶者。以久而不興。故未至凶矣。然曰伏。曰升。其凶已露矣。象傳曰。敵剛也者。謂其所敵九五剛健。自知不能勝也。安行也者。三歲不興。亦安行乎。離爲甲兵戎之象。互卦巽。爲隱伏之象。此卦九三九四。不言同人者。兩爻共有爭奪之象。非同人者也。此爻變爲无妄。其六三之辭曰。无妄之災。或繫之牛。行人之得。邑人之災。可以見其有凶咎也。

(占)問時運。目下宜潛伏。三歲後方可出而謀事。○問商業。宜開刊山林。三年後大可獲利。○問家宅。防有盜賊窺伺。○問戰征。須防敵軍埋伏。○問訟事。慮有意外葛篠。一時不了。〇問失物。須於叢草中尋之。或山上草中。〇問行人。俟三年後可歸。

(占例)明治二十四年。某貴顯來請占當年氣運。筮得同人之无妄。

爻辭曰。九三。伏戎于莽。升其高陵。三歲不興。

斷曰。此卦有公同謀事之象。故曰同人。在世間智者少而愚者多。古今皆然。今人往往採取朝野大衆之論說。謂之公議。所云謀野則獲者是也。故彖曰同人于野。亨。及三爻剛而不中。强欲求同。不曰于野。而曰伏莽。又自知畏懼。終久而不敢興。其象如是。氣運可知。請俟三年後而謀之可也

後果如此占。

九四。乘其墉。弗克攻。吉。

象傳曰。乘其墉。義弗克也。其吉。則困而反則也。

墉者。城垣也。此爻以剛居柔。而不中正。四與二非應。亦非比。而欲强同於二。且

中間隔以九三之墉。並忌二五之欵密。故欲乘其墉而攻焉。旣思九五剛健中正。攻之於義不直。於勢亦不敵。必弗能克。故不攻也。即此轉念間。悔過而改善。乃得變凶而爲吉。謂之乘其墉。弗克攻。吉。象傳曰。義弗克也者。謂不自逞其強。而能反省夫義。是以吉也。困而反則也者。謂不義之舉。必陷困厄。止其邪念。而反於法則也。此卦名同人。三四兩爻。均有乖象。人情同極則必異。異極則復同。猶國家之治極而亂。亂極復治也。是人事分合之端。即易道循環之理也。凡易曰不克。皆以陽居陰之爻。唯其陽。故有訟。有攻。惟其陰。故弗克也。此爻及訟之九二九四。如不克訟皆是也。

(占)問時運。目下宜退守弗動。吉。○問商業。宜壟斷貨物。待價弗售。後必獲利。○問家宅。宜修葺墻垣。吉。○問戰征。宜堅築營壘。防敵襲擊。○問訟事。今雖不直。後反得勝。○問失物。久後可得。○問疾病。雖凶無害。

(占例)友人來告曰。今有一業可興。請占其成敗。筮得同人之家人。

爻辭曰。九四。乘其墉。弗克攻。吉。

斷曰。此卦有合衆興事之象。其事必關公共利益可知也。九五乾之有金力者。與六二離之聰明者。陰陽相應。而成事。其間有九三九四兩爻。嫉妬其利益。於中阻撓。以謀占取之象。足下爲占事業。以爻辭觀之。知足下或羨彼之事業。謀彼之權利。將奪取而代之乎。足下一時不露聲色。唯陰使同意九三。爲之計畫。即爻辭所云乘墉。如乘垣而伺敵。潛伏而謀事之謂也。然此事必難遂志。不如中止。謂之不克攻。吉。故象傳曰。困而反則也。

後有所聞。果如此占。

九五。同人先號咷而後笑。大師克相遇。

象傳曰。同人之先。以中直也。大師相遇。言相克也。

號咷者。謂悲憂之甚而啼哭也。此爻君位。不取人君之義者。謂五在君位。當與天下同應。乃獨與二親密。非人君之道。即非大同之道也。是以爲九三九四所嫉妬。隔絕阻撓。使不得與六二相遇。遂致興師攻克。始得相遇。蓋其初以不遇而號咷。今得相遇而笑樂。謂之同人。先號咷而後笑。大師克相遇。在五與二。剛柔相應。上下相洽。其情似私。其理本正。故象傳明其中直。彖傳稱其中正。是師壯而得克也。豈得以私暱病之哉。

又一說長國家而欲和同衆人。其間有猜疑而離間者。使之隔絕而不相遇。極之號咷悲泣。使離間者亦服其德。復得和同而笑樂也。

(占)問時運。目下正當歡樂之時。從前苦志。今得遂願。○問商業。雖小有挫折。終獲大利。○問家宅。防有驚惶之慮。然終得平和也。○問疾病。先危後安。○問訟事。須請大好辨護士。方能得直。○問行人。防中途有阻。須緩得歸。○問六甲。生男。

(占例)明治二十五年三月。余漫遊駿州興津。閱新聞紙。知北海道炭礦鐵道會社長。堀基氏免職。余爲是社評議員。遂速歸京。與同事澁澤榮一、湯地定基、田中平八等。共爲會社周旋。數回方得協議。評議委員。定以湯地與余兩名中。充任社長。請願于該官廳。同事諸君。豫問余之諾否。余先取決于筮。筮得同人之離。

爻辭曰。九五。同人先號咷而後笑。大師克相遇。

斷曰。此卦六二一陰得時。又得中正之地位。上下五陽應之。余之就任社長也。九五之政府。九三之北海道廳長官。九四之大臣。初九之社員。上九遠方之株主。不特不唱異議定必同心喜悅可知也。謂之同人。柔得位得中應乎乾。曰同人。至處之之道。如平原廣野。無所隱蔽。一以光明正大爲主也。謂之于野亨。余雖不才。於此等事業。久經歷驗。加之以六百五十萬圓之金力。與政府補給之利子。余唯公明正大。毫無私曲。可得勝此責任。謂之文明以健。中正而應。君子正也。此會社在人跡稀絕之區。凡執工業者。故多非常勞働。亦不免暗生情弊。此亦勢所必有也。一爲革絕其弊。必生讒謗。然既任其事。自當任怨任勞。諺曰一功能服。百論得快。整理則疑謗自滅。謂之君子爲能通天下之志。即有如九三九四。以不得與事。生出意外枝節。百計窺伺。相謀竊奪。余當豫定目的。終不受其害也。謂之同人先號咷而後笑。大師克相遇也。

余得此占。承諾社長之任。後果如此占。在任五百四十日間。會社之整理。幸博同人之信用。價格四十四圓之株劵。騰貴至八十四圓。其十三萬株。合計五百二十萬圓。足見會社之盛運也。以在任之日數除之。平均一日。大凡一萬圓。是可謂全以道德得之者也。嗚呼。誰謂爲仁不富乎。謂道德與經濟相反者。此乃愚而無知者之言也。夫道德之功效。優於區區之經濟。不知其幾千百倍也。世之好誇大言內無實學者。宜知所猛省矣。

○明治二十八年。四月我國與清國講和約成。將遣大使於清國芝罘。交換條約。時法德俄三國聯合告我。以不可久占遼東。且聚戰艦於芝罘。有動輒起事之勢。上下心頗不安。各大臣及樞密顧問官等。皆趨西京。余亦聞之至西京。會土方宮內大臣。渡邊大藏大臣。於木屋町柏亭。兩大臣謂曰。今日之勢。三國聯合迫我。其意有不可測者。我軍艦勞數月之海戰。且有許多損傷。不復適戰鬬之用。實危急存亡之秋也。占筮決疑。其在此時乎。余曰曾已占之。筮得同人之離。請陳其義。

象傳曰。同人柔得位得中而應于乾。曰同人同人于野亨。利涉大川。乾行也。文明以健。中正而應。君子正也。唯君子爲能通天下之志。

爻辭曰。九五同人。先號咷而後笑。大師克相遇。

同人一卦。二爻一陰得中正。在五陽之間。輝離明於宇內之象。卦德有文明與剛健。通志於天下時也。今得五爻。則知大事必遂也。法德俄三國聯合妨我行爲。且欲逞溪壑之願。聚合軍艦於芝罘。又在各要港。悉整戎備。有不愆時期而舉事之意。又有奪我所得清國償金之胸算。其狡計炳如見火。就爻象推究。其中妨阻二五之交者。三四兩爻。三爻之辭。不云乎伏戎於莽。升其高陵。三歲不興。伏戎於莽者。謂自航海之要路。突然襲擊之備。升其高陵者。謂從旁窺伺其隙也。三歲不興者。謂待機而動。不遽發也。四爻之辭。不云乎乘其墉。義弗克也。其吉。則困而反則也。四與三同意。欲乘釁而起者也。謂之乘其墉。然以義有不直。故曰義不克也。是亦不能舉事而止。故曰其吉。則困而反則也。三國之非望如此。天命不許。不足介意也。今得五爻之占。雖憂三國之支障。然必得清帝批准條約。喜可知也。謂之同人先號咷而後笑。日後不爲宇內各國所輕侮。終得戰勝之譽。宜揚國光於萬里。謂之大師克相遇。占筮如此。我元老何須憂慮。於是兩大臣揚眉。不堪欣喜。

後果廟議一如此占。直以商船遣伊東巳代治氏於芝罘。交換條約而歸。當時三國。雖伺我釁隙。無擧事之辭。非常之備。無所復用。如易辭所示也。

○明治二十九年一月。余避寒於熱海。偶得神奈川縣吉田書記官報曰。前農商務大臣。白根專一君。罹大患。入大學病院。內外名醫。無所施治。束手待死而已。吾辱君之知遇久矣。不堪憂苦。希其萬死一生。敢煩一筮。筮得同人之離。

爻辭曰。九五。同人先號咷而後笑。大師克相遇。

斷曰。白根君疾革。一時國醫束手。謂症必不治。待死而已。據此占。料君不特不死。且即日愈快。謂之同人先號咷而後笑。其病或必得大汗。大瀉而愈。故曰大師克相遇。但此卦上爻爲歸魂。今得五爻。則上爻正當明年。明年恐或難保。然上爻之辭曰。同人于郊。无悔。此番愈快之後。宜移徙近郊閑散之地。遠于世累。

休息靜養。盡我人事。亦足挽回天命。或得无悔。乃記以報之。
後果大患徐徐而愈。德人白耳都氏以下諸名醫。不知其快復之理。後余亦訪君于病院。面渠夫人。勸以出院之後。宜就閒地休息靜養。然君以得復健康。不復應余之勸。翌年果復得疾不治。不堪痛惜。

上九。同人于郊。无悔。

象傳曰。同人于郊。志未得也。

郊者。國都之外。曠遠之地。此爻在五爻之上。爲無位之地。同人一卦。卦中五陽。皆欲同於六二一陰。三爻與二相比。其欲同之意尤切。四爻非應非比。然以介在二五之間。亦欲强同於六二。五爻與二爲正應。唯此爻居上。與二非應非比。孤介特立。置身荒郊之外。較初之于門更遠。無私暱之情。免爭奪之患。在六爻中。最爲完善。謂之同人于郊。无悔。蓋同人之量。愈遠則愈大。國外曰郊。郊外曰野。于郊較野殊近。故于野則亨。于郊則第曰无悔。象傳曰。志未得也。志即爲能通天下之志而言。其僅曰于郊。猶未能通天下之志也。故曰。未得志也。

(占)問時運。目下順適。諸事無所障碍。但宜在閒散之地。○問商業。宜立業於市廛之外。無憂耗損。一時亦未能獲大利益。○問戰征。宜在荒地屯營。○問失物。於郊外覓之。○問訟事。恐難得直。○問家宅。平順無災。

此卦爲歸魂之卦。若占命數而得此卦。至上爻必死。師之上爻。可參看也。

(占例)有相識會社役員某氏。來告曰。近來我會社頭取。與大株主之間。頗生紛議。株主欲開總會。改選社員。又有一派賛成當時之社員者。競爭頗甚。余不自知免職與否。請占前途之運氣。筮得同人之革。

爻辭曰。上九。同人于郊。无悔。

斷曰。同人者。與人相同也。勿論社員株主。皆思其社之利益。非各謀私利者。唯其所爲有左右之差。而遂生紛議也。蓋此紛議之來。由五爻之頭取。與二爻之支配人。其間過相親密。致啓他人之疑。然其疑可不久而解也。如足下不偏不黨。無所關係。亦無免職之憂。故曰于郊。无悔。郊者。田舍之謂。而離市街煩雜之地也。
後果如此占。

增補高島易斷

䷍ 火天大有

按大字篆書作大。从一从人。一者天也。以人貫天。天人一致。所以謂大也。有字篆書作有。从又从月。又手也。持也。月漸漸生光。滿則光大。有大有之象焉。此卦☲上。☰下。☲作炏。☰作三。合作⿱炏三字。卦位六五一陰居尊。五剛之大。皆爲尊位所有。故曰大有。遂以大有名卦。陰小陽大。陽爲陰所有。宜曰小有。不知爻雖陰。位則居陽。五剛爲九五主陽位者所有。故不曰小有。曰大有。

大有元亨。

正義曰。柔處尊位。羣陽竝應。能大所有。故稱大有。元爲善之長。大有得乾之元。以流行成化。故以元亨歸之。程子曰。諸卦元亨利貞。彖皆釋爲大亨。恐與乾坤同也。凡卦有元亨者四。大有蠱升鼎也。

彖傳曰。大有柔得尊位。大中而上下應之。曰大有。其

德剛健而文明。應乎天而時行。是以元亨。

此卦下乾上離。乾者天也。離者日也。是日在天上。徧照萬物。庶類繁昌。君心下交。賢才輩出。物之大者。人之大者。皆歸我所有之象也。以其所有之大。名此卦曰大有。大有者。包括宇宙之大而有之也。卦中一陰五陽。五陽皆服六五柔中之德化。故曰大有柔得尊位。大中而上下應之。曰大有。大中者。猶曰正中也。從容中道。見天子建中和之極。啓天下大順之化。柔能應天。故上下皆應之也。六五之君。虛以容人。中以服人。明以知人。是以得獨擅大有之尊稱。無論諸爻得位。或失位。並无凶咎者。以其皆應六五也。且內卦乾剛健。外卦離文明。六五之君。應於乾之九二。應乎乾。即應乎天也。應天而時行。其德如是。是以元亨也。謂之其德剛健而文明。應乎天而時行。是以元亨。大有之元亨。不在上下五陽。而在六五一陰。夫健而不明。則不能辨。明而不健。則不能決。唯健而明。乃足以保其大有也。蓋剛健而文明者。德之體。存其德於身也。應乎天而時行者。德之用。施其德於政也。應天乃所時行。時行必本於應天。德本一貫。人君有如此之德。

天下雖大。可運于掌上也。元亨者。元即從乾元來。亨者通也。乾健離明。居尊應天。是得元亨之道也。

以此卦擬人事。凡人處世。貴賤尊卑。各從分限。有所宜有。故各宜保其所有。然求有之道。又宜出於公。而不宜溺於私也。又宜取諸遠。而不宜拘於近也。私則情意係戀。而有必不正。近則見識狹隘。而有必不廣。譬如求學。當擴其識於上下古今。而識斯大也。譬如求財。當搜其利於山川海陸。而利斯大也。然必健以行之。而無或自怠。明以察之。而無爲所蔽。德則應乎天。行則合乎時。如是以求有。則我之所有。可包括夫天下之有。天下所有。皆統歸於我之所有。庶幾所有者皆公而非私。亦可即近而及遠矣。此之謂大有元亨。人能玩味易象。凡其作事。順天而無違。出於公不溺於私。取諸遠不拘於近。是即大有之道也。

以此卦擬國家。六五一陰在天位。而撫有五陽。乾爲富。爲正大。離爲福。爲公明。具此公明正大之德。即未嘗富有天下。而其量已足包天下矣。繫辭傳。所謂富有之謂大業是也。周易六十四卦中。一陰五陽之卦。凡六。而一陰占君位者。唯此一卦。是所以得大有之名也。故大有之世。六五之君。虛已而撫育萬民。集臣民之賢者。使之從大中之政。當是九四爲近侍之臣。明哲而有爲。九二爲正應之臣。剛健而多才。六五能信任不疑。凡臣下之有爲有才。皆得收用其效。而若已有之者也。制作盡善者。元也。治化四達者。亨也。是以其政公明正大。德被四海。天下之事。各得其理。天下之民。各得其所。國富民裕。上熙下安。世日進者文明。治堪追者康樂。撫此殷庶之人民。大啓富强之國勢。納四海之廣。於利用厚生之中。囿天下之大。歸一道同風之俗。凡下民身家衣食。皆得被其澤。使民。不敢自私其有。咸欲以所有奉之於上也。是之謂大有。是之謂元亨。謂之上下應之也。

同人之卦。文明之化行于下。庶民皆有君子之風。而無乖戾之俗。大有之卦。文明之德備于上。天下咸被聖人之澤。而無缺陷之遺。比卦以一陽居尊。下應五陰。其應者皆係民庶。大有以陰居尊。下應五陽。其應者皆係賢人。得天下賢人而應之。其德之所有。豈不大乎。

通觀此卦。以五陽函一陰。一陰具離明之德。升五爻之天位。諸陽宗之。天子富有四海之象也。比卦以一陽統五陰。受師之後。宜繼亂用剛。此卦一陰統五陽。受同人之後。宜繼治用柔。離火爲陽精。與天同體。天本高而火炎上。高明無極。上九自天祐之。吉无不利者。爲君同于天之象。六爻皆以貢上爲義。初爲民。二爲臣。三爲諸侯。四爲首輔之大臣。五爲天子。上爲天人。天子富有天下。天下百物之利。九壤之賦。皆天之所生。王者。天之子也。以天之物。養天之子。造化之定理。誰得而干之。士君子涉世飮啄皆天也。況其大者乎。此大有之占也。

大象曰。火在天上。大有。君子以遏惡揚善。順天休命。

離爲日。乾爲天。日在天上。照見物之繁多。故曰大有。夫日在天上。明之至也。明至則公明正大。而善惡無所逃。君子體天。善則擧之。惡則抑之。慶賞威罰。各得其當。卽福善禍淫之道也。故曰遏惡揚善。順天休命。其遏惡使之有所懲也。其揚善使之有所勸也。民能懲惡勸善。天下豈有不治哉。夫天命之性。有善而無惡。遏惡揚善。亦不過順天命之本然。推之討有罪。奉天之休命而遏之也。命有德。奉天之休命而揚之也。五刑五用。怒非有私。五服五章。喜非有私。於是惡無不化。善無不勸。大有之治。長保永久也。

(占)問時運。目下亨通。如日在天上。有光明遍照之象。○問商業。可於膽大做。有富有日新之象。○問家宅。必是祖基素封。積善之家。宜戒勸子弟。培埴善根。家業可永保也。○問戰征。主將星明耀。賞罰得中。萬軍用命之象。○問行人。必滿載而歸。大利。○問六甲。生男。○問疾病。不利。○問訟事。主公明斷結。否則亦必和息。

初九。无交害。匪咎。艱則无咎。

象傳曰。大有初九。无交害也。

交害者。涉害也。九居一卦之初。雖卦屬富有。初陽在下。未與物交。所以未涉於害也。何咎之有。凡處富有之時。易致自滿。滿則驕生。驕生則害即隨之。有害即有咎。惟時時克思厥艱。斯小心敬懼。有而不自以爲有。即出而無相交。必矢刻苦自勵之心。不敢稍存驕盈之念。故曰艱則无咎。蓋富有本匪有咎。在初時未交於害。以爲匪咎。則一交而遂得咎者。咎仍自取之耳。能思其艱難。則可以保其有。即可以免其咎。象傳曰。大有初九。言當大有初爻。无所交涉。不關災害也。」一說訓无交害三字。爲國无交而害者。蓋以初九之應在九四。兩剛相遇。其情不相得。此意亦可備一解。

(占)問時運。目下尚未交盛運。須刻苦自勉。待好運到來。自然得利。○問商業。想是基業初創。百貨未曾交辦。須要謹守其初。自得无害而有利也。○問戰征。必是初次動衆。尚未交鋒。須要愼始。自無後患。○問家宅。必是新富之家。艱難創業。自得後福。○問訟事尚未投告。還宜和息爲善。○問行人。尚未有歸志也。○問六甲。生男。產期尚遠。○問失物。一時難以即得。待久可有。

(占例)佐賀縣士族深江某。余之親友也。明治四年。從事紙石灰等商業。來橫濱爲奸商所敗。此人雖有才學。不慣商業。請余占後來運氣。筮得大有之鼎。

爻辭曰。初九无交害。匪咎。艱則无咎。

斷曰。此卦大有。足見後運昌盛。今九居初爻。是將近運來之時。故不免爲小人所害。雖近來有意外之損失。元來足下於商業本未慣習。雖有小害。未足咎也。今謀出仕官途。將來必得升遷。但一値盛運。不思厥艱。咎必難免。惟持盈保泰。雖有而不忘其艱。時時刻苦自勉。以今日之苦。期他日之亨。即得他日之亨。又仍慮今日之苦。不忘其艱。則无咎也。如是則可長保其有矣。願足下勉之。後果如此占。

〇相識某縣人。永井某來。請占運氣。筮得大有之鼎。

爻辭曰。初九无交害。匪咎。艱則无咎。

斷曰。卦曰大有。已兆資產豐足之象。可欣可喜。今得初爻。知爲一時之初運。未得大利。若不思經營之難。稍涉驕盈。便干災害。尤宜戒愼。就尊府論之。尊大人性情篤實。半生拮据勉勵。未能擴充家計。足下意猶未滿。欲發一攫千金之念。幸此盛運初交。得此利益。是正大有之初爻也。其辭曰。初九无交害。匪咎。艱則無咎。此艱字。最宜審愼。蓋謂爻居初九。未與物交。是以匪咎。一經交際。害即伏之。若不思克艱。咎必難免矣。愼之勉之。

某氏一時雖面從我言。然年少意氣不能自抑。漸耽驕奢。卒致敗事。遂即非行。而陷囹圄。爻象垂戒。不爽如此。豈不可畏哉。

九二。大車以載。有攸往。无咎。

象傳曰。大車以載。積中不敗也。

此爻以陽居二。陰陽剛柔。適得其宜。當大有之時。居臣下之定位。上應六五之君。是具大有爲之才。遇大有爲之時。以一身而任國家之重者也。二陰柔。是以能容。九陽剛。是以能行。象車。初三兩剛。比輔於左右。爲大車。故曰大車以載。謂其才之足以任重而行遠也。二以剛中之德。恢有容之量。能以天下之人才。薦之於君。量材器使。俾得各效厥職。而無有叢脞。故曰有攸往。无咎。占者如此。則位足以酬其志。德足以堪其任。上不負君之所托。下不失民之所望。何咎之有。

象傳曰。積中不敗也者。言大車得初三左右。兩剛比輔。車體完厚。雖積重於中。行遠而不敗。猶九二材力剛强。能肩當天下之重。往斷無敗事之處也。此爻變則爲離。離六二辭曰。黃離元吉。可以參考也。

(占)問時運。目下正交好運。一路順風。無往不利。○問商業。販運貨物。貿遷有無。極之域外通商。無不獲利。○問戰征。利於陸戰。率軍直進。攻取皆捷。○問家宅。平安無咎。若謀喬遷。更吉。○問疾病。宜出外就醫。吉。○問行人。因在外謀事。諸多利益。一時未歸。○問訟事。得勝。○問六甲。生男。踰月則生女。

(占例)明治二年。友人來請占某貴顯運氣。筮得大有之離。

爻辭曰。九二。大車以載。有攸往。无咎。

斷曰。此卦六五一陰。居君位。統御五陽。內卦爲乾。乾綱獨攬。正大之象。外卦爲離。離明普照。光明之象。光明正大。而有天下。謂之大有。二爻具剛中之德。與六五之君。陰陽相應。能積載天下之大任。輔佐天下之大業。恰如大車運轉自在。謂之大車以載。有攸往。无咎。據此爻辭。知某貴顯。後必當大任。奏大功也。後果如此占。

○占明治三十二年。德國之氣運。筮得大有之離。

爻辭曰。九二大車以載。有攸往。无咎。

斷曰。此卦五爻一陰得中。統御五剛。恰如德帝統御普國。衆民悅服。國中兵食完備。戰守咸宜。正國軍盛大之象。今得二爻。其辭曰。大車以載。有攸往。无咎。可以見矣。

九三。公用亨于天子。小人弗克。

象傳曰。公用亨于天子。小人害也。

亨與享同。公用亨于天子者。謂天子設筵。宴會公侯也。九三與之。此爻居下卦之上。公侯之象。六五之君。虛己下賢。一時四方公侯。感化來賓。如詩所咏嘉賓宴樂。蓼莪湛露之義是也。故曰公用亨于天子。蓋諸侯之於天子。藩屏王家。天子嘉其功。宴享而勞之。此爻以陽居陽。具純正之才德。可得與此寵榮。若使小人當此。挾富有擅威福。慢上淩下。必招禍患。安得與亨禮之優待乎。上無比應。君上必不信任。故曰小人弗克。象傳亦曰。小人害也。

一說亨于天子者。謂能以所有貢奉于君上。凡土地之富。人民之衆。皆天子之有也。諸侯謹守臣節。忠順奉上。撫育黎庶。以效屏藩。豐殖貨財。以資貢獻。亨之天子。以其有爲天子之有也。若小人而居此位。則私有其富。不復知奉公之道。故曰小人弗克。此義亦通。

凡易辭曰先王者。以垂統言。曰帝者。以主宰言。曰天子者。以正位言。又后者。天子諸侯之通稱。大君者。天子之尊稱也。

(占)問時運。目下正當顯榮之時。利爲公不利營私。○問仕途。恰得寵任榮賞之象。若取賂必敗。宜慎。○問商業。不特得利。且可得名。○問戰征。有犒賞三軍之象。得獲勝仗。恐於兵衆有損。○問家宅。有喜慶燕會之象。家食豐富。但使用婢僕中。須當留意。○問訟事。若爲飲食乾餱起釁。恐難得直。○問六甲。生男。主貴。但幼小時。防多疾厄。

(占例)大阪友人某來。請占某豪商時運。筮得大有之睽。

爻辭曰。九三。公用亨于天子。小人不克。

斷曰。此卦大有。可知爲富豪之家。公用亨于天子者。爲大臣寵荷君恩也。在商人處涉王事。得官家優待。其象亦同。商人而獲此寵遇。宜愼守其常。切勿恃勢怙寵。不然。挾富有假威權。恃寵而驕。必損資產。吉凶悔吝。唯在其人。自取而已。」其後某豪富。管理某省用途金。與貴顯交往。自負富有。頗招人怨。偶罹病死。不能辨償官金。致破其產。

○明治五年。土州人渡邊小一郞。來請占運氣。筮得大有之睽。

爻辭曰。九三。公用亨于天子。小人弗克。

斷曰。大有之世。天子虛己用賢。金帛之出納。委之臣下。大臣爲能謹愼任事。小人則必失奉上之道。故辭曰。公用亨于天子。小人弗克。足下今負擔鐵道局。神戶出張所事務。出納金錢。最宜注意。昔封建之世。士民共有義氣。往往有監守自盜者。則屠腹而謝其罪。維新以來。刑法寬緩。人少廉恥。不可不深留意也。後在神戶。某屬員爲私買米市。偸用官金若干。渡邊氏亦不免其責。且爲救護屬員。借入某商人之金若干。以辨償官金。後事發覺。與屬員某。共處其罪云。

○東京虎之門。琴平神社宮司。鴻雪瓜者。余之知己也。二十九年某月。來告曰。頃日淺野侯爵罹大患。以其危篤。不堪憂慮。請筮一卦。以占休咎。筮得大有之睽。

爻辭曰。九三王用亨于天子。小人弗克。

斷曰。大有者。以示生命之有在也。上爻爲有之終。恰値歸魂。今占得三爻。病之用亨。利在藥餌。知必得良醫奏功也。貧賤輩請良醫難得。良藥尤難。克者。愈也。故在小人或防弗克。在侯之家。良醫易招。即貴重藥品。亦易購覓。故謂之王用亨于天子。如得天子之賞賜良藥也。病必無碍。後果快愈。今猶無恙也。

九四。匪其彭。无咎。

象傳曰。匪其彭。无咎。明辨晢也。

彭者。盛多貌。詩曰。行人彭彭。曰出車彭彭。曰駟騵彭彭。曰四牡彭彭。皆形容人馬之强盛也。此爻以剛居柔。當大有之時。在執政之位。有剛明之才德。立衆賢之上。與六五之君。陰陽親比。君上之眷顧至渥。寵遇殊盛。所謂立極人臣。威權富貴。萃于一身。是處過盛之勢者也。過盛則可危。唯能體離之明。居柔善遜。見幾而避。雖處其盛以爲匪已之盛也。故曰匪其彭。无咎。象傳釋無咎曰明辨晳也。晳者明之體。明辨者。得外卦離日之象。

一說以匪爲篚。此爻威權之盛。天下之人。輻輳其門。非無贈賄之嫌。身居大臣之地。運値大有之時。瑣瑣贈賄。何足動其心乎。是謂匪其彭无咎。易之取象廣大。不容偏執一義也。

(占)問時運。六爻已値其四。是目下已到極盛之會。當持盈保泰。知止不辱。〇問商業。已得利益。毋過貪求。斯無害。〇問家宅。必苟完苟美。如衛公子荆之居室。則善矣。否則未免盈滿有損。〇問疾病。防有膨脹之患。〇問六甲。生男。〇問訟事。得明決之才。判斷得直。〇問失物。在竹筐內尋之。

(占例)親友某氏以商業旅行。托余代襄其事。一夜深更。其夥友某。突來哀訴曰。有一疑事。而不知所施。請一占爲解。僕窮厄。今朝有一商來。領受金三百圓。藏之簞笥。忘施鎖鑰。至夕檢取。不見其金。或疑遺忘他所。搜索不得。於是檢查朝來出入。及在家者。其人皆夙所信任。無可疑者。遺失所由。實不可知。筮得大有之家人。

爻辭曰。九四。匪其彭。无咎。

斷曰。卦名曰大有。知未出外。而在家中可知也。又以卦擬全家。上卦者爲二階。爻辭曰。匪其彭。无咎。匪者。盛玉帛之竹器。子宜速還。檢二階之竹器。必可得之也

某謝而去。少頃來報曰。果發見之於二階之竹器中也。

六五。厥孚交如。威如。吉。

象傳曰。厥孚交如。信以發志也。威如之吉。易而无備。

也。

孚者。所以通上下之情。威者。所以嚴上下之分也。情不通。則離。分不嚴。則褻。交如者。交接之義。威如者。威嚴之義。孔子曰。正其衣冠。尊其瞻視。儼然人望而畏之。此之謂也。此爻以柔中居尊位。虛心禮賢。下應九二。上下五陽。皆歸其德。故曰厥孚。明良一德。朝野傾心。如良友之善交。故曰交如。然君心貴和。而君體貴尊。所謂有儀可象。有威可畏。故曰威如。蓋大有之世。在下者有協助之志。在上者又能誠信接下。足以感發之。故象傳曰信以發志也。又象傳曰。易而无備也者。六五居群剛之間。獨用柔道。未免爲人所易慢。而无畏怖之心也。

(占)問時運。必其平生爲人所信服。且有威望。晚運亨佳之會也。〇問商業。一時衆商信服。貨物通行。可永保其富有也。〇問戰征。衆軍踴躍。威令遠揚。尤宜警備。以防敵軍。〇問家宅。主一家和睦。恐有盜竊。宜備防也。〇問失物。所竊者即信用之人。以威逼之。必交還也。但恐得而復失。〇問六甲。生男。〇問訟事。被告者。必畏威而和。〇問行人。如期而歸。

(占例)一日親友某來。請占運氣。筮得大有之乾。

爻辭曰。六五。厥孚。交如。威如。吉。

斷曰。此卦擬之於國家。六五柔中之君。備公明正大威信溫和之德。與九二陰陽相應。與九四陰陽相比。統御衆陽。以保大有之治。以一個人觀之。亦同。足下信用忠實之夥友。處己而容人。以衆之喜。爲己之喜。以衆之憂。爲己之憂。主僕相和。家政克行。然有不可無威。無威則命令不行。國政然。家政亦然。今當大有之時。豫體此意。可注意于恩威並行也。某氏守之。家業益臻繁昌。

上九。自天祐之。吉无不利。

象傳曰。大有上吉。自天祐也。

此爻居大有之極。不居其有者也。以剛在六五國君之後。可謂盡人事而待天命者也。是賢師傅也。爲能則天道。以計畫國政。使大有之君。應天時。統萬機。積德行亨。有全盛之福。此非自天祐之。豈能享其有哉。所謂不期而自致者。當此時得天助之。凡百事業。無不吉利。故曰自天祐之。吉无不利。夫聖人之作易。其要在天助人歸。如繫辭所云。天之所助者順也。人之所助者信也。此爻之辭。可謂一言足以蔽三百八十四爻也。

(占)問時運。目下一路好運。萬事皆吉。○問商業。百貨皆獲利。○問家宅。一門福慶。○問戰征。即此一戰。軍功大捷。可罷師也。○問行人。即歸。○問疾病。默得神祐。吉。○問六甲。生男。○問失物。就高處尋覓。可得。

(占例)明治十五年。占某貴顯運氣。筮得大有之大壯。

爻辭曰。上九。自天祐之。吉无不利。

斷曰。此卦如日之輝天。五陽之衆賢輔翼之。得見大有之治。今占得此爻。積善積德。得自天祐之。天下之事業。無不吉利。謂之自天祐之。吉无不利。然此年某貴顯薨去。以卦大有之終。爲歸魂。即謂之歸天也。

增補高島易斷

䷎ 地山謙

謙字从𤰞。从𧥢。謂心所念。常收斂向在氐下也。取心念常在下。而不自滿亢。故屈己下物曰謙。貶己從人亦曰謙。後人改𧥢爲言。𤰞爲兼。合爲謙。子夏傳作嗛。嗛與謙同。此卦艮下坤上。艮☶。坤☷。後人改☷作𠂤。改☶作山。合作𨸏。𨸏即阜字。釋名曰阜。土山也。是即山在地下之象。或曰。山各有脉。其形起於地上。其根發於地下。故山從地而止。蓋山本高也。伏於地下。而不自以爲高。是爲謙之義也。遂以謙爲卦名。序卦曰。有大者。不可盈。故受之以謙。此謙之所以次乎大有也。

謙亨。君子有終。

謙者。卑退爲義。屈己下物也。止內而順外。謙之意也。屈高而居卑。謙之象也。守之以虛。行之以遜。故亨也。小人亡而爲有。約而爲泰。是自滿也。滿者故難保其終。君子則尊而能卑。高而能下。心愈小而道愈宏。志彌晦而德彌顯。坤曰大終。艮曰厚終。故曰君子有終。今文曰。終下當有吉字。蓋本劉向說苑。彖辭曰。君子有終也。亦不言吉。蓋不言吉。而吉自在也。

彖傳曰。謙亨。天道下濟而光明。地道卑而上行。天道虧盈而益謙。地道變盈而流謙。鬼神害盈而福謙。人道惡盈而好謙。謙尊而光。卑而不可踰。君子之終也。

此卦下艮爲山。上坤爲地。山本在上。退而居於地下。如人去高位而降下位。能以謙退而居下也。故名此卦曰謙。濟。助也。天道高明。其氣下降而助乎地。地道卑俯。其氣上騰而交乎天。是天地自然之道也。天道下濟。地道卑。所以成謙也。天氣光明。地氣上行。所以爲亨也。盈者謙之反。所謂謙受益。滿招損。滿則盈也。天之虧盈者。日月晦明是也。地之變盈者。山川河嶽是也。鬼神之害盈者。好雄末路。每爲鬼神揶揄。人道之惡盈者。暴富起家。多爲群情怨府。蓋虧變害惡。自從益流福好中而出。循環自然。毫無偏私。謙則不自尊。而人愈尊之。故其道光也。卑則不自高。而其道彌高。故不可踰也。君子戒其盈而守其謙。體造化之功。察陰陽之理。萬事咸亨。而終身可行。此所以爲君子之終也。

以此卦擬人事。有遜讓卑退之義。爲德之基也。即禮義所由生也。唯君子能之。若小人有位而自恃其顯。有才而自誇其能。有功而自矜其勞。視人之有位有才有功者。則嫉妬之。譏毀之。唯期其顛覆傾敗。而後快。絕無相扶相助之情。偏多相軋相傾之意。何怪夫吉凶利害之相尋於無窮也哉。鮮克有終。此小人之所以爲小人也。君子守謙遜退讓之道。其心愈小。其德愈光。其志益虛。其道益高。人雖欲踰之。而卒不可踰也。故曰謙亨。君子有終。夫天下之事。始而亨者。十得八九。終而亨者。十不過一二而已。是終之難也。故其終爲君子之終也。

以此卦擬國家。上卦者地也。下卦者山也。即以山之高。入于地中之象。是謙之義也。六五之君。虛己禮賢。不敢自作威福。一以委任臣隣。或用其吉以濟險。或善其鳴以作樂。或取其撝以制禮。或尙其勞以興師。有文德。又有武功。愈卑下。

乃念高大。堯之克明克讓。舜之舍己從人。禹之拜昌言。所謂恭己無爲而天下治者也。其皆同行謙之道者乎。後世不察。君耽暴慢。臣溺驕盈。擅權而虐下。竊位而蔽賢。品尊而德益晦。名高而行益汚。君不能終其位。臣不能終其祿。凶莫大焉。無他。在不知持謙之道也。故易惟謙一卦。六爻皆吉。反此則凶。易之垂誡深遠矣。

通觀此卦。謙者。兼也。卑而能尊。故曰兼。六爻之象。下艮上坤。艮止坤順。能止而不上。所以謙也。夫造化之理。不足者常益。有餘者常損。君子以不足留有餘。以有餘待不足。故有餘者終不至過盈。不足者終不至大損。此兩兼之道。稱平之權也。諸卦以第三爻爲凶地。唯謙能保終。諸卦以第五爻爲尊地。惟謙獨用武。蓋以謙爲主。則卑者尊。以无爲盈。則高者危。以平爲福。則盈者蓄。是裒多益寡之理也。下卦三爻。皆吉而無凶。上卦三爻。皆利而無害。爲君而利。爲臣而亦利。處常而吉。涉險而亦吉。平治利。即戡亂而亦利。爻象初六謙之始。卑以自牧也。六二謙之中。積中以發也。九三謙之至。以功下人也。六四謙之過。不失其則也。

六五謙之尊。以武服柔也。上六謙之極。反而自治也。蓋自初至三。自謙而進之。自四至上。自謙而反之。進至三而止。能濟險。能揚善。能立功。一以謙行之。有以進爲退之象。反至六而止。能順則能服。人能克己。自上反下之象。蓋其謙也。非以不足而謙。正以有餘而用謙也。故君子之謙非委靡也。器大而識遠。基厚而養定。震世之事功處之以虛懷。及其當大任。決大疑。戡大亂。覊大憝。世之退諉所不敢任者。君子未嘗不兼任之也。有可爲之才。而不敢爲。象山之止。不得不爲而後爲。象地之順。謂之君子有終也。

大象曰。地中有山。謙。君子以裒多益寡。稱物平施。

山本高聳地上。今入地中。有謙退在下之義。故曰地中有山。謙。夫地至卑也。百步而上丘陵。人以爲高。此咫尺之見而已。四隅八紘。相距萬里。高山峻坂。不知其幾也。千仞之山。自百里之外而視之。已沒而爲平地。豈其山之不高哉。以地之能謙也。蓋上卦居夫多。多則裒。下卦居夫寡。寡則益。聖人設象。最有深意。君子見此象。稱量品物。宜酌量貧富。使人各得其平。謙之道在此。謂之裒多益寡。稱物平施。

(占)問時運。目下平順。有步步漸高之象。○問商業。物價均平。利益順適。此業可保永遠。○問家宅。此宅想近山麓。家道平順。大利。○問戰征。營屯宜近山。須整齊隊伍。嚴明賞罰。至五爻進師。六爻可以攻取城邑。大勝。○問訟事。宜平和。不宜紛爭。○問疾病。是內欝之症。宜寬懷調治。○問行人。舟行而歸。吉。○問失物。須於積土中尋覓。○問年成。風雨調順。在不豐不歉之間。平平。

初六。謙謙君子。用涉大川。吉。

象傳曰。謙謙君子。卑以自牧也。

此爻柔而居謙卦之初。是謙中之謙者。爲篤行之君子。而在下位者也。克善其始。知必克全其終也。故曰謙謙君子。大凡涉江海之險。輕率急進。則多失。寬容緩濟。則無患。故曰用涉大川。吉。用涉與利涉不同。用涉者。謂用謙道以涉之。不言期其利。而要無不利者也。故吉。象傳曰。卑以自牧也者。正以釋用涉大川之義。牧者。馴養六畜之名。夫牧牛馬。守之不使奔逸。君子之牧心。亦猶此也。能安其卑。不與人爭先。此爻變則爲明夷。明夷之初九。有垂翼之辭。君子涉難之象。但卑以自牧。不求聞達。則大難可以涉。所以吉也。又互卦(二三四)有坎。大川之象。一說牧爲郊外之地。大川在郊外。故曰用涉大川。

(占)問時運。利君子。不利小人。君子攸往咸宜。○問商業。宜販運洋貨。販賣牛馬六畜。皆利。○問家宅。一門和順。吉。○問疾病。宜安靜自養。吉。○問失物。須向舟中尋之。○問六甲。生女。

(占例)某縣勸業課長某。以上京順途。過余山莊。自云奉職某縣。意欲擧行勸業實際。購種牛於米國。改良品質。獎勵牧畜。並大開桑園。擴張蠶業。及蒐集米麥等良種。勉勸農業。某縣知事。亦樂爲贊成。初着進步。後日功效。尚難豫知。煩爲一筮。筮得謙之明夷。

爻辭曰。初六。謙謙君子。用涉大川。吉。

斷曰。此卦以山之高。下地之低。即以尊下卑之義。故曰謙。是上而爲下謀。貴而爲賤謀。皆得謙退之道也。足下所占務。適合此卦義。彖辭曰。謙。亨。君子有終吉。謂謙則事無不通。終必成就。爻辭曰用涉大川吉。謂此絕大事業。勉而行之。不患不成也。象傳曰。卑以自牧。卑者卑下之事。牧者。牧畜也。自牧者。謂自願從事於牧畜也。或謂郊外爲牧。郊外者。郊野也。農桑之事。皆屬之矣。某氏感謝而歸。後據所聞。某就居農場近傍。朝夕勞苦。卑以自牧。屬僚下吏。相與共事。果得創興厥功。悉如此占。

六二。鳴謙。貞吉。

象傳曰。鳴謙貞吉。中心得也。

此爻柔順中正。與三相比。與五相應。服三之剛。從五之柔。並用謙退之道。故得令聞傳于遠近。世人盛稱其德。謂之鳴謙。貞吉。鳴謙者。非自鳴其謙。謂謙德積中。必聞于外。名譽彰著。而人皆知其謙。稱爲謙德之君子也。譽稱其情。非自我而干譽。名符其實。非向人以沽名。謙者德之本。六二者。臣位也。人臣而過謙。恐流佞媚之嫌。惟其貞而正。故吉也。象傳。中心得也。中心者。謂積中而發也。

(占)問時運。目下名稱藉藉。定多得意。○問商業。得利。○問家宅。家中積產富足。外面名聲亦好。○問戰征。可鳴鼓直前。攻取中營。大捷。○問疾病。是用心過勞之症。○問功名。有必得之喜。○問訟事。鳴寃得伸。○問失物。即得。○問六甲。生女。

(占例)明治二十二年。聞舊友元老院議員井田氏病篤。馳往訪之。時楠田三浦兩議官。亦相會。兩氏謂余曰。井田氏有功勞于維新前後。人所共知。明治四年任陸軍少將。後又任外國公使。今與余輩同在元老院。維新功臣。各有爵賞。氏獨不與。余輩甚憾之。故余輩欲謀代請。俾氏生存得拜恩命也。請爲一占。以卜成否。筮得謙之升。

爻辭曰。六二。鳴謙。貞吉。

斷曰。此卦以山之高。下地之低。故曰謙。以人擬之。有功高而居卑下之象。恰與井田氏有功未賞相合。今諸君朋友之情。代謀申請。謂之鳴謙。貞吉。又此爻變而爲升。即升聞上達之謂也。三爻變則爲地。是山崩也。料身斃之時。恩命可下。」之升。

〇一書生攜友人千葉縣人某介書。來曰。自今將就學事。請占其運氣。筮得謙

爻辭曰。六二。鳴謙貞吉。

斷曰。此卦以山之高。就地之低。以人比之。有高尚君子不顯于世之象。子臨就學。得此卦。子將就高尚君子以求學也。近從鄉里來。尙不知世間之廣大。一到東京。得良師之教誨。日夜勤學。心愈虛而業愈進。積中發外。必得廣聞令譽也。謂之鳴謙貞吉。中心得也。

九三。勞謙君子。有終。吉。

象傳曰。勞謙君子。萬民服也。

此爻以一陽居衆陰之中。衆陰皆順之。有一人信任。萬民歸服之象。蓋三爻爲

成卦之主。大公無我。人好其德。未嘗期人之服。而人自服之。且艮爲身。互卦二三四爲坎。坎爲險難。三四五爲震。震爲動。爲知懼。身在險難。動而知懼。所謂有勞而不自居其勞者。故曰勞謙。爻以一陽居下卦之上。位高而責重。處己而求賢。有吐哺握髮之風。繫辭所云。勞而不伐。有功而不德者也。其器度之大。識量之高。是足令天下衆民畏服。如此則天下無與爭功者。其位可終保矣。故曰君子有終。吉。以乾九三之君子。入坤而爲謙。故謙之三。亦曰君子。艮者萬物成終之象。故曰有終。變而之坤。坤六三曰或從王事。无成有終。是可見其謙之德也。」

(占)問時運。一生勞苦。目下萬事亨通。老運更佳。○問商業。經營之始。百般勤勞。今基業已成。可以永遠獲利。○問家宅。必是辛苦起家。積貲成富。能復持盈保泰。家業可長保也。○問疾病。恐病成勞弱。天命有終。○問失物。後可復得。○問六甲。生男。○問訟事。枉者自服。即可了結。○問功名。得此勞績。自必升用。

六四。无不利。撝謙。

象傳曰。无不利撝謙。不違則也。

此爻居大臣之位。上戴柔順謙德之君。下有勞謙大功之君子。己處其中。位得其正。故上無所疑。下無所忌。謙之善者也。故曰无不利。然以陰居陰。德不及五。功不及三。不敢自安。動作施爲。無在而不撝謙。按撝謙撝字。注作揮。撝本義作發揮。撝與揮本通。即文言六爻發揮之揮。謂發越揮發也。象傳釋之曰。不違則也。則者。法則也。謂其發揮謙德。能合夫法則也。尙書秦誓曰。如有一个臣。斷斷兮無他技。其心休休焉。其如有容焉。人之有技。若己有之。人之彥聖。其心好之。不啻如自其口出。寔能容之。以保我子孫黎民。尙亦有利哉。亦可見其發揮休休有容之度也。若無功而受其祿。無實而竊其名。是失其則矣。

一說此爻在大臣之位。初六謙謙。如一味謙虛。未免反失權勢。恐開輕蔑之漸。故戒之曰撝謙。蓋謂謙而違其則。必招輕侮。唯不違其則。而斯爲之撝謙也

(占)問時運。目下正當好運。萬事吉利。○問商業。任從指揮。無不獲利。凡賣買但

宜留些餘步。爲好。○問家宅。闔家以謙和作事。事事吉利。○問戰征。指揮如意。必得大捷。○問疾病。宜表散之。吉。○問六甲。生女。

(占例)明治二十二年。某貴顯來請占某院運氣。筮得謙之小過。

爻辭曰。六四。无不利。撝謙。

斷曰。此卦全卦中唯九三一陽爲上所任。爲衆所宗。有功而在下位者也。某院衆賢所集。今以陰居陰。運氣委靡不振。有望登用九三之象。故曰无不利。撝謙。撝謙者。謂應心以求賢。進而信任之也。

後未幾。果如此占。

六五。不富以其鄰。利用侵伐。无不利。

象傳曰。利用侵伐。征不服也。

不富者。謂不以己之爵位爲富。即謙遜之意。本虞書臣哉鄰哉。鄰即臣也。以其鄰者。謂願與臣鄰同心圖治。亦即德必有鄰之義也。此爻居尊位。有柔中之德。

以爲溫恭克讓之君。爲君而能謙順。不以崇高自滿。則天下之人。莫不歸心焉。是謙德之至也。然謙雖美德。專尙柔和。或致有輕慢而不服者。故柔宜濟以剛。則利用侵伐。威德並著。然後能懷服天下。安往而不利哉。故曰不富以其鄰。利用侵伐。无不利。謙柔之過。或失威武也。聖人故發此義。防其過。一說九三一爻。以全卦言。爲勞謙之君子。自六五而言。爲過剛不服之臣。易之取象。變動而不拘一義如此。

大有六五。以不自有而能有人。謙之六五。以不自用而能用人。謙之用。可謂大也。

(占)問時運。目下卻處正運。然或有齟齬。宜自振作。不可一味姑息也。○問商業。所獲利益。防爲他人分取。致生事端。○問家宅。能以擇鄰而處。自得守望相助之義。○問婚姻。得隣近之女議婚。大利。○問疾病。利用消伐之劑。吉。○問訟事。宜取隣人作證。得直。○問失物。於鄰家覓之。得。

(附言)山入地中。地變也。有地脉陷落之兆。余十七歲時。與靜岡藩士早川和右衛門氏相知。時氏已八十餘歲。語余以少時之事。天明年間。該氏修文武之業。經歷諸國。時或賣卜。以充旅費。一年夏。偶至羽州象潟湊。船舶輻湊。風景奇絶。爲北海之大湊。氏留此數旬。一日午後。結髮於旅店樓上。見室內船虫蝟聚。初疑爲此地常有。問旅店主。答曰未嘗有也。轉顧左右壁上天井。悉皆船虫。因益駭異。筮之得謙之蹇。此卦山入地中。有地陷之象。易爻經驗。未嘗或爽。然如此大數。未可妄言告人。唯中心畏懼。急切收拾行李而行。時已將暮。主人勸留明朝。不聽。提燈直發。山路險惡。至夜半。漸行四里許。猛聞山谷震響。神魂驚駭。伏地傍徨。既而震息。燈火已滅。昏黑不能行。躊躇無計。遠遠聞有人馬之聲。往前問之。答以因驚受地震。馱倒貨覆也。於是謂馬丁曰。黑夜難以前往。不如焚火。以待天明。衆皆爲然。迨曉見有齎飛信過者。問之曰。昨夜地大震。象潟湊。變陷成海。其他山谷顚倒。頓改舊形。聞之毛髮悚然。易爻之昭示未來。靈應如此。益爲驚服。至今追思。心猶凜凜。推之古老傳言。洪水之年。獺鑿穴於高處。大風之年。鳥不巢於喬木之梢。昔江戸有大火災。

前數夜。鼠連綿結隊。轉渡橋欄之外。避就他處。他如老狐能知未來。鵲知前吉。鴉知前凶。皆有令人所不可解。蠢然動物。尚感天地。預知禍福。人爲萬物之靈。不克前知。可謂人而不如禽獸者也。

(占例)明治二十七年。占國家運氣。筮得謙之蹇。

爻辭曰。六五。不富以其鄰。利用侵伐。无不利。

斷曰。此卦以山之高。入地之卑。擬之國運。在維新之際。天下牧伯。懸命於軍門。脫萬死而得一生。漸得平定。奉還數百年管領之封土。復古郡縣之制。非盡心力於國家者不能也。蓋其勞而不伐。有功而不德。厚之至也。爾後政府創行歐米文化。撫育人民。政令寬裕。世人名之曰自由。一時多誤解自由之義。爲可以放縱自由。不受朝廷節制。此誠盛世之頑民也。今占國運。得謙之五爻。其辭曰不富以其鄰。利用侵伐。无不利。蓋謂人居國中。往往有不事生產。徒羨他人之資財。窃倣歐州社會黨所爲。政府雖寬厚待民。此中有不得不懲罰者。猛以濟寬。亦勢之不得不然也。

○明治十年。某貴顯囑余占本年國運。筮得謙之蹇。

爻辭曰。六五。不富以其鄰。利用侵伐。无不利。

斷曰。此卦以山之高。屈而入地之象。故名曰謙。今聖明天子治世。又得賢明之臣輔弼。四海靜謐。太平有象。當維新之初。諸侯奉命。勤勞王事。以奏復古之大業。各藩奉還封土。改置郡縣。一時贊襄諸臣。皆可謂勞謙之君子也。然其間亦有功勞卓著。偶因意見不合。辭朝歸隱者。朝野屬望。以爲此公謙退避位。有高山入地之象。羣情惜之。朝廷因以人望所歸。勢不得不復徵召。此公以勞謙自居。不應徵辟。於是平日不平之徒。乘機啓釁。相傳而煽惑人心。朝廷見之。以爲不廷之臣。不得不用侵伐。是九三過謙。而敗于謙之象也。當時任侵伐之權者。上六之臣也。上六與九三。陰陽相應。易謂之敵應。是以曰利行師征邑國也。既而此年果有西南之亂。征討之議。某貴顯所專任。戰經數月。賊軍撲滅。王師凱旋。即爻辭所云利用侵伐。无不利。至明年五月。某貴顯過東京紀尾井坂。猝罹暴徒之毒。迄今西海有九三之塚。東京有上六之塚。占爻早隱示其兆。愈知天命之不可誣也。

○明治二十九年。冬至。占三十年臺灣之施政。筮得謙之蹇。

爻辭曰。六五。不富以其鄰。利用侵伐。无不利。

斷曰。此卦以山之高。下地之卑。故名曰謙。在人則以貴下賤。使衆人服其德望也。然謙之道。可行于君子。而不可行于小人。以謙行于小人。反長倨傲之氣。大害于事。夫臺灣之地。當明季爲鄭成功所據。後爲淸人戰而取之。故島民常不馴服淸國。淸廷苦其難馭。使滿洲人監之。滿人不通南方風俗人情。駕馭不奏其績。唯以多得蠻人首級。受淸廷賞譽爲功。往往臺灣知縣。聚廣東福州等剽悍無賴之徒。有蠻人不服者。則使之伐之。竊爲得施治之方。是以剽悍之徒。常施詐謀奇計。或設陷穽。伐蠻人。猶獵禽獸。積年之久。蠻人復讐之念。不能復已。爭鬪殆無虛日。馴致以逞虎狼之行。今歸我版圖。務鎭撫其民。專施恩惠。以得該地之輿情。然彼固夙具虎狼之性。一時不知戴德。亦無可如何。在我官吏。亦苦於風俗之不同。言語之不通。每於施政行惠。終相隔膜。是以撫恤島民。格外寛柔。恰有以山之高。下地之卑之象。蓋蠻民之凶悍。及屬劉永福者。多清國山賊土匪之類。或廣東福州無賴之徒。故屢起騷亂。抗拒官吏。此臺灣總督府所深患也。加之爲之魁首者。清國陰爲輸送銃器彈藥。煽動匪徒。藉事起亂。我若以武力鎭壓之。外國宣教師等。譏將訾我處置之殘酷。故總督府亦不能不躊躇也。今占得五爻。知本年尙有匪從未靖之象。撫此狠子野心之徒。專以姑息養之。非特不知感懷。且益張橫暴。勢不得不一奮兵威也。欲平其亂。我兵士之出征。軍用甚巨。區區臺灣之勢。有必不敷歲入。不得不以國帑償之。謂之不富以其鄰。化外之民。有狂暴之行。非以武力壓之。不能奏治安之功也。謂之利用侵伐。无不利。就此五爻推之。明年値上爻。又有鳴謙利用行師征邑國之象。不如今年剪伐殆盡。毋使餘孽復滋也。

上六。鳴謙。利用行師。征邑國。

象傳曰。鳴謙。志未得也。可用行師。征邑國也。

此爻不中而在上卦之極。即處謙之極。處極謙之地。而未得其志。所謂不得其平則鳴。故曰鳴謙。與六二之鳴謙。誠中而發者。辭同而義異。六以柔處柔。柔而未得其志。不能不濟之以剛。故曰利用行師。征邑國。象傳換利字以可字。可者。謂當其時之可。可則用。不可則已。上六之用師。豈得已乎。故斷曰可。然邑國屬己之小國。上六才柔。未足克大敵。力柔不足與王師。是以有不能昭神武於天下。振王威於華夷之意。象傳曰。志未得也。中心未得之意。亦可見也。豫之利行師。用其順而動也。謙之利行師。用其順而止也。

(占)問時運。盛運已過。目下未見得意。○問商業。有名無實。宜整頓舊業。○問家宅。防有怪祟。時作響動。用法鎮壓治之。○問戰征。利。可獲城邑。○問疾病。宜自調養心志。○問六甲。生女。

(占例)明治九年。應某貴顯之囑。爲占一事。筮得謙之艮。

爻辭曰。上六。鳴謙。利用行師。征邑國。

斷曰。此卦有以山之高。入地之卑之象。恰如有功大臣。去高位而就下位。辭俸祿而隱山林。使天下之人。皆頌揚其謙德也。是以衆望益歸之。君上亦屢徵召之。其人終謙遜而不應。迨至有可疑之迹。於是朝廷不得不聲其罪。而用侵伐。上六爲九三之應。雖惜九三之爲人。廟議命討。不得已也。鳴謙志未得。利用行師。征邑國之辭。可玩味也。上爻變而爲艮。見內外兩卦。顯現二塚之象。當時苦不得其解。至翌十年。西海起一塚。十一年東京又起一塚。遙見東西相對。余一日。與某貴顯談往事而及此。感天命之可畏。相與悚然者久之。

☳☷ 雷地豫

按豫字从象。从牙。左旁之牙埀地。象之大者也。豫性柔緩。進退多疑。以其外行安舒。一俯一仰。而不抑藏。故以安舒不抑藏爲豫。遂以豫名卦。卦體坤下震上。坤☷下順而載乎上。震☳上動而振乎下。蓋謂揚舒于外。而不抑藏於內。是以爲豫也。豫與謙對。序卦曰。有大而能謙必豫。故受之以豫。此豫所以次於謙也。

豫利建侯行師。

豫和悅也。震動也。坤順也。上動而下順。故利。坤爲國。震爲侯。是以利於建侯。坤爲衆。震爲行。是以利於行師。夫不動則不威。不順則不利。以順而動。所以君立而民順。師出而有功。利莫大焉。故傳曰主萬邦。集大衆。非豫不能也。

彖傳曰。豫剛應而志行。順以動豫。豫順以動。故天地

如之。而況建侯行師乎。天地以順動。故日月不過。而四時不忒。聖人以順動。則刑罰清而民服。豫之時義大矣哉。

卦體下坤上震。震雷坤地。有雷出地奮之象。坤地靜也。純陰主閉。閉極則鬱結而不暢。震動也。陽氣動而萬物出。故悅。九四一陽當坤之交。靜極而始動。閉極而始宣。不先不後。應時順動。故曰豫。夫天下之事。逆理而動者。其心常勞。其事多難。唯以順動。從容不迫。此心安和。故剛應而志行。全在順以動之也。順而動。在天則四時不忒。在人則動止和順。其建侯也。屛藩五國。其行師也。弔伐民罪。皆出于豫樂之義。謂之剛應而志行。順以動豫也。蓋順以動三字。爲此卦之德性。故天地如之。況建侯行師乎。天地順動以下。言豫之功用無比。日月不過者。謂日月之行度無過差。刑罰清而民服者。謂聖代至治之準則。獄訟衰息。民志大畏。協中而民服也。蓋聖人無心。唯順物而動。彼善則順其善而賞之。彼惡則順其惡而罰之。不敢稍存偏私。刑無過刑。罰無過罰。而刑罰自淸。如此皆出于順以動之德。三才之道。萬物之理。皆不過此。故曰豫之時義大矣哉。彖傳前曰順以動。後曰以順動。順以動者。就卦象之自然釋之。以順動者。就人事之作用而說。曰天地。曰聖人。相對而言也。後則字。對上文。當用故字。今曰則字。大有意味。天地以順動者。即亘萬古而無有退轉。必然之定理也。故以故字承之。易中單稱聖人者。即指天子。蓋必有聖人之德者。而後富有四海。尊爲天子。是謂順命。在我國。固聖聖相繼。歷觀支那古今。聖人而在天位者。僅不過屈指。其他賢愚不肖柔弱殘暴之君相錯也。文王周公孔子之聖。皆不得其時。不得其位。是則聖人之在天位。有不可必然者。故後文以則字承之。是此篇之主眼。易敎之本意也。故以天地日月四時爲賓。以聖人爲主。重在聖人一句。讀者勿匆匆看過。

凡象傳用大矣哉。共有十二卦。其上有曰時義。有曰時用。或單言時。其中曰時義大矣哉。五卦。豫隨遯姤旅是也。皆旨淺言深。欲人熟思之也。曰時用大矣哉。

三卦。坎睽蹇是也。雖皆非美事。聖人有時而用之。曰時大矣哉。四卦。頤大過解革是也。皆因大事大變而警誡之。要之其義有各取也。

以此卦擬人事。此卦五柔一剛。其人必多柔少剛。柔主順。剛主動。柔必應剛而能行。故曰應。夫剛而志行。順以動豫。天地之動。日月往來。而四時乃定。聖人則之。以定刑罰。而萬民乃服。人處天地之中。沐聖人之化。人而在下。無所謂建侯。凡求友親師者類是。無所謂行師。凡袪邪嫉惡者類是。凡有所動。皆當法天地之順。斯動無過則也。能順天地。則天地亦順之。使得永保其安豫。若過豫而不省。則必將爲初六之凶。六二之悔。六五之疾。上六之冥。是自失其豫矣。其爲豫乃其所爲憂也。必如六二之介。九四之勿疑斯得焉。人固當順理而動。動順夫理。動乃无咎。所以豫也。

以此卦擬國家。震爲動而在上。坤爲順而居下。上動下順。是上行威令。而下皆順從也。故傳曰。主萬邦。聚大衆。非豫不能也。夫天下之人不同。其心同也。天下之心不同。其理同也。已能順理而動。則人莫不順之。九四一陽居執政之位。有剛明之德。威權赫灼。以統治國家。故卦中衆陰皆和順而悅服。震爲侯。爲建。坤爲國。爲臣民。爲順。即爲臣民服從之象。四爲成卦之主。與六五之君。陰陽相比。而輔佐之。使萬民豫樂和順。至其行政。一法天道。如寒極則溫風至。暑極則涼風至。民之所好好之。民之所惡惡之。賞罰公明。毫無私意。是豫之時也。但執政負國家之重。威權獨攬。未免近逼。或致動群僚之疑。啓君心之疾。尾大不掉。亦可懼也。唯當盡其至誠。勿有疑慮。乃能合衆力以安其上。庶幾上之信任愈隆。將賞其功勞。而封建爲侯。有不服王命者。即命之以征伐。上卦震之方伯。動而俱進。下卦坤之衆民。悅而順從。謂之利建侯行師。四體震。震爲長子。故曰建侯。以一陽統衆陰。故曰行師。此卦五爻以下。有比之衆。比爲建國親侯。故曰建侯。三爻以上。有師之象。故曰行師。利字括建侯行師兩行。豫之時勢如此。上下悅樂之餘。豫之極。危之基也。所當反之以謙。一轉移而天下治亂安危係焉。唯其善則歸君。過則歸己。利公而不專。害審而不避。是爲大臣處豫之道。而上下交泰矣。

通觀此卦。其要旨不出順以動三字。凡順之至者。不動則不悅。動而順應。故悅。未順則不先。既順則不後。由氣機之自然而已。豫之時心勞意足。其樂已極。處樂之極。遂至縱情佚欲。流連忘返。亦恒情所不免也。聖人憂之。故未豫而先者爲鳴豫。不動者爲介豫。坐而觀者爲盱。當豫而順者爲由。過豫而不忘者爲疾。極豫而忘反者爲冥。在初爻則戒其窮。在六三則警其悔。在六五則防其疾。在上六之渝。則危不可長。幸其終改。鳴盱疾冥四者。居豫之咎。所謂失豫者也。唯六二之介于石。爲能熟察憂樂治亂之機。故順莫善於貞。動莫善於由。貞以待順。由以行動。則未豫而豫必至。既豫而豫不憂。天地聖人之悅豫無疆者。惟其能處乎豫也。讀此卦而聖人惓惓憂世之意可見矣。

按六爻言豫不同。初六上六之豫。逸豫也。六二之豫。幾先之豫也。六三之豫。猶豫也。九四之豫。和豫也。六五之疾。弗豫也。彖之言豫。衆人和同之豫也。爻之言豫。各人一己之豫也。要之示悅豫之必與衆同。非可自私之意也。蓋人事不可無豫。人心不可有豫也。

大象曰。雷出地奮。豫。先王以作樂崇德。殷薦之上帝。以配祖考。

雷者。得時而奮出地上。陽氣宣發。震動有聲。足以鼓動天地之和。發越陰陽之氣。通達和暢。豫之象也。故先王法震之動以作樂。爲象其聲以鳴盛也。先王法坤之順以崇德。爲明其體以報功也。蓋樂之作也。近而閨門。遠而邦國。顯而人事。幽而鬼神。無不用之。至於薦上帝。配祖考。則樂之大者也。殷盛也。體此順動之法。通乎神明。乃得薦上帝而上帝來格。配祖考而祖考來享。幽感明孚。豫之所以爲豫也。故履爲易中之禮。豫爲易中之樂。人君克體此意。以使萬民樂和。豫之至也。

(占)問時運。目下如春雷發動。正得時會。萬事皆吉。○問商業。時當新貨初到。市價飛騰。絕好機會。必得大利。○問家宅。防有變動。宜祀神祭祖。以祈福佑。得安。○問疾病。宜禱。○問戰征。雷厲風行。必勝之兆。○問功名。所謂平地一聲雷。指日高陞之象。○問失物。自然出見。○問六甲。生男。

初六。鳴豫。凶。

象傳曰。初六鳴豫。志窮。凶也。

鳴豫者。自鳴得意之謂。悅豫之情動於心。而發於聲者也。初爻陰柔不才。居最下之位。與四相應。恃其愛眷。心滿意溢。不勝其悅。應而自鳴。其凶可知也。故曰鳴豫凶。象傳曰志窮凶也。窮謂滿極。初纔得志。便爲滿極。蓋時方來而志已先窮矣。故凶。一說凶在窮下。謂志凶窮也。

按豫初六。與謙上六相反。謙上曰鳴謙。應九三而鳴也。豫初曰鳴豫。應九四而鳴也。鳴人之謙吉。鳴己之豫凶。故曰謙可鳴。豫不可鳴也。

(占)問時運。初運頗佳。但一經得意。便爾誇張。以致窮也。○問商業。初次必得利。不可過貪。○問家宅。恐烏啼猿嘯。致有怪異之驚。凶。○問疾病。不利。○問訟事。鳴冤不直。宜自罷訟。○問失物。不得。

(占例)余一日赴横濱訪親友某氏。客有先在者。求余一占。筮得豫之震。

爻辭曰。初六。鳴豫凶。

斷曰。此卦九四一陽。得時與位。威權赫赫。上下五陰皆從之。今足下得初爻。四爻陰陽相應。有大受愛顧之象。足下得其愛顧。藉其權勢。頗有揚揚自得之意。謂之鳴豫。凶。占筮如此。勸足下宜顧身愼行。客怫然而去。

客歸後。主人告余曰。彼以其女爲某貴顯之妾。時時出入其邸。卑鄙諂諛。無所不至。時或假貴顯手書。歷赴諸外縣。以營私利。又臨豪商等集會宴席。擧動傚如貴顯親族。誑惑俗人。今君占斷。道破小人心事。使彼不堪慚愧而去。」

六二。介于石。不終日。貞吉。

象傳曰。不終日貞吉。以中正也。

介于石者。謂操守堅固。而不可移動也。夫逸豫之道。恣則失正。故豫之諸爻。多不得正。唯此爻以中正居陰。其與九四之剛。非應非比。有自守獨立之操。其節之介。猶石之堅也。夫人之處豫也。或洋洋而自得。或戀戀而不舍。或昏迷而不悟。是皆失其正中矣。遂致豫方來而禍即隨之。世之不知自守者。往往如此。六二獨節操堅固。不爲外物所動。知豫樂之不可戀。而去之不待終日。其察理甚明。其操身甚固。其審幾甚決。其避患甚速。故曰介于石。不終日。貞吉。介者。堅確不拔之謂。所謂不以三公易其介者是也。惟其能介。是以中正也。象傳曰。以中正也。惟以中正。故能辨之明。知之速也。按此爻互卦爲艮。艮爲石。故有介于石之象。

(占)問時運。其人品行高尚。不隨世爲隆汙。吉。○問商業。能決定己志。不爲奸商搖惑。販運快速。獲利。○問家宅。主家者宜嚴正持之。凡匪人來往。速宜斥絕。吉。○問戰征。所謂守之如山。發之如火。能審機也。○問疾病。新疾即愈。夙疾即亡。終日間也。○問六甲。生女。即產。

(占例)明治二十二年。某局屬官某氏來訪曰。余自明治四年創局之始。奉職一等屬。爾來十八年。日夜黽勉。當事務多端之衝。未嘗少怠。足下之所知也。部下新任者。多陞奏任。今日居我上者。大概昔日之部下也。凡所陞遷。亦非有過人之學問。余甚不慊於意。本欲辭職。猶恐刖無位置。是以鬱鬱居此。請爲一筮。以占後來運氣。筮得豫之解。

爻辭曰。六二。介于石。不終日。貞吉。

斷曰。此卦九四一陽。專擅威權。五陰不得不應之。今占得二爻。與九四非應非比。故於足下眷顧獨薄。在足下品行中正。不事諂媚。唯以堅守職務爲事。確乎不拔。如石之介。凡非分之事。唯恐浼焉。避之甚速。故曰介于石。不終日。貞吉。然自二爻進之四爻。氣運一變。三年後。必可陞進。

後至明治二十四年。此人果陞高等官。

六三。盱豫。悔遲。有悔。

象傳曰。盱豫。有悔。位不當也。

盱者。爲張目企望之象。譬如見鳥之飛。仰瞻太空。見魚之泳。俯眄深淵。不勝眷戀。故曰盱豫。六三陰居陽位。不中不正。其所盱者。蓋上視九四之權勢。而欲趨附之也。九四爲一卦之主。居大臣之位。獨擅威福。衆陰皆歸附之。六三是以睢盱瞻視。欲冀攀援。以固豫悅。謂之盱豫。九四以其窺探窃視。不得中正。爲所鄙棄。是以有悔也。既知其悔。當翻然立改。效初二之介。決意遠避。不俟終日。悔復何有。若一念以爲悔。一念以爲豫。遲疑不決。流連不反。悔必難免矣。故曰悔遲有悔。遲之一字。可謂當頭一棒。提醒昏昏。教其及早審悟也。最當玩味。象傳曰。位不當也。謂其柔居陽位。優柔不決。不當其位也。此爻變則爲巽。巽爲不果。故知悔而猶不改。有遲疑不決之象。

(占)問時運。目下運非不佳。在自己作爲不正。是以有悔。○問商業。能窺探商情。爲商家之能事。然一得消息。賣買宜決。若一遲疑。便落人後。○問家宅。須防窃盜。宜速緊備。○問失物。速尋則得。遲則無矣。○問訟事。宜速了結。

(占例)某縣官吏。携友人介書來訪。請占運氣。筮得豫之小過。

爻辭曰。六三。盱豫。悔遲。有悔。

斷曰。此卦九四一陽得時。上下五陰皆歸應之。足下占得三爻。與四爻陰陽親比。可知長官意氣相投。然在他人見之。或未免有阿諛長官假弄威福之嫌。今後宜注意。毋貽後日之悔。

後聞長官轉任他縣。此人請附驥尾。其事不成。遂辭其職。

九四。由豫。大有得。勿疑。朋盍簪。

象傳曰。由豫。大有得。志大行也。

九四以一剛統率衆陰。爲一卦之主。凡衆陰之所豫。皆由九四之豫而爲豫。故曰由豫。四近五。居大臣之位。承柔弱之君。負天下之重。包有諸柔。獨得倚任。任大責重。故曰大有得也。但當此信任。過重。易致招疑。惟能開誠布公。自然勿復疑慮矣。勿疑。乃能率衆柔以奉上。猶如簪之貫衆髮而不亂也。盍。合也。朋。即衆柔也。四剛而位居陰。猶得與諸柔相類爲朋。故曰勿疑。朋盍簪。夫疑則生隙。隙則生忌。忌則衆情離散。百事叢脞。雖有安豫之鴻業。必不能得其終也。故戒以勿疑。斯猜疑悉絕。上下同心。秉至誠以圖事。合羣力以從公。衆賢彙萃。德澤宏施。足以成天下之豫者。斯之謂與。象傳曰。志大行也。即所謂得志則澤加於民。功施於後。大道之行。可由豫而致也。庶乎交泰之道矣。此卦自初爻觀之。爲權臣。其豫者逸豫也。自四爻觀之。爲任政之賢臣。其豫者和豫也。易道之變動不居如此。

(占)問時運。目下正大運方通。○問商業。會萃衆貨。大得利也。○問家宅。門庭豫順。得財得福。大有之家。○問功名。即卜彈冠之慶。○問訟事。由此罷訟。兩造豫悅。○問行人。必主滿載歸來。○問出行。由此前行。一路順風。大得喜悅。可勿疑也。○問六甲。生男。易長易成。且主貴。○問失物。即得。

(占例)一日縉紳某來。請占某貴顯運氣。筮得豫之坤。

爻辭曰。九四由豫。大有得。勿疑。朋盍簪。

斷曰。此卦春雷得氣。奮出地上。有掃除積陰。啓發陽和之象。擬之國家。必是祛讒進賢。能致太平之碩輔也。此爻九四一陽。居執政之大位。負國之重任。上承君德。下集群材。斯得大行其志。以啓豫順之休也。今占某貴顯氣運。得此爻。在某貴顯。剛毅有爲。德望夙著。固不待言。唯爻辭勿疑二字。最當審愼。蓋一有疑心。則上下猜忌。庶政叢脞。必不能奏太平之治。故曰勿疑。朋盍簪。是某貴顯所宜注意也。

縉紳聞之。甚感易理精切。曰吾他日當轉語諸某貴顯。

○明治二十八年四月九日。占我國與清國和議之談判。筮得豫之坤。

爻辭曰。九四由豫。大有得。勿疑。朋盍簪。

此卦雷出地奮。有威武遠行之象。今占得四爻。爻辭曰由豫。大有得。蓋謂兩國和議。成後大得有爲。豫順之休。由此來也。又曰勿疑。朋盍簪。謂從此兩無猜疑。如脣依齒。并將合宇內友邦而同歡。猶簪之貫萬縷之髮而爲一也。和議之成。可豫決也。

四月十七日果媾和約成。

今回討淸之役。奏此大捷。實千載一時之盛也。雖出於　天皇陛下之神威。與

我臣民之忠勇。莫不由
祖宗在天之威靈呵護而成也。故此卦大象曰。先王以作樂崇德。殷薦之上帝。以配祖考。曰上帝。曰祖考者。即伊勢大廟以下歷代之皇靈也。凱旋之後。象功作樂。薦之上帝。以配祖考。其禮甚盛。其曲甚重。上以感格天地祖考。下以和合億兆。洵足啓萬民豫樂之休也。

六五。貞疾。恒不死。

象傳曰。六五貞疾。乘剛也。恒不死。中未亡也。

貞疾者。痼疾。謂不可愈之疾也。上下耽逸樂。即貞疾之症。此爻柔中而居尊位。信任九四。九四陽剛得權。衆皆歸之。六五柔弱之君。受制於專權之臣。欲豫而不能自由。戰兢恐懼。中心凜凜。常如痼疾之在身。故曰貞疾。疾者豫之反也。書金縢曰。王有疾不豫是也。顧六五雖陰柔。其得君位者。貞也。其受制於下者。疾也。雖失權。其位未亡。故曰恒不死。孝經曰。天子有爭臣七人。雖無道不失其天下。此之謂也。夫昇平之久。人主恒耽逸豫。非以剛暴失勢。必以柔懦失權。勢孤于上。權移于下。雖未遽亡。而國事日非。爲人君者安可不戒哉。象傳曰。中未亡也。蓋爲四所逼。心恒有疾。幸而得中。故未亡。然曰未亡。亦幾幾乎將至於亡矣。危矣哉。

按六二與六五。並貞者也。貞者不志于利。故不言豫。然其所以貞不同。故六二得吉。六五得疾。六二本不屑從四。可則進。否則退。故吉。六五以陰居陽。力不能以制四。而心甚疑忌之。故其貞適足爲疾而已。貞雖爲疾。其中之所守未亡。故恒不死。可知居貞之可恃也。

(占)問時運。知其人本尊貴。因素性柔弱。不能自振。○問商業。其基業甚好。因用人不當。錢財落他人之手。幾致虧耗。○問家宅。恐被借居者侵占。業主及不得自主。○問戰征。以偏將擅權。主帥失威。雖未喪師。亦倖免也。○問疾病。是帶病延年之症。○問六甲。生男。必有癡病。○問失物。可得。

(占例)相識之富豪某。請占其運氣。筮得豫之萃。

爻辭曰。六五貞疾。恒不死。

斷曰。此卦就一家而論。有家產殷富之象。九四一陽擅權。上下五陰皆應之。如一家之中。舊管家統轄家政。主人居虛位而已。今足下爲海內屈指富豪。承累世之舊業。專任一能事管家。統轄事務。主人不得自主。而反受其所制。欲豫樂而不能自由。其狀恰如宿疾在身。心甚怏怏。幸守此祖宗遺規。不致隕墜。謂之貞疾。恒不死。

○明治二十八年十月以來。余橫濱本宅侍女。年四十五。罹疾幾至危篤。醫師多言不治。筮得豫之萃。

爻辭曰。六五。貞疾。恒不死。

斷曰。豫者雷出地奮之象。在人爲得春陽之氣。精神尚能透發。未至衰亡。此疾雖危重。尚不至死。但快愈之後。不能强健如故。猶可延其餘喘也。謂之貞疾恒不死。中未亡也。

後果得快復。今(三十二年)尚存也。

上六。冥豫。成有渝。无咎。

象傳曰。冥豫在上。何可長也。

冥豫者。昏冥於豫。而不知反者也。此爻以陰柔之性。居豫樂之極。縱欲而不顧。極樂而無厭。故謂之冥豫。上六居豫之終。在卦之上。縱情逸欲。不覺其非。如入幽冥之室。下卦坤。坤爲冥。是過順之咎也。上卦震。震則動。動則變。變則渝。是以有渝无咎。凡人之溺情私欲者。亦苦於不知改變耳。此爻有雷厲之性。雖昏迷既成。一旦陽剛發動。便能改志變行。復歸正道。未復何咎。象傳曰。冥豫在上。何可長也。示逸豫之不可長。以導人之反省自新也。故爻辭不責其冥之凶。而反稱其渝之无咎。意深哉。此爻變則爲晉。晉則無冥暗之咎。凡易曰渝者。當以變卦觀之也。

(占)問時運。目下歹運已極。好運將來。翻然振作。大有可爲。○問商業。宜作變計。改舊從新。必得利益。○問家宅。老宅不利。或遷居。或改造。[illegible]。○問戰征。宜[illegible]

主帥。改旗易轍。乃可得勝。或更就別路進兵。〇問訟事。宜罷訟和好。无咎。〇問六甲。踰月可產。得女。

(占例)友人某來謂曰。現今商事繁忙之時。別有見機。着手一事。請占其成不。筮得豫之晉。

爻辭曰。上六。冥豫。成有渝。无咎。

斷曰。冥豫者。昏冥於豫。是所謂沈溺而不悟者也。在商業上是妄想圖利。而不知其害也。急宜變志。斯可免咎。爻象如是。當知所戒。

某聞此言。大有所感。反守舊業。免致破產。